本书为江苏高校现代服务业协同创新中心、江苏高校人文社会科学校外研究基地“江苏现代服务业研究院”和江苏高校优势学科建设工程资助项目(PAPD)的研究成果。

江苏高校现代服务业协同创新中心研究报告

江苏商务发展报告（2014）

DEVELOPMENT REPORT OF JIANGSU BUSINESS (2014)

主编　张为付

中国人民大学出版社
· 北京 ·

编写指导委员会主任：陈章龙　刘志彪

编写指导委员会：

陈章龙　刘志彪　徐　莹　王开田　蒋伏心

蒋乃华　赵有广　党建兵　张为付

主　　编：张为付

副 主 编：原小能

编写人员：（按姓名拼音顺序）

陈小文　霍　焱　李逢春　李平华

吕文慧　杨　晨　原小能　宗　颖

目　录

综合篇

国内贸易篇

对外贸易篇

外商直接投资篇

对外直接投资篇

电子商务篇

政策篇

数据篇

Contents

Comprehensive Articles

Domestic Trade Articles

Foreign Trade Articles

Foreign Direct Investment Articles

Outward Foreign Direct Investment Articles

Electronic Commerce Articles

Policy Articles

Data Articles

综合篇

Comprehensive Articles

第一章 江苏商务发展概况

江苏是我国重要的开放型经济大省。随着江苏省商务发展环境的不断改善，该省的商务活动发展迅速，在全国处于领先地位，但近五年来呈现出总量上涨、增速放缓的态势。具体而言，商务活动的涵盖面较广，主要涉及国内贸易、对外贸易、外商直接投资、对外直接投资、电子商务、对外经济合作和服务外包七个方面。

一、社会消费品零售总额逐年上涨但增速放缓

社会消费品零售总额是反映人们的物质文化生活水平和社会购买力的重要指标。近年来，江苏省社会消费品零售总额持续上涨，2011 年、2012 年、2013 年分别达到 15 988.4 亿元、18 331.3 亿元和 20 796.5 亿元①，增速分别为 17.5%、14.7%和 13.4%。2013 年江苏社会消费品零售总额占全国社会消费品零售总额的比重与 2012 年大体持平，保持在 8.7%的水平，仅次于广东省和山东省，位居全国第三位。但是，在江苏社会消费品零售总额持续增长的同时，其增速自 2009 年以来连续第五年放缓，只略高于全国增速 13.1%，位列全国第二十三位。2014 年上半年，全省实现社会消费品零售总额 11 304.1 亿元，同比增长 12.6%，增速同比下降 0.3 个百分点，高出全国 0.5 个百分点，比山东低 0.1 个百分点，比广东、上海和浙江分别高出 0.8 个、5.0 个和 0.5 个百分点。②

（一）批发和零售业比重继续增长，大众类消费增长较快

在社会消费品零售总额中，批发和零售业始终占有较大比重，2011 年至 2013 年所占比重分别为 89.57%、89.73%和 89.89%，2013 年批发和零售业总额为 18 694.9 亿元，比上年增长 13.7%。其中，值得注意的是：（1）住宿和餐饮业增速放缓。2013 年江苏的住宿和餐饮业零售额增速为 11.0%，较 2012 年下降 5 个百分点，实现零售额 1 961.7 亿元。（2）大众类消费增长较快。其中，建筑及装潢材料类增长最快，增幅达 31.6%，其次是金银珠宝类和中西药品类，二者分别增长 26.7%和 24.9%，而 2012 年增长速度排前三名的分别为通信器材类，中西药品类和食品、饮料、烟酒类。在其他的限额以上批发和零

---

① 除特别说明外，“综合篇”数据均来自《江苏统计年鉴》（2014）或作者依此计算而得。

② 参见江苏省统计局：《2014 年度进度数据》，见 http://www.jssb.gov.cn/tjxxgk/tjsj/jdsj/2014/。

售业主要经营类别中，汽车类零售额为 2 897.5 亿元，比上年增长 12.8%；石油及制品类零售额为 1 070.7 亿元，比上年增长 12.0%；粮油、食品、饮料、烟酒类零售额为 1 009.6 亿元，比上年增长 7.6%；服装、鞋帽、针纺织品类零售额为 859.9 亿元，比上年增长 7.0%。①

（二）商品交易市场数量萎缩，平均营业面积扩张

由于小规模市场合并、电子商务迅速发展、农村市场随人口向城市转移，江苏商品交易市场数量逐渐萎缩，近些年亿元以上的商品交易市场个数也呈下降趋势，2011 年至 2013 年分别为 575 个、562 个和 547 个。2013 年亿元以上的商品交易市场的总营业面积为 3 294.69 万平方米，平均每个市场为 6.02 万平方米，比上年增长 2.2%。

从经营环境看，封闭式市场占较大比重，2013 年封闭式市场达 401 个，占比 73.3%，与上年基本持平；从市场类别看，综合市场和专业市场分别有 138 个和 409 个。

（三）旅游市场容量扩大，入境旅游出现“双下降”

进入 21 世纪以来，江苏旅游市场的接待能力和市场容量一直在稳步提升。2013 年新增国家 5A 级景区 3 家，总量达到 17 家，位居全国第一；新增五星级饭店 18 家，总量达到 84 家，位居全国第二；旅行社总数相比 2000 年增长了 3 倍多，达到 2 177 家，位居全国第一，持证导游 7 万人，位居全国第一。②

2013 年江苏省接待境内外游客共计 5.18 亿人次，同比增长 9.7%。然而，在入境旅游方面，持续多年的增长势头出现逆转，接待入境游客人数骤减至 288 万人次，较 2012 年（791.5 万人次）下降 63.6%；旅游外汇收入达到 23.8 亿元，较 2012 年（63.0 亿元）下降 62.2%。造成这种罕见的“双下降”局面的原因主要有三个：一是人民币升值增加了外国游客的旅游成本；二是雾霾天气等环境问题和食品安全问题令境外游客望而却步；三是中日关系持续紧张导致 2013 年入境的日本游客数量大幅下降 64.0%。而在国内旅游方面，国内旅游人数和旅游收入持续增长。2011 年至 2013 年，国内旅游人数分别为 4.12 亿人次、4.64 亿人次和 5.15 亿人次，2013 年国内旅游接待人数位居全国第一；2011 年和 2012 年国内旅游收入分别为 5 161.47 亿元和 6 055.8 亿元，2013 年再创新高，实现国内旅游收入 6 940.1 亿元，比上年增长 14.6%。

二、出口结构优化，机遇与挑战并存

金融危机对世界主要市场造成了较大影响。作为外贸大省的江苏也在 2009 年出现外贸总额、出口额、进口额三者均负增长的情况。2010—2012 年，随着世界经济复苏，江苏外贸也随之回暖。然而，受到国内外局势的影响，2013 年江苏的对外贸易又遇到一系

① 参见江苏省统计局：《2013 年江苏省国民经济和社会发展统计公报》，载《江苏省人民政府公报》，2014（4），35～46 页。

② 参见佚名：《江苏 2013 年接待游客 5.18 亿，旅游总收入 7 195 亿元》，见 http://www.china.com.cn/travel/txt/2014－01/20/content_31245002.htm。

列挑战，但在2014年上半年，外贸形势有所好转，进出口增速出现反弹。

（一）外贸增速放缓，进口总额增长变负为正

江苏作为外贸大省，其进出口规模已连续11年位居全国第二。2009年金融危机导致江苏的进出口总额出现负增长，此后随着世界经济复苏，江苏的进出口总额持续增加，2013年江苏的进出口总额达5 508.4亿美元，仅次于广东，位居全国第二。与此同时，外贸增速逐渐放缓，2010—2012年的增长率分别为37.5%、15.9%和1.5%，2013年外贸增速仅为0.5%。在全国范围内，除西藏出现负增长外，2013年江苏省进出口总额增速最为缓慢。虽然增长变得较为困难的部分原因是进出口规模较大，但同时也应看到，国内一些进出口大省，如广东、浙江和山东的进出口总额增速分别达到7.6%、7.5%和8.8%。2013年江苏的外贸出口总额为3 288.6亿美元，同比仅增长0.1%，外贸出口形势依旧严峻；2013年江苏进口总额达到2 219.9亿美元，增长1.2%，低于全国整体7.6%[①]的增长率。

2014年，世界经济延续缓慢复苏的态势，国际需求总体上偏弱，江苏外贸发展仍然面临着较多的不稳定和不确定因素。在这样的环境下，2014年上半年江苏进出口增速却出现反弹，其中进出口总额达2 734.3亿美元，同比增长5.2%，增幅比全国高出4个百分点；出口1 627.4亿美元，增长4.0%，高出全国3.1个百分点；进口1 106.9亿美元，增长6.9%，高出全国5.4个百分点。

（二）一般贸易与加工贸易一增一降，占比进一步趋同

2013年，江苏一般贸易进出口总额2 332.2亿美元，增长6.4%，占同期进出口总额的42.3%；加工贸易进出口总额2 336.5亿美元，下降5.2%，占同期进出口总额的42.4%。一般贸易和加工贸易一升一降使得二者占比进一步趋同。其中，一般贸易出口和进口均呈现增长趋势，加工贸易出口和进口均呈现下降趋势。出口方面，一般贸易实现1 455.3亿美元，比上年增长4.3%，加工贸易实现1 500.6亿美元，比上年下降6.4%；进口方面，一般贸易实现876.9亿美元，增长10.0%，加工贸易实现835.9亿美元，下降3.0%。

2014年上半年，一般贸易规模实现对加工贸易的超越，且领先幅度逐月扩大。一般贸易进出口总额占同期全省进出口总额的44.3%，达到1 210.1亿美元，比上年增长11.3%；加工贸易进出口总额占同期全省进出口总额的40.7%，为1 112.7亿美元，比上年下降1.6%。出口方面，一般贸易出口756.4亿美元，比上年增长11.6%；加工贸易出口703.0亿美元，比上年下降4.9%。进口方面，一般贸易进口453.7亿美元，比上年增长10.8%，加工贸易进口409.7亿美元，比上年增长4.6%。

（三）出口结构进一步优化，机电产品比重增加，服务贸易高速增长

人民币持续升值使江苏一些在国际上定价能力较弱的工业企业出口面临巨大压力，一些

① 参见中华人民共和国国家统计局：《中华人民共和国2013年国民经济和社会发展统计公报》，载《中国统计》，2014（3），6～14页。

产业纷纷加快转型升级步伐，取得了不俗的成绩。2013 年江苏工业制成品出口额为 3 194.0 亿美元，比上年增长 0.1%。其中，传统纺织大宗工业品的出口功不可没，江苏服装纺织业出口占全国服装纺织业出口的 1/5，纺织品、服装出口额分别增长 8.3%和 4.4%，达到 190.2 亿美元和 246.9 亿美元。2013 年，江苏机电产品出口额占工业制成品出口额的比重为 65.2%，达到 2 142.6 亿美元，比 2012 年下降 1.5%；机电产品进口额占工业制成品进口额的比重为 58.1%，达到 1 288.8 亿美元，比 2012 年下降 0.1%。虽然机电产品出口额占工业制成品出口额的比重呈轻微下降趋势，但仍然是江苏出口贸易的主力军。2013 年，江苏高新技术产品出口额为 1 279.7 亿美元，占江苏工业制成品出口额的比重为 38.9%，而 2010 年、2011 年、2012 年分别为 46.65%、41.34%和 40.04%，由此可见这一比重出现持续下降。就绝对规模而言，江苏高新技术产品出口额自 2010 年以来一直保持小幅增长的趋势，但 2013 年却出现逆转，比 2012 年下降 2.7%，也低于 2011 年的水平（其中，2013 年江苏的计算机与通信技术产品出口额为 693.2 亿美元，占高新技术产品出口额的 54.2%）。

2013 年，江苏全省服务业工作以“十百千”行动计划为统领，以“服务大局、务实高效、创新创优”为导向，注重产业占比提高和结构优化，立足十大领域，以百个重大项目建设、百个集聚区提升和百个创新型领军企业培育为着力点，明确核心方针和关键举措，取得了显著成效，服务贸易保持逆势增长势头。近些年，江苏省服务贸易增速保持在 50%左右，2013 年增速稍有放缓，但依然比 2012 年增长了 37.5%，服务贸易进出口额达到 710.06 亿美元（其中，服务贸易出口额为 335.33 亿美元，比上年增长 45.45%；进口额为 374.73 亿美元，比上年增长 31.09%；逆差为 39.40 亿美元），服务贸易在江苏对外贸易中所占比重也越来越大，2013 年占比 11.4% ，比上年提高了近 3 个百分点。①

（四）外商投资企业的出口地位下降，贸易主体结构发生变化

2013 年全年江苏共新批外商投资企业 3 453 家②，外商投资企业出口额共计 1 942.2 亿美元，比上年下降 5.1%，外商投资企业出口额占总出口额的比重为 59.1%，明显低于 2011 年的 68.53%和 2012 年的 62.01%。这表明，外商投资企业的出口地位有所下降。与此同时，民营企业的活力不断增强，内资企业进出口成为江苏省对外贸易的重要增长点。2013 年，江苏省私营企业出口额占出口总额的比重为 30.3%（较上年提高 3.2 个百分点），达到 996.8 亿美元，比 2012 年增长 11.9%；江苏省私营企业进口额为 518.4 亿美元，比 2012 年增长 21.3%。

（五）对多国出口出现负增长，亚洲市场表现活跃

2013 年，江苏对传统市场的进出口格局出现变化，对美、欧、日三大市场的进出口额占同期进出口总额的 40.7%，所占比重出现下降。其中，美国凭借经济复苏的良好势头，首次

① 参见江苏省人民政府：《2013 年全省服务业运行情况》，见 http://www.jiangsu.gov.cn/jszfxxgk/tjxx/tjsj/nd-sj/201402/t20140225_421348.html。

② 参见江苏省统计局：《2013 年江苏省国民经济和社会发展统计公报》，载《江苏省人民政府公报》，2014（4），35～46 页。

超过欧盟成为江苏第一大贸易伙伴，江苏对美国和欧盟的出口额分别为 654.3 亿美元和 571.2 亿美元。其中，对美国的出口增长 2.6%，对欧盟的出口则出现负增长，降幅为 9.7%。2013 年，江苏省对亚洲市场的出口贸易额普遍增加，对中国香港、日本、东盟、韩国、中国台湾的出口额分别为 368.3 亿美元、312.4 亿美元、334.4 亿美元、167.5 亿美元和 119.7 亿美元，分别增长 9.2%、1.3%、9.0%、2.1%和 13.2%。与之形成鲜明对照的是，2013 年江苏对拉丁美洲、非洲和俄罗斯的出口额从前几年的飞速增长转为负增长，分别为 198.2 亿美元、93.0 亿美元和 49.3 亿美元，较上年分别下降 9.6%、6.0%和 9.9%。

三、“引进来”步伐放缓，行业结构优化

长期以来，江苏外商直接投资规模一直位居全国前列。近年来，江苏利用外资的行业结构得到优化，在以制造业为主的背景下，服务业越来越受到外资的青睐。

（一）合同利用外资和实际利用外资规模继续下降

受人民币升值的影响，2013 年，江苏的合同外资项目为 3 453 个，较上年下降 16.9%，这是自 2010 年以来合同外资项目数量连续第四年出现下降。2013 年江苏的合同利用外资额继 2012 年之后连续第二年出现下降，为 472.68 亿美元，比上年下降 17.3%（2011 年和 2012 年江苏的合同利用外资额分别为 595.54 亿美元和 571.41 亿美元）。其中，独资企业投资仍占较大比重，2010 年、2011 年、2012 年、2013 年分别占合同外商投资金额的 83.84%、82.10%、85.22%和 87.33%。2013 年，江苏实际使用外资较 2012 年减少 7.0%，为 332.6 亿美元，占全国的 28.4%。但从江苏平均每个项目的利用外资额来看，2010 年、2011 年、2012 年逐年上涨，分别为 1 219.3 万美元、1 324.6 万美元和 1 374.9 万美元，而 2013 年小幅下降至 1 368.9 万美元。

（二）制造业利用外资的主体地位未变，服务业吸引外资的能力增强

2013 年，外资投向江苏的主要领域仍然是制造业。2013 年制造业合同利用外资额和实际利用外资额分别为 252.4 亿美元和 174.3 亿美元，较 2012 年分别下降 32.9%和 22.0%。虽然二者均出现负增长，但制造业仍占利用外资总额的半数以上，其利用外资的主体地位没有改变。从制造业内部利用外资的情况来看，排在前三位的行业分别是通用设备制造业，电气机械及器材制造业和通信设备、计算机及其他电子设备制造业，三者占比分别为 12.6%、12.4%和 12.0%。

江苏积极推进产业转型升级，大力发展现代服务业，在引进外资方面实行了较多的优惠政策。2013 年，江苏服务业利用外资额保持较快增长，处于全国领先地位，外商实际投资于江苏服务业的总额较上年增长 24.9%，达到 139.6 亿美元，占利用外资总额的 41.97%，这表明江苏服务业吸收外资的能力越来越强。从服务业内部利用外资的情况来看，行业间利用外资规模的差异非常大。房地产业，批发和零售业，租赁和商务服务业及交通运输、仓储和邮政业利用外资额均超过 10 亿美元，分别为 69.0 亿美元、25.4 亿美元、15.8 亿美元和 11.1 亿美元，位列第三产业利用外资规模的前四位。2013 年，江苏教

育业及卫生、社会保障和社会福利业实际利用外资额实现跨越式增长，教育业实际利用外资额从2012年的8万美元增长到2013年的660万美元，卫生、社会保障和社会福利业实际利用外资额则从113万美元增长到1 211万美元。此外，2013年文化、体育及娱乐业实际利用外资额7 322万美元，比上年增长133.3%。与上述几个利用外资规模快速增长的行业形成鲜明对比的是，住宿和餐饮业、居民服务和其他服务业实际利用外资额出现大幅度下降，降幅分别达到40.3%和51.9%，其他出现负增长的行业还包括信息传输、计算机服务和软件业及水利、环境和公共设施管理业等。

（三）外资来源地构成未变，欧美资本引入欠佳

外资来源方面，亚洲依然是江苏外资的主要来源地。2013年，亚洲外资实际投资于江苏的总计255亿美元，同比下降1.7%，但占比仍超过七成。由于近年来我国与南美国家建立了友好经贸合作关系，南美在江苏的实际投资额总计22.3亿美元，占比6.7%，排名第二，此后分别是欧洲、北美洲、大洋洲和非洲。其中，作为技术先进地区的欧洲和美国对江苏的实际投资额分别仅占江苏实际利用外资的5.4%和2.4%，这表明江苏的外资来源结构存在一定程度的失衡，这显然不利于江苏通过外资的溢出效应学习发达国家的先进技术和经验。在具体来源地方面，中国香港是江苏利用外资的最大来源地，2013年江苏吸引的外资项目中来自中国香港的外资项目有1 497个，比上年下降10.0%；合同利用港资384亿美元，比上年增长4.1%；实际利用港资254亿美元，比上年增长3.2%。其余较主要的外资来源地有日本、新加坡、中国台湾和韩国等，美国的合同外资额为13.7亿美元，排在第六位，实际投资7.8亿美元，排在第四位。

四、“走出去”步伐加快，省内对外投资差距拉大

近些年，江苏省“走出去”步伐加快，对外投资企业遍布139个国家和地区，对外投资增势良好，仅次于广东和山东，位居全国第三位。

（一）对外投资增长明显，民营企业活力增强

境外投资中方协议金额逐年上升，2013年实现61.4亿美元，增长21.7%，新批项目个数也不断增加，2010年、2011年、2012年、2013年分别为408个、505个、572个和605个。2010年、2011年、2012年、2013年平均单个对外投资项目的金额分别为533.37万美元、713.18万美元、882.08万美元和1 015.3万美元，这表明平均单个投资项目的规模在逐年增大。

对外投资主体方面，民营企业“走出去”步伐加快。一方面，民营企业对外投资的主体地位日益巩固，2011—2013年占江苏对外投资的比重分别为69.9%、63.6%和79.5%；另一方面，民营企业的活力日益增强，获得了更多的对外投资项目，2011—2013年分别签下新项目369个、383个和426个，对外投资活动开展较为顺利。2013年民营企业的中方协议金额61.4亿美元，较上年增长24.2%。

江苏的对外投资主要以非贸易型项目为主。2013年贸易型项目金额为12.9亿美

元，比上年下降 16.5%，而非贸易型项目增速较快，2013 年非贸易型项目金额达到 48.5 亿美元，比上年增长 38.6%，这致使二者之间（尤其是平均每个项目金额）的差距有进一步拉大的趋势。2011 年、2012 年、2013 年平均每个非贸易项目的金额分别为 885.22 亿美元、1 064.47 亿美元和 1 228.96 亿美元，平均每个贸易项目的金额分别为 477.33 亿美元、635.13 亿美元和 613.48 亿美元。

（二）第三产业在对外投资中占据重要地位

江苏对第一产业的对外投资有显著增长，2011 年、2012 年、2013 年新批项目分别为 5 个、14 个和 14 个，中方协议投资额分别为 0.48 亿美元、2.33 亿美元和 2.64 亿美元。在第一产业内部，资本投向主要是农林牧渔服务业领域，比重超过六成。

江苏的对外投资中，投向第二产业的新批项目数目逐年稳定增长，2011 年、2012 年、2013 年分别为 158 个、175 个和 190 个；中方协议投资金额则较不稳定，2012 年下降 0.5%，2013 年大涨 52.5%，分别达到 15.02 亿美元和 22.90 亿美元。对第二产业的对外投资占江苏境外投资总额的比重下降较为明显，2009 年该比重超过 50%，但此后从 2010 年的 47.9%大幅下降到 2013 年的 37.3%。在第二产业内部，对外投资以投资于制造业为主，2013 年中方协议投资金额达 12.7 亿美元，占第二产业对外投资的比重高达 55.5%。

第三产业是江苏对外投资的主要部门，2011 年、2012 年、2013 年新批项目分别为 342 个、383 个和 400 个，中方协议投资金额分别为 20.42 亿美元、33.07 亿美元和 35.89 亿美元，占江苏境外投资的比重分别为 56.7%、65.5%和 58.4%。在第三产业内部，对外投资则以商务服务业为主，其占第三产业对外投资的比重达到 47.8%，其次是批发和零售业、房地产业等。

（三）资本投向以亚洲为主，欧洲利用江苏资本翻倍

江苏对外投资主要投向亚洲各国或地区，2013 年江苏对亚洲的投资占其对外投资总额的 50.1%，达到 30.8 亿美元，比 2012 年增长 14.7%，之后分别是欧洲、大洋洲、拉丁美洲和非洲。其中，2013 年江苏资本投向欧洲的规模比 2012 年增长了 126.5%，增幅巨大，引人关注。此外，中国香港仍是吸引江苏资本的主要地区，2013 年江苏资本在港新批项目数和协议投资额分别为 174 个和 23.2 亿美元，二者分别增长了 25.2%和 36.6%，这离不开 CEPA（《关于建立更紧密经贸关系的安排》）等优惠安排的推动。按照协议投资额排序，紧随中国香港之后的是卢森堡、美国、德国和澳大利亚，这些无一例外都是投资环境相对成熟、市场化程度较高的发达经济体，有利于江苏借助对外投资获得先进的技术和经验、实现资本的保值增值。

（四）省内各市间对外投资差距较大，苏中、苏北“走出去”步伐放缓

江苏的对外投资规模具有由南到北逐渐缩小的特点。2013 年，苏南的对外投资占全省的 71.1%，实现中方协议投资 43.7 亿美元，比上年增长 29.8%，苏南依然是江苏对外投资的主力军，规模超过苏中、苏北的总和。与此同时，苏中、苏北“走出去”步伐放缓。2012 年和 2013 年苏中的对外投资分别增长 47.8%和 14.9%，占全省的比重稳定在

17%左右；而苏北的对外投资从 2012 年的增长 61.9%转为 2013 年的负增长，2013 年中方协议投资仅 6.9 亿美元，下降 6.28%。进一步推进苏中、苏北地区的企业“走出去”，依然任重而道远。

五、电子商务发展迅猛，B2B、B2C 类型的平台占据主流

2013 年，江苏实现电子商务交易额共计 569.0 亿元，由市场主体开办的网站累计达 233 074 个，涉及市场主体 149 607 个。通过上网发布信息实现的电子商务交易额达到 325.25 亿元，通过第三方平台开设网店实现的电子商务交易额达到 132.25 亿元，通过自建营销网站实现的电子商务交易额达 111.55 亿元。江苏网民总数 4 095 万人，位列全国第三；手机网民总数达到 3 349 万人，占江苏全体网民数量的 81.8%，网上购物用户规模达到 2 368 万人，占江苏总体网民数量的 57.83%。[①] 电子商务的迅猛发展，对传统实体销售市场造成了一定冲击，但同时也会倒逼传统企业转型升级。

电子商务模式中，B2B、B2C 类型的平台占据主流。B2B 平台的交易额为 3 651.7 亿元，占江苏全省网络交易总额的 90.98%。不过，B2B 平台的发展较不平衡，仅南京焦点科技公司运营的中国制造网这一家平台的交易额就占江苏全省 B2B 平台交易额的 69.75%。B2C 平台的网络交易额为 360.3 亿元，占江苏全省网络交易总额的 8.98%，其中商品类交易在 B2C 平台交易中占主流，但服务类交易发展迅速，成为 B2C 平台新的增长点。[②] 整体而言，江苏的网络交易与传统产业的融合不断增强，逐步形成了相互促进、协调发展的格局，走出了别具特色的网络交易发展之路。

六、对外经济合作的广度和深度均有所提升

近年来，江苏主动实施经济国际化战略，不断拓展对外开放的广度和深度，在更大范围、更广领域、更深层次、更高水平上参与对外经济合作。

（一）工程承包数量与质量共同上升

近年来，江苏对外工程承包合同额稳步上升，2010 年、2011 年、2012 年分别达到 54.47 亿美元、59.49 亿美元和 71.98 亿美元，实际完成营业额分别为 51.98 亿美元、59.92 亿美元和 64.68 亿美元，2013 年这两个指标继续增长，全年新签对外工程承包合同额为 86.57 亿美元，比上年增长 20.3%，新签对外工程承包完成营业额为 72.63 亿美元，比上年增长 12.3%。2013 年江苏共签下对外工程承包合同 1 021 份。综合合同金额和合同数两个指标来看，平均每份对外工程承包合同金额从 2010 年的 562.73 万美元逐年增长到 2013 年的 847.85 万美元。由此可见，在对外工程承包规模总量扩大的同时，每份合同的金额也有相应提高。江苏对外工程承包中，自 2009 年来，年末在外人数相对稳定，在

① 参见《2013 年江苏省电子商务发展概况与数据》，见 http://b2b.toocle.com/detail-6162940.html。

② 参见朱梦迪、宫尚轩：《去年全省网络交易规模突破 4 000 亿元》，载《江苏经济报》，2014-06-25（A01）。

36 000 人上下波动，2012 年和 2013 年分别为 35 484 人和 36 266 人。

（二）劳务合作增幅超历年

2010 年，江苏对外劳务合作合同金额达到峰值 7.60 亿美元，此后几年曾出现负增长，2011 年和 2012 年分别为 6.49 亿美元和 6.20 亿美元，2013 年对外劳务合作合同金额增长由负变正，比上年增长 22.0%，达到 7.57 亿美元，接近 2010 年的峰值。2013 年对外劳务合作实际完成营业额一改前几年小幅波动的态势，从 2012 年的 7.74 亿美元增加到 2013 年的 8.88 亿美元。江苏对外劳务合作中，年末在外人数从 2006 年的 73 984 人逐步变为 2013 年的 51 748 人。

七、服务外包增长明显，外包企业实力提升

近些年，江苏服务外包保持逆势增长势头，反映服务外包质量和水平的离岸执行额更是飞速增长。从规模和速度上看，2013 年江苏服务业外包执行总额 238.9 亿元，同比增长 42.3%。其中，南京服务外包合同额达 100.6 亿美元，同比增长 40.9%，占全省的 42.1%。近年来在江苏相关优惠政策的推动下，离岸服务外包发展迅速，来源地日渐丰富，业务量不断增长。2007 年至 2009 年期间，离岸执行额曾一度保持三位数的百分比增长，近几年增速有所放缓但仍保持在两位数，2012 年和 2013 年分别增长 53.6% 和 40.8%，离岸执行总额分别为 97.8 亿元和 137.7 亿元。2013 年，服务外贸在岸执行额达到 101.1 亿元，比 2012 年增长 44.6%。

从企业数量和质量方面看，2013 年江苏服务外包企业登记数为 7 434 家，再次刷新历史最高纪录，从业人数达 96.2 万人，这两项指标较上一年分别增长 13.9% 和 14.2%。其中，多家外包企业位列我国服务外包企业前茅。南京富士通南大软件技术有限公司（FNST）、新宇软件（苏州工业园区）有限公司、江苏远洋数据股份有限公司、南京锦创科技有限公司 4 家企业均入选“2013 年中国服务外包企业 50 强”。其中，南京富士通南大软件技术有限公司是第 2 次入围，排名从 2012 年的全国第 40 位上升到第 36 位；江苏远洋数据股份有限公司还同时荣膺“2013 年中国业务流程外包企业 20 强”。此外，中国（南京）软件谷、常熟高新技术产业开发区和中国无锡（马山）国家生命科学园还上了“2013 年中国服务外包园区 10 强”榜单，三江学院和江苏中江信息技术培训学院上了“2013 年度中国服务外包教育培训最佳实践机构 10 强”榜单。①

从离岸外包业务的来源地看，近些年发达国家（地区）逐渐把更多的外包业务转移到江苏，2013 年江苏与美国的业务量最多，占离岸外包执行金额的 23.2%，位居第二、三位的分别是中国香港和中国台湾，二者各占 10.3% 和 10.2%，而日本则从 2012 年的第二位跌至 2013 年的第四位。②

---

① 参见《我省富士通南大等四家企业入选 2013“中国服务外包企业五十强”》，见 http://www.jssourcing.gov.cn/NewsDetail.asp? NewsID=3749。

② 参见江苏省人民政府：《2013 年全省服务业运行情况》，见 http://www.jiangsu.gov.cn/jszfxxgk/tjxx/tjsj/nd-sj/201402/t20140225_421348.html。

第二章 江苏商务发展的优势与机遇

江苏地处长江三角洲地区，地理位置优越、经济运行情况良好、逐步融入全球化、科教资源丰富、政府管理与时俱进等形成了其在商务发展方面的明显优势。与此同时，上海自贸区的设立和运行、外资的大量进入以及电子商务的迅猛发展则为江苏商务发展提供了良好的机遇。

一、江苏商务发展的优势

（一）优越的地理位置，经济的区域一体化发展

江苏具有优越的地理位置、丰厚的资本积累以及较为先进的政府管理方式，长三角地区的经济一体化也使江苏商务发展受益颇多。当前，以上海为龙头，以江、浙两省为“两翼”，长三角地区的区域经济实现了联动发展和一体化发展，城市间交通基础设施的完善极大地降低了商务交往中的成本。2007 年年底，江苏省发改委提出多项举措推进长三角地区经济一体化，包括打造沪宁杭“一小时都市圈”、推进金融服务一体化等。近年来，交通建设投资规模不断扩大，2013 年江苏斥资 647 亿元投向交通基础设施建设，宁杭高铁于 2013 年 7 月通车，与沪宁城际高铁、沪杭高铁共同构成高速铁路客运通道的“黄金三角”，使南京到杭州行程缩短到 1 小时以内。2013 年江苏的高速公路通车总里程达到 4 342 公里，位居全国第六，密度达到每百平方公里 4.23 公里，位居全国第一，畅通、便捷的现代化综合交通运输体系为江苏商务活动的发展提供了强有力的支撑。

2007 年 11 月 30 日，江、浙、沪三地政府与中国人民银行共同签署了《推进长江三角洲地区金融协调发展、支持区域经济一体化框架协议》，标志着长三角地区金融一体化正式启动，此后几年在金融基础设施建设、金融市场融合与创新、资金跨地区流动、金融机构发展与合作、外汇管理改革与创新、经济金融信息共享平台的构建、金融发展环境的改善、金融风险的共同预警和防范、金融人才的引进和培训等问题上实现了重大突破，增强了长三角地区共同应对金融风险的能力，维护了区域金融环境的稳定。

（二）经济运行良好，“消费马车”强势

2013 年，江苏经济运行总体平稳、稳中有进、稳中向好。与国内经济发展的趋势类

似，近年来江苏经济总量的增速也出现了不同程度的放缓，2011 年、2012 年、2013 年 GDP 增长率分别为 11.0%、10.1%和 9.6%，其中 2013 年第二季度 GDP 增长率曾一度跌至 7.5%。但当前江苏经济总体运行良好，不是单一地追求速度指标，而是以提高经济增长质量和效益为中心，逐步改变经济发展方式、调整经济结构。从产业结构看，2013 年第二产业增加值占 GDP 的比重达到 49.2%，比上年下降 1 个百分点；第三产业增加值占 GDP 的比重达到 44.7%，比上年提高了 1.2 个百分点。从所有制结构看，非公有制经济增加值占 GDP 的比重为 67.2%，比上年提高了 0.5 个百分点，其中私营个体经济增加值占 GDP 的比重为 42.3%，比上年提高了 0.6 个百分点。①

2013 年，江苏人均可支配收入和消费需求均有较大幅度的增长，实现城镇居民人均可支配收入 32 538 元，高于全国平均水平 20.7%，比上年增长 9.6%，与 GDP 涨幅相同；2013 年江苏城镇居民人均可支配收入的中位数达到 28 654 元，比上年增长 10.3%，而该年江苏全体居民人均可支配收入为 24 776 元，位居全国第五，仅次于上海、北京、浙江和天津。若其他条件基本稳定，则人均可支配收入的提高会增强消费能力、增加消费需求。2013 年，江苏城镇居民人均消费性支出 20 371 元，比上年增长 8.2%，消费品市场稳中趋好，社会消费品零售总额首次突破 2 万亿元，稳居全国第三，比上年增长 12.7%。其中，大众类消费增长较快，建筑及装潢材料类、金银珠宝类的消费总额分别达到 272.6 亿元和 275.8 亿元，增速分别为 31.6%和 26.7%。总之，国内经济局势的稳定以及江苏消费需求的增加将对江苏商务发展产生积极的促进作用。

（三）逐步融入经济全球化，开放型经济成果突出

近年来，江苏加速融入经济全球化，巩固和扩大了开放型经济的优势，全省对外开放已进入一个新的发展时期。“十二五”期间，江苏重点实施商务发展“六大推进计划”（“外贸调结构推进计划”即为其中之一），并将实现“三个国际化”（企业国际化、城市国际化和人才国际化）、“三个位居全国前列”（外贸及外资的结构和质量位居全国前列、“走出去”的规模和效益位居全国前列、优化对外开放布局位居全国前列）和“提升三个力”（提升经济国际竞争力、提升全球要素配置力、提升对外影响力）作为工作重点。

2010 年、2011 年、2012 年和 2013 年江苏的外贸增速分别为 37.5%、15.9%、1.5%和 0.5%，外贸增速虽有所放缓，但外贸总量仍保持全国领先地位，外贸结构得到持续优化。作为制造业大省，江苏在纺织服装、机械、化工等传统制造业领域有明显优势，在 IT、新能源等新兴制造业领域也处于领先地位，这种产业优势较容易转化为贸易优势。在服务业方面，服务贸易、服务外包均保持两位数的增长势头，2013 年服务贸易进出口额达 710.06 亿美元，比上年增长 37.5%，出口额和进口额分别为 335.33 亿美元和 374.73 亿美元，增速分别为 45.45%和 31.09%。2013 年江苏离岸服务外包执行总额达 137.7 亿元，比上年增长 40.8%。

① 参见江苏省统计局：《2013 年江苏省国民经济和社会发展统计公报》，载《江苏省人民政府公报》，2014（4），35～46 页。

与此同时，江苏在“引进来”和“走出去”两方面相得益彰，企业国际化迈上新台阶。一方面，“引进来”规模大。江苏实际到账外资自2003年起连续十年夺得全国冠军，2013年全省实际使用外资332.6亿美元，比上年下降7.0%，占全国实际利用外资总额的28.3%。同时，利用外资的质量和水平显著提高，大项目、高科技项目、服务业项目不断增多，2013年江苏服务业利用外资139.6亿美元，比上年增长24.9%，处于全国领先地位。另一方面，“走出去”步伐加快。2013年江苏新批对外投资项目共605个，比上年增长5.8%，中方协议投资额则增长了21.7%，达61.4亿美元，全年新增6家外商投资企业在境外上市，企业国际化程度进一步提高。

（四）科研环境优越，产学研联合不断增强

科学技术是第一生产力，科技创新是经济和商务发展的内在动力。“十二五”以来，江苏将创新驱动战略上升为核心战略。近年来，江苏省政府高度重视科技创新，更加注重人才的培养和吸收，自主创新环境不断优化，创新氛围和意识日益增强，科技基础设施不断完善，公共技术服务平台和孵化器建设得到加强，科研经费投入占财政支出的比重也越来越大。

江苏拥有丰富的科技资源，科技基础设施的功能布局初步形成。2013年江苏研究与发展经费内部支出1 440亿元，比上年增长11.8%；区域创新能力连续五年保持全国第一；知识产权综合发展指数年均增长率位居全国第一，总体水平位居全国第二；人才竞争力排名上升两位，位居全国第二①；科研机构19 393个，比上年增长9.1%；2013年国家级高新技术企业累计达6 769家，国家重点新产品达190项。② 上述种种成绩表明，江苏的科技研发环境较为优越，有利于推进商务活动中的自主创新。

近年来，江苏建立了市场化、多形式、多层次的产学研联合体，科技创新为产业转型升级带来了巨大红利，企业与高等院校、科研院所逐步建立起以资产为纽带的紧密的产学研联合体，形成了以企业为主体、以高等院校和科研院所的科研力量为依托、以现代企业制度为规范的三位一体的新型产学研联合模式。同时，企业自身的研发能力也得到了加强，2013年确立了“两推进、双提升”的目标（“两推进”即着力推进大中型内资工业企业研发机构建设全覆盖、着力推进大中型外资（包括港澳台资）工业企业普遍建设研发机构；“双提升”即着力提升企业研发机构建设水平、着力提升企业研发机构支撑企业转型升级的能力）。2013年，江苏大中型工业企业研发机构建有率达85%，比上年提高50个百分点，跃居全国第一；企业科技税收减免额达到215亿元，约占全国总量的1/6，产学研联合不断得到增强。

（五）政府管理与时俱进，简政放权力度不断加大

十八届三中全会报告指出，使市场在资源配置中起决定性作用，更好地发挥政府的作

① 参见江苏省统计局：《科技自主创新是江苏经济可持续发展的必由之路》，见 http://www.jssb.gov.cn/jstj/fxxx/tjfx/200904/t20090416_109195.htm。

② 参见江苏省统计局：《2013年江苏省国民经济和社会发展统计公报》，载《江苏省人民政府公报》，2014（4），35～46页。

下，跨境电子商务的发展出现了新机遇。2012年全国跨境网上交易额达2万亿美元，年均增长速度达30%以上，远高于外贸出口增长率，跨境电子商务已成为国际贸易的新方式和新手段。中国宏观外贸环境的变化，给江苏借助电子商务拓展海外市场提供了良好的机遇。

第三章 江苏商务发展的劣势与挑战

在江苏商务发展过程中，可谓优势与劣势并存、机遇与挑战同在。在上一章讨论“江苏商务发展的优势与机遇”的基础上，本章进一步分析江苏商务发展的劣势与挑战，以期全面认识江苏商务发展中的有利因素和不利因素。

一、江苏商务发展的劣势

（一）产能过剩问题严重，转型升级困难

江苏是工业大省，工业增加值占 GDP 的比重接近 50%。然而近年来，不仅一些传统制造业面临着产能过剩的威胁，而且一些新兴产业（如光伏产业）也未能幸免，江苏甚至成为产能过剩的重灾区。江苏的产能过剩主要涉及钢铁、水泥、平板玻璃、船舶、光伏等产业。其中，钢铁、水泥、平板玻璃、船舶等一直是江苏的优势产业，在全国占有重要地位。根据江苏省人民政府的统计，2012 年江苏省钢铁行业生铁粗钢产能利用率、水泥行业水泥熟料产能利用率及水泥粉磨产能利用率、平板玻璃行业产能利用率、船舶行业造船产能利用率均低于国际平均产能利用率。① 不仅这些传统制造业，而且江苏一度红火的光伏行业同样出现了较为严重的产能过剩问题。截至 2014 年 1 月，江苏 70%以上的光伏企业已宣告破产。② 当前，银行新增不良贷款也主要集中于钢铁、造船和光伏等产业，这从一个侧面反映出上述产业的产能过剩问题。

产能过剩势必会加剧市场恶性竞争，造成行业亏损面扩大。以钢铁业为例，2014 年第一季度江苏钢铁产业实现利润 56.39 亿元，同比下降 5.84%，行业效益创新低。③ 此外，产能过剩还会造成职工失业率增加、银行不良贷款增加、能源资源瓶颈加剧等问题，直接危及产业健康发展，甚至影响民生和社会稳定。江苏经济总量巨大，所消耗的能源资源和生产的过剩产品数量惊人，这也增大了化解过剩产能的困难，延缓了产业转型升级的进程。

---

① 参见江苏省人民政府：《江苏省政府关于化解产能过剩矛盾的实施意见（节）》，载《江苏建材》，2014（1），1～7页。

② 参见陈澄、朱彬彬、金睿、洪姝翌：《转型升级的江苏公式》，载《江苏经济报》，2014-01-20（A01）。

③ 参见《一季度江苏钢铁工业情况——化解过剩产能工作中的江苏钢铁》，见 http://www.jsdpc.gov.cn/xxgk/wjg/gyc/gzdt/201405/t20140515_398428.html。

（二）中小企业融资困难，“影子银行”尚存在一些问题

2014年上半年江苏成为全国唯一的社会融资规模超万亿元的省份，其社会融资规模达到10 355亿元。然而，与较大的融资规模相比，当前的融资结构还存在一定的问题，中小企业“融资难”、“融资贵”等问题日益突出。金融机构和银行的信贷大部分都给了国有企业和其他大型企业，而对中小企业的贷款支持不能满足中小企业发展的需求。在此过程中，中小企业面临的资金矛盾非常突出，表现为：许多企业虽有项目也有盈利，但由于难以筹措到必需的资金，不能较好地发挥自身能力，从而造成巨大损失，“融资难”已成为制约中小企业发展的重要“瓶颈”。据《新华日报》报道，2014年“融资难”、“融资贵”等问题让江苏船厂丢掉了载重量达500多万吨的新订单，许多船厂授信均骤降百亿元之多。① 中小企业“融资难”的现实困境催生了民间贷款、“影子银行”等融资模式。据中国人民银行官方统计，2014年上半年，江苏共有小额贷款机构616家，贷款余额达1 147.66亿元，这两个数字在全国均遥遥领先。② 这些贷款的特点是门槛较低甚至无须担保，但目前对这些中小金融机构的监管尚存在较多问题，导致许多地区不良贷款增多，甚至对当地经济稳定造成一定冲击。

（三）产业层次不高，严重依赖资源环境

虽然近年来江苏的产业结构不断得到优化，但当前经济增长仍然主要依靠第二产业拉动。工业占全省生产总值的比重较大、整体产业层次不高是制约江苏经济发展方式转变的主要因素之一。2013年，第二产业对江苏经济增长的贡献率达49.2%，较2012年提高了10个百分点，与处于相同发展阶段的国家或地区相比，江苏的工业占比明显偏高。而第三产业占比与北京和上海等地相比仍然偏低，2013年上述两市第三产业占其生产总值的比重分别为76.9%和62.2%，而江苏仅为44.7%。

据江苏省环保厅统计，2013年江苏的环境空气中PM2.5、PM10、二氧化硫、二氧化氮的年均浓度分别为73微克/立方米、115微克/立方米、35微克/立方米和41微克/立方米，这四项指标与2012年相比均有所上升，升幅为10.8%～25.0%。一氧化碳和臭氧按年评价规定计算，浓度分别为2.1毫克/立方米和139微克/立方米，这两项指标与2012年基本持平。若按年评价规定计算，2013年江苏13个省辖城市的环境空气质量均未达标，主要超标污染物为PM2.5、PM10和二氧化氮。其中，工业排放物主要为二氧化硫和烟（粉）尘，2013年这两种工业污染排放物的排放量占总排放量的比重分别高达96.72%和88.99%。③ 可见，工业发展一方面拉动了江苏的经济增长，另一方面也对江苏的生态环境造成了一定危害，资源环境对经济发展的约束不断增强。

随着“刘易斯拐点”的逐步到来，经济增长吸纳劳动力的能力会有所弱化。自20世纪80年代中后期以来，江苏的就业弹性系数呈现出不断下降的趋势，1981—1985年和1986—1990年这两个五年时期江苏的就业弹性系数分别为0.23和0.18，2004—2008年的就

---

① 参见黄伟：《金融租赁为船企打开另一扇窗》，载《新华日报》，2014-07-31（5）。

② 参见中国人民银行：《2014年上半年小额贷款公司数据统计报告》，见http://www.pbc.gov.cn/publish/diaochatongjisi/3172/2014/20140723134804072473656/20140723134804072473656_.html。

③ 参见《我省发布2013年环境状况公报》，见http://www.jshb.gov.cn/jshbw/xwdt/tpxw/201406/t20140604_271061.html。

业弹性系数只有0.03，而2009—2013年这个五年时期的就业弹性系数仅为0.009[①]，劳动力的供求矛盾越来越突出，2013年江苏多数企业的用工成本上涨超过10%。[②] 除了“招工难”问题外，江苏土地资源紧张、中小企业“融资难”等问题也有日益严重之势。《江苏省城市地价动态监测报告》显示，2012年江苏省城市综合地价为1 064元/平方米，比2011年增长了1.02%，其中工业用地和商业用地的价格增速相对较快，分别为3.81%和2.95%，2012年南京市市区工业用地的价格增速更是高达39.49%。[③] 资金方面，2013年长三角地区票据直贴利率已达8%，是2011年以来的高位，中小企业的贷款利率甚至达到了两位数。[④] 在上述情况下，江苏省企业原有的发展方式面临着极大的转型升级压力。

（四）对加工贸易依赖性强，出口产品附加值低

长期以来，江苏省对外贸易的快速发展依赖于国际代工生产，加工贸易在贸易总额中所占比例较高，虽然2013年加工贸易占全省进出口贸易的比重下降了2.5个百分点，但这一比重仍达到42.4%。加工贸易具有“两头在外”的特点，与加工贸易对应的产业多具有劳动密集型特征，它们处于产业价值链底部，附加值和科技含量较低、研发能力匮乏。这样的生产和贸易模式使江苏省外贸出口企业在原材料、燃料、动力购进价格持续上扬的情况下，容易受到成本上涨和利润下降的“双向挤压”，甚至导致一些企业不堪重负。

服务贸易方面，虽然近年来江苏省服务贸易发展势头较为旺盛，但是整体上国际竞争力并不强。具体表现为两个方面：一是自主创新能力不足。虽然江苏科教资源和成果在全国均处于领先地位，但目前其创新优势、产业优势与科研优势并不完全匹配，科教资源主要集中在各高校及研究所，产学研联合需进一步加强。二是品牌效应相对较弱。2014年5月，《中国（国际）服务贸易品牌企业竞争力发展报告》推举了我国服务贸易领域表现突出的138家品牌企业，这份榜单大部分被来自北京、上海和国外的企业所占据[⑤]，江苏省的品牌影响力与这些地区相比还存在较大差距。

二、江苏商务发展面临的挑战

（一）新一轮的改革开放带来的挑战

当前，中国改革已经进入攻坚期和深水区。作为全国排名第二的经济大省，江苏是全国

---

① 根据《江苏统计年鉴》（2014）计算而得。计算原理如下：就业弹性系数是从业人数增长率与GDP增长率的比值，即GDP增长1个百分点所带动的就业增长的百分点。利用五年的时间跨度计算就业弹性系数，其计算公式为$\frac{\Delta L}{L}\Big/\frac{\Delta Y}{Y}$，其中$L$和$\Delta L$分别表示报告期全省从业人数和五年间从业人数变动量，Y和ΔY分别表示报告期全省生产总值和五年间全省生产总值变动量。

② 参见宋晓亮：《用工成本是制造业最大负担》，载《中国经济时报》，2013-12-18（1）。

③ 参见《江苏省城市地价动态监测报告》（2012年度），见 http://www.landjs.com/web/info_view.aspx?ZX_GUID=1550E91FD71C496CB231D63503EEB26B。

④ 参见郭钇杉：《企业债务存量高攀挤压利润空间》，载《中华工商时报》，2014-07-28（1）。

⑤ 参见《中国（国际）服务贸易品牌企业竞争力发展报告发布》，见 http://luxury.ce.cn/hydt/cygc/201406/17/t20140617_1697853.shtml。

改革开放的缩影，改革也一直是全省的头等大事。2014年5月，习近平总书记在河南考察时指出，中国经济要适应新常态。“新”意味着不同以往，“常”意味着相对稳定。新常态的一大特征就是经济增长中高速，即经济增长速度从过去10%以上的“高速挡”转为7%～8%的“中高速挡”。

在中国全面深化改革的大环境下，江苏省商务发展面临着诸多全新的挑战。进入新的发展阶段后，江苏面临着不少新的矛盾和问题，10%以上的经济增长时代可能一去不复返了。因此，我们应理性对待经济增长放缓，把“调结构”放在改革开放新时代更加突出的位置，进一步优化需求结构、产业结构、城乡结构和区域结构。此外，随着上海自贸区的设立和运行，各地纷纷加入申报自贸区的行列，苏州市已成为江苏省申报的首选城市，用以对接上海自贸区。这表明，长三角地区的对外开放已经达到了一个新高度，更大程度的开放会倒逼新一轮的改革，因此江苏省在转变政府职能、简政放权、为企业创造符合国际惯例的市场环境等方面将面临新的挑战。上述这些问题无疑也是江苏商务发展中必须面对的挑战。

（二）三大不利因素给出口贸易带来的挑战

2013年江苏省进出口总额达5 508.4亿美元，排名全国第二。由于仍然面临着国际市场需求不足、人民币升值压力和贸易保护主义等诸多挑战，2013年全年进出口总额相比2012年增幅只有0.5%，除西藏出现负增长以外，江苏省是2013年全国进出口增速最慢的省份。其中，外贸出口仅增长0.1%，出口形势非常严峻。

一是来自国际市场需求不足的挑战。美国经济复苏势头明显，并在2013年超越欧盟成为江苏省第一大贸易伙伴。然而，欧债危机阴霾未散，虽然欧洲统计局发表的公报显示，2013年第三季度，欧元区18国和欧盟28国的GDP分别增长了0.1%和0.2%①，但这样的增长实际上是微不足道的。此外，与中国成为“命运共同体”的拉美各国的经济表现同样不尽如人意，2013年拉美和加勒比地区经济增速放缓，增长率仅为2.5%，出现了就业率和就业参与率“双降”的局面。贸易伙伴的经济增长减速必然造成国际市场需求不足，从而影响江苏的出口贸易。

二是来自人民币升值的挑战。2013年第一至第四季度，人民币对美元汇率的季度升值幅度分别为0.3%、1.4%、0.5%与0.5%，全年人民币兑美元中间价累计创下40次新高，全年累计升值3.09%。2014年以来，人民币小幅贬值，在此作用下2014年上半年江苏省外贸出口出现好转，实现外贸出口1 627.44亿美元，同比增长4.0%，高出全国3.1个百分点。② 但是，自2005年7月汇改以来至2014年6月末，人民币对美元汇率累计升值34.52%，人民币的小幅贬值显然难以完全消化外贸出口的压力。

三是来自欧美国家贸易保护主义的挑战。自国际金融危机以来，贸易保护主义重新抬头。据商务部提供的数据，2013年全年共有19个国家或地区对中国发起了贸易救济调查，

① See European Commission：“European Economic Forecast”，*European Economy*，Autumn，2013（1）.

② 中华人民共和国国家统计局：《上半年国民经济运行缓中趋稳》，见 http://www.stats.gov.cn/tjsj/zxfb/201407/t20140716_581947.htm。

共计92起，较上年增长17.9%，美国还对中国发起“337”调查共19起，中国依然是受贸易保护主义影响最严重的国家之一。[①] 在此背景下，贸易保护主义对江苏省对外贸易也产生了较大影响。以近些年美国对中国光伏产业的“双反”（反倾销、反补贴）措施为例。许多美国的太阳能制造商依赖全球光伏供应链，美国实行“双反”措施会损害其国内太阳能产业下游企业的利益，不过美国实行“双反”措施最根本的目的在于全面限制中国对美光伏产品出口。2014年7月WTO裁定美国的反补贴措施违反了《补贴与反补贴措施协议》。诸多实证研究结果也表明，美国的反倾销诉讼也可能造成对中国的歧视性反倾销。作为国内光伏产业重地，受美国“双反”措施的影响，2013年江苏光伏产品的出口受到严重影响，不少企业不得不放弃美国市场。

（三）上海自贸区“虹吸效应”带来的挑战

上海自贸区的设立，也会对江苏商务发展带来一定挑战。自贸区的贸易便利化、金融自由化以及外资的准入前国民待遇等优惠政策，对外资具有较大的吸引力，有海外业务的企业更愿意将财务中心、运营中心等功能性企业总部放到上海。自从上海自贸区挂牌以来，不少江苏企业也纷纷到自贸区注册公司，一些原本在江苏投资的资本也被吸引到上海自贸区，江苏经济正面临着所谓的“虹吸效应”。比如，昆山这些年极力打造的部分已成规模的高端制造业和高端服务业就流入了上海自贸区，对江苏省而言，这意味着GDP和税收的双重损失。此外，上海的现代服务业在自贸区的带动下将迎来高速发展，江苏现代服务业将面临更大的竞争压力。

（四）激烈的电子商务竞争带来的挑战

在信息化时代，电子商务是各地区和企业竞争较为激烈的领域。从2007年开始，中国逐步进入电子商务的成熟阶段，电子商务竞争日趋激烈。2013年，广东省电子商务交易总额突破2万亿元，占全国的1/5；浙江省电子商务交易额突破1.6万亿元，当然这离不开全球最大的B2B电子商务平台阿里巴巴集团的贡献；上海电子商务交易总额首次突破万亿元大关，达到1.06万亿元，比2012年增长35.1%。与这些电子商务超级大省相比，江苏省电子商务的发展依然面临着较大挑战。

一方面，电子商务的发展对传统企业转型升级提出了挑战。电子商务与传统商务相比具有交易成本低、交易效率高、交易透明等优势，特别是社会消费观念和消费习惯的变化日益冲击着传统行业，传统行业唯有转型升级方能找到出路。另一方面，产业转型升级对电子商务的发展提出了新要求。当前，江苏经济转型升级刻不容缓，需要进一步发挥电子商务在创新企业生产经营模式、提高产业组织效率、激发市场活力、优化资源配置、促进节能减排、带动新兴服务业发展等方面的积极作用，进而推动产业结构调整、拉动国内市场需求、创造新的经济增长点[②]，这对江苏电子商务的发展提出了更高的要求。

---

① 参见王霁平：《中国是贸易保护主义最大受害国》，载《国际商报》，2014-01-17（A03）。

② 参见泰州市经济和信息化委员会：《江苏省电子商务“十二五”发展规划》，见http://www.tzeic.gov.cn/tzjxw/info.php?infos_id=1929。

第四章 政策建议

江苏省商务发展水平在全国名列前茅，但仍存在一些结构性问题，还有较大的发展空间。如何继续发挥优势、规避劣势，在复杂的外部环境下抓住机遇、迎接挑战，是进一步推动江苏商务发展的关键。

一、江苏商务发展存在上述劣势与挑战的成因分析

（一）过度追求经济增长速度，经济增长的质量和效益受到一定影响

造成江苏现阶段商务发展劣势的原因很多，其中一个重要原因是：一些地方政府过于追求经济增长速度，忽视了经济增长的质量与效益，导致了产业结构不合理、对出口过度依赖和资源环境逐渐恶化等问题。具体表现为：(1) 产业结构方面。过度追求经济增长速度会使一些地区对投资拉动经济的作用更为重视，进而采取廉价供地、税收减免等方式加速招商引资，而在一定程度上忽视了项目质量，催生了许多重复投资和产能扩张，难以通过招商引资引进高端技术和高端产品，更难以帮助江苏经济实现由大到强的转变。(2) 出口贸易方面。过度追求经济增长速度会使一些地区更加看重外向型经济的拉动作用。中国外贸进出口总额已位居世界第一，是最大的出口国，贸易顺差很大，其中江苏 2013 年的贸易顺差也高达 1 068.69 亿美元。过度依赖外向型经济一方面推动了江苏与世界市场的频繁接触，但另一方面经济发展也更容易受到世界各国的影响。(3) 资源环境方面。过度追求经济增长速度会阻碍一些地区的生态文明建设。快速的经济增长往往以资源环境的快速消耗为前提，这等同于将经济利益置于环境保护之上、将当前经济利益置于子孙后代利益之上，不利于江苏经济的可持续发展。

（二）上海自贸区冲击江苏现有政策，政府管理模式尚存不足

近些年，江苏省政府在推进简政放权、促进政府职能转变和机构改革等方面取得了重大进展，政府管理模式与时俱进，这本是江苏商务发展的优势。然而，随着上海自贸区的设立，江苏现有的政府管理模式受到了冲击，江苏亟须加快转变政府职能。如外资管理方面，江苏现仍实行的“正面清单”管理模式中，外商企业的活动范围被严格限制在《外商投资产业指导目录》内，这不利于江苏增强市场透明度和市场开放度；江苏现有的外资审批制度也会受到准入前国民待遇的影响，更为简洁、优惠的准入条件使上海自贸区有可能

对江苏产生较大的虹吸效应。因此，江苏省深化改革、转变政府职能的任务依然艰巨。江苏能否有效地应对来自上海自贸区的巨大挑战，主要取决于江苏自身，具体来说包括：其一，江苏能否跟上上海改革步伐、承接上海自贸区红利；其二，江苏能否做好配套设施工作，借机优化相关服务设施；其三，政府能否继续与时俱进、探索具有江苏特色的政府管理模式。

（三）中小企业自身综合素质有限，再担保公司职能欠佳

关于中小企业“融资难”、“融资贵”的问题，中小企业自身、贷款银行和再担保公司都有一定责任。一是中小企业自身的原因。部分中小企业自身的综合素质有限，如抵御风险的能力较弱、信用状况较差和人才匮乏。[①] 在对回收贷款没有把握的情况下，银行自然不愿放贷。二是贷款银行的原因。在追逐利益和规避风险的驱动下，商业银行更倾向于将资金贷给大型国有企业。三是再担保公司的原因。再担保公司职能欠完善，再担保的功能难以惠及所有符合条件的担保公司，此外再担保公司的非营利性特征使它有可能给政府财政带来过重的负担，从而阻碍再担保业务的发展。

（四）电子商务起步相对较晚，优惠政策较少

当前，电子商务领域的竞争日趋激烈，江苏省电子商务行业面临着许多新的挑战。这有如下几个方面的原因：第一，江苏省的电子商务起步晚于广东和浙江等省份，这是江苏省电子商务发展落后于这几个省份的主要原因。第二，江苏省各地、各行业的电子商务发展水平参差不齐，无法形成一个有机整体，因此面对外部竞争压力时抵御风险的能力较差。第三，江苏省在发展电子商务方面的政策优惠较少，难以满足中小企业开展电子商务的资金需求，行业进入还存在不少审批环节，缺乏良好的政策环境。

二、江苏商务发展的对策建议

（一）加快转变经济发展方式，稳增长、调结构

目前江苏经济正处于增长速度换挡期、结构调整阵痛期、转型升级攻坚期。在这个关键时期，江苏要充分利用自身优势和机遇，化解来自各方面的风险和挑战，稳步推进改革，理性对待经济增速放缓，更加注重经济增长的质量和效益。在这样一个改革的关键时期，应把经济结构调整优化作为主攻方向，重点做好如下几个方面的工作。

一是继续调整产业结构。具体而言，包括：（1）高端技术、高端产品“调高”。近些年，江苏省高新技术产品出口占出口总额的比重持续下降，出口额绝对量在2013年出现负增长，因此必须努力占领产业制高点，设立专项资金和创业投资引导资金，力争在提升核心竞争力上有新突破。（2）优先发展现代服务业，即“调轻”。抢占现代服务业发展的制高点，建立产业融合机制（包括政府的组织协调机制和对企业投入研发的中介机制），促进产业融合发展。（3）推动传统产业向产业价值链高端攀升，即“调优”。努力解决好

① 当然，不排除有各方面综合素质较好的中小企业，这里所说的是整体情况。

产业层次不高、附加值较低的问题，加大对科研的支持力度，推进科研成果市场化，加速改组或淘汰产能落后或产能过剩的企业，增强产业的核心竞争力。(4)“调强”产业整体素质。加快实现江苏经济由大到强的转变，强化创新驱动，使“创新驱动”成为江苏发展的强大引擎和鲜明特征，构建推动经济转型升级的长效机制。

二是优化需求结构。由于国外经济复苏缓慢，部分欧美国家贸易保护主义抬头，江苏省外向型经济的优势正在逐渐弱化。与此相比，江苏省国内贸易发展良好，居民消费需求潜力较大。在此背景下，应将工作重点放到扩大内需上来，着力解决收入差距扩大问题，充分挖掘需求潜力，同时满足低收入群体的刚性需求、中等以上收入群体的发展性需求以及高收入群体的奢侈性需求。

三是保护好生态环境。长期以来，江苏的经济增长主要是依靠物质资源、生态环境消耗的粗放式增长。然而，资源环境的过度使用造成的环境成本和代际成本极高，进行环境治理、追求和实现可持续发展已刻不容缓，这迫使我们转变原有的经济发展方式，建设资源节约型、环境友好型社会，做到“事前预防”与“事后治理”双管齐下。为此，需要做到以下几点：(1) 在事前预防方面，大力推进节能减排，逐步减少对资源环境的依赖，启动重点行业和重点企业的环境污染事故应急预案修订工作；(2) 在事后治理方面，继续推进环保产业化，加大对环保企业的支持力度，积极推进环保产业的外资引进工作，并构建能源资源等生产要素投入的约束机制，探索征收碳排放税等环境税的可行性。

(二) 继续发挥外向型经济的优势，力争向更高层次发展

外向型经济是江苏省的传统优势。为了更好地促进江苏商务活动发展，今后应在继续发挥自身优势的基础上，重点做好如下三个方面的工作。

一是深入实施科技兴贸战略。大力推进高新技术产品出口，建立科学的财政政策引导机制，实现高新技术产品投资渠道和资金支持的多元化；强化特色创新发展，深入推进品牌战略，建立省、市分级品牌培育机制；促进产学研紧密联合，着力改善产学研联合的基础设施和政策环境，以技术合作为根本，加快搭建产学研平台，培育出一批国际竞争力强的高新技术出口企业，力争实现从“江苏制造”向“江苏创造”的跨越。

二是主动探索外向型企业向价值链高端攀升的道路，增强其国际竞争力。企业在“微笑曲线”上的位置不是一成不变的，尽管受到要素禀赋和长期贸易方式等因素的制约，江苏省多数企业处在全球价值链的底部，但江苏省已有充足的知识及技术要素积累，企业实现向全球价值链两侧攀升的条件已经越来越成熟。因此，政府在培育高端技术产业和自主知识品牌方面必须发挥重要的推动作用，以掌握核心技术为中心，完善知识产权战略并努力扶持重点行业的领先企业，不断挖掘江苏自身的潜力，主动改变江苏在全球价值链上的嵌入方式，从而促进企业向“微笑曲线”两侧攀升。

三是坚持“引进来”与“走出去”并举，在更大范围和更高层次上参与对外经济合作。外商直接投资方面，要探索江苏省负面清单管理模式，为市场主体松绑，完善事中和事后监管，创造公平的竞争环境，提升外商的投资信心。对外投资方面，要明确对“走出去”企业进行行政管理的范围，清理审批事项，高度重视服务、信息统计以及监管；形

成企业“走出去”的配套体系，如培育与国际规则接轨的民营金融体系，鼓励有竞争力的企业“走出去”。

（三）抓住自贸区机遇，以开放倒逼改革

上海自贸区的设立，对江苏来说既是机遇又是挑战。自贸区设立在上海，在一定意义上相当于把国际市场搬到了上海，与上海毗邻的江苏进入国际市场的距离将因此而大大缩短，信息和交通成本也将大大降低。与此同时，上海自贸区设立与运行之后，江苏必将面临更为激烈的竞争，招商引资和对外贸易也将面临较大压力。同时，面对上述溢出效应和虹吸效应，江苏省应主动抓住机遇、迎接挑战，着力做好如下几个方面的工作。

一是抓住转型升级契机，承接上海自贸区红利。上海自贸区作为试验区，其28平方公里的面积所能发挥的功能是有限的，所以其更大的意义在于这种制度创新在周边地区乃至全国的可复制性和可推广性。受上海自贸区的辐射和溢出效应的影响，江苏将会吸引更多的未能抢先在自贸区注册的优质企业和那些从上海自贸区溢出的先进制造业和服务业项目，集聚高层次人才、高新技术和知名品牌等稀缺资源，进而充分利用上海自贸区的溢出效应实现江苏产业结构升级。

二是以开放倒逼改革，更好地对接上海。上海自贸区的设立和运行将进一步提升长三角地区的开放程度，从而倒逼江苏加快改革步伐、加强基础设施建设、优化金融服务，为上海提供配套金融服务。其中，金融配套服务需要政策配套作为基础，这就要求对政府职能进行再定位，政府需逐渐减少对市场的干预，管理模式由重审批转向重服务，为企业提供公平的法律体系、高效的行政服务和便利的商业环境。当然，还要建立政府之间的联系机制和对接机制，保持与上海相关部门的联系，及时了解自贸区的优惠政策，并做好相关研究。

三是探索建立具有江苏特色的自贸区。探索江苏“负面清单”管理模式，尽可能地降低门槛、放宽准入、削减税赋，特别是对那些有利于江苏产业结构优化的高端产业更应如此。同时，尽快筹建江苏自己的自贸区，积极学习上海经验，主动对接上海自贸区，进而逐步建立江苏开放型经济的新高地。目前，苏州市作为江苏省开放型经济的龙头地区，建立自贸区的条件已相对比较成熟，申报自贸区的计划也已提上日程。

（四）化解中小企业资金矛盾，树立影子银行风险防范意识

在江苏省，中小企业吸纳了超过80%的就业，对GDP和税收的贡献率分别超过60%和50%，支持中小企业发展对于保增长、保稳定、保民生意义重大。但如今中小企业所面临的资金矛盾比较突出，中小企业“融资难”、“融资贵”已成为一个非常棘手的问题。针对中小企业，政府应着力健全其运行机制，增强其抵御风险的能力，全面提升中小企业的素质。针对商业银行，政府应加强对大银行的窗口指导，引导银行增加对中小企业的信贷投放。其中，最重要的就是从风险控制入手，化解各大银行对中小企业“惧贷”的心理。为此，需要做到以下几点：第一，建立风险共担机制，使贷款银行、担保机构和企业按比例共同承担可能的风险。第二，中小企业的不良贷款率要高于大企业，若对其的“容忍度”太低，必然会造成“惧贷”，因此，在不放松风险管理的前提下，可适当放宽部分中

小企业的不良资产容忍率。第三，消除业务员做中小企业贷款业务的后顾之忧。对客户经理已经尽职尽责，只是由外界不可控因素导致的损失，尽量对其免责。事实上，对中小企业的贷款问题，许多银行也在进行观念调整，大企业的信贷风险不出则已，一出便是几亿甚至几十亿元的巨额损失，而给中小企业放贷，对银行业来说具有分散风险的积极意义。针对再担保公司，应加快完善省级信用再担保平台。2009年年底，江苏省省委、省政府为促进中小企业健康发展组建了江苏省信用再担保有限公司，通过风险链的延展，使贷款风险得到了有效分散和控制，但其职能和规则仍需进一步完善，比如，扩大担保服务对象群体，使再担保职能惠及更多的符合条件的担保公司；在保证流动性的基础上，将暂时闲置的资金投资于国债和信用等级较高的企业债券等，以提高再贷款公司的资金使用效率，增加其收益水平，进而减少财政负担。

中小企业的资金需求催生了民间贷款、“影子银行”等融资模式，且近些年在中国迅速膨胀，诸多风险也开始显现。然而，中国对影子银行的监管尚存在一些缺失，强化和完善相应的监管措施是当下金融体系监管的工作重点。从中国的金融结构来看，当前国内影子银行体系还处于起步阶段且远未成熟，而影子银行作为传统银行体系的补充，在服务实体经济、丰富投资渠道等方面起到了一定的积极作用，直接对其进行限制性监管将不利于金融体系的发展，故对影子银行的监管应以“鼓励”和“规范”为主，重点在于树立影子银行的风险控制意识，防范风险（尤其是系统性风险）的发生。

（五）明确电子商务发展重点，加大要素支持力度

在信息化时代，电子商务的地位愈发突出，电子商务企业之间的竞争也愈发激烈。因此，如何实现江苏电子商务的进一步发展是促进江苏商务发展的一个重要议题。为此，需要做到以下几方面。

首先，需要明确江苏电子商务发展的重点。具体而言，应涵盖如下几个方面：一是加快电子商务园区的建设，打造完善的电子商务生态圈。二是积极培育各行业门户网站，鼓励各行业内发展潜力大、影响力广的门户网站整合相关网络资源。三是支持传统企业发展网络零售业务，包括依托第三方平台开展网上销售，进而推进线上交易与线下交易有机结合。四是鼓励生产企业应用电子商务，搭建以产业链为基础、以供应链为重点的电子商务平台，实现采购、生产和销售全流程的电子商务。五是提升大宗商品电子商务平台的运营水平，完善大宗商品电子商务平台的信息发布、价格指导和网上交易等功能。六是完善电子商务物流配送，大力发展第三方物流（专业物流服务企业同时为厂商和商品需求者提供物流服务的活动），推动第三方物流与电子商务平台的合作，并推进第四方物流（专门为第一方、第二方和第三方提供咨询、规划等服务，但并不实际承担具体的物流运作活动）的发展，为线上交易提供更为高效的物流支撑。七是加速电子商务与技术创新的结合，加快云服务平台的建设、完善云安全解决方案，推进海量存储、虚拟化和低功耗等云计算技术在电子商务领域的应用。

其次，江苏省应广泛运用各种手段加大对电子商务发展的支持力度。为此，需要从如下几个方面努力：一是予以金融和财政支持。鼓励地方政府、银行机构和电子商务服务商共同组建具有独立法人资格的网络银行，专注于服务融资金额小、缺少担保且现有银行贷

款体制难以覆盖的中小企业开展电子商务的资金需求；财政重点支持电子商务示范基地、电子商务产业园、电子商务平台建设以及重点电子商务企业的发展，并对符合条件的企业给予一定的税收优惠。二是予以行政审批方面的支持。放宽准入门槛，降低电子商务企业出资最低限额，鼓励和引导社会资本投资于电子商务产业。三是予以市场支持。加强电子商务的市场管理，建设信用信息服务平台，形成信用资源的共享机制，改善电子商务企业的信用环境。四是予以用地支持。优先保障重大电子商务项目用地，鼓励利用存量土地发展电子商务产业，在不改变用地主体、不重新开发建设的前提下，利用工业厂房、仓储用房等存量房产及土地资源兴办电子商务企业和园区，其土地用途可暂不变更。五是予以人才支持。实行电子商务人才的培养和国内外高级电子商务人才的引进并举，广泛吸收电子商务领域的高级管理人才、高端营运人才和核心技术人才。

参考文献

［1］陈澄，朱彬彬，金睿，洪姝翌．转型升级的江苏公式［N］．江苏经济报，2014-01-20.

［2］郭钇杉．企业债务存量高攀挤压利润空间［N］．中华工商时报，2014-07-28.

［3］黄伟．金融租赁为船企打开另一扇窗［N］．新华日报，2014-07-31.

［4］江苏省人民政府．2013 年全省服务业运行情况［EB/OL］．http://www.jiangsu.gov.cn/jszfxxgk/tjxx/tjsj/ndsj/201402/t20140225_421348.html.

［5］江苏省人民政府．江苏省政府关于化解产能过剩矛盾的实施意见（节）［J］．江苏建材，2014（1）：1-7.

［6］江苏省统计局．2013 年江苏省国民经济和社会发展统计公报［J］．江苏省人民政府公报，2014（4）：35-46.

［7］江苏省统计局．2014 年度进度数据［EB/OL］．http://www.jssb.gov.cn/tjxxgk/tjsj/jdsj/2014/.

［8］江苏省统计局．江苏统计年鉴（2014）［M］．北京：中国统计出版社，2014.

［9］宋晓亮．用工成本是制造业最大负担［N］．中国经济时报，2013-12-18.

［10］泰州市经济和信息化委员会．江苏省电子商务“十二五”发展规划［EB/OL］．http://www.tzeic.gov.cn/tzjxw/info.php? infos_id=1929.

［11］王霁平．中国是贸易保护主义最大受害国［N］．国际商报，2014-01-17.

［12］2013 年江苏省电子商务发展概况与数据［EB/OL］．http://b2b.toocle.com/detail-6162940.html.

［13］江苏 2013 年接待游客 5.18 亿，旅游总收入 7195 亿元［EB/OL］．http://www.china.com.cn/travel/txt/2014—01/20/content_31245002.htm.

［14］江苏省城市地价动态监测报告（2012 年度）［EB/OL］．http://www.landjs.com/web/info_view.aspx? ZX_GUID=1550E91FD71C496CB231D63503EEB26B.

［15］我省发布 2013 年环境状况公报［EB/OL］．http://www.jshb.gov.cn/jshbw/xwdt/tpxw/201406/t20140604_271061.html.

［16］我省富士通南大等四家企业入选 2013“中国服务外包企业五十强”［EB/OL］．http://www.jssourcing.gov.cn/NewsDetail.asp? NewsID=3749.

［17］一季度江苏钢铁工业情况——化解过剩产能工作中的江苏钢铁［EB/OL］．http://www.jsdpc.gov.cn/xxgk/wjg/gyc/gzdt/201405/t20140515_398428.html.

［18］中国（国际）服务贸易品牌企业竞争力发展报告发布［EB/OL］．http://luxury. ce. cn/hydt/cygc/201406/17/t20140617_1697853. shtml.

［19］中国人民银行．2014 年上半年小额贷款公司数据统计报告［EB/OL］．http://www. pbc. gov. cn/publish/diaochatongjisi/3172/2014/20140723134804072473656/20140723134804072473656_. html.

［20］中华人民共和国国家统计局．上半年国民经济运行缓中趋稳［EB/OL］．http://www. stats. gov. cn/tjsj/zxfb/201407/t20140716_581947. htm.

［21］中华人民共和国国家统计局．中华人民共和国 2013 年国民经济和社会发展统计公报［J］．中国统计，2014（3）：6-14.

［22］朱梦迪，宫尚轩．去年全省网络交易规模突破 4 000 亿元［N］．江苏经济报，2014-06-25（A01）.

［23］European Commission. European Economic Forecast［R］. European Economy，Autumn，2013（1）.

国内贸易篇

Domestic Trade Articles

第五章 内贸流通体制的变迁

新中国成立以来，中国经济发生了巨大的变化，尤其是商贸流通业，经历了六十多年的改革与发展，中国商贸流通业实现了从苏联社会主义模式下的国家所有制及计划经济体制向具有中国特色社会主义市场经济模式的转变，特别是改革开放三十多年来，中国取得了辉煌的成绩，建立了一个具有中国特色的适应社会主义市场经济发展的现代商品流通体系。2013 年，全年社会消费品零售总额为 237 809.9 亿元，相对于 1952 年的社会商品零售总额 276.8 亿元，除去价格因素，增长了 858 倍；相对于 1978 年的社会商品零售总额 1 558.6 亿元，增长了 151.5 倍。

中国经济的发展，最初主要依靠以自给自足为主的农业来带动，1949 年，农业产值占 60%左右，农业人口占全社会人口的 90%以上，城市化率不足 10%，城市工业产值仅占社会总产值的 25%。在城市工业中，轻重工业的比重为 2∶8，基本处于霍夫曼所分析的消费资料工业占主导的工业化第二阶段，中国当时既缺乏发展所需要的资金，又缺乏发展近现代工业所需要的技术。“一五”时期的基本建设投资总额中，农业只占 7.1%，轻工业只占 6.4%，而重工业占比却高达 36.1%，这就意味着，中国在尚未完成劳动密集型轻纺工业发展过程之时，跨越式地进入了重化工业发展阶段。农业总产值占生产总值的比重从 1949 年的 70%下降为 1957 年的 43.4%，轻工业总产值从 22.1%上升为 31.2%，重工业总产值从 7.9%上升为 25.5%。由于未能充分发展轻纺工业，所以轻纺工业难以承担提供重化发展所需的资金积累功能，于是不得不制定了压低农产品价格、提高工业品价格的价格剪刀差的模式，从而在计划和利益两个方面，改变了全社会资源的配置机制，形成了与一般发展中国家在工业化初期阶段有所不同的经济增长方式。

中国商贸流通业发展的 65 年，大体上可分为前 30 年和后 35 年。前 30 年为 1949 年到 1979 年，是在商品短缺、国家管制、计划经济体制条件下，以“一改”、“两统”、“三保证”为主体；后 35 年为 1979 年到 2014 年，是改革开放时期，集中反映为“三个突破”、“三个创新”、“十个转变”和“全面开放”。

一、1949—1978 年中国内贸的发展

新中国成立初期，中国流通业的发展以苏联社会主义国家所有制、计划经济模式为核

心指导理论。到1960年，中国对官僚资本主义的没收和对资本主义工商业的改造等工作基本完成，实现了商业的社会主义公有化、集体化；通过实施统购统销、统购包销等措施，中国形成了组建国营商业、扶持供销合作社商业的运作模式。

以分配为核心的计划经济的流通体制的三大措施（包括对资本主义工商业的改造、成立国营商业和发展供销合作社商业）构成了社会主义商贸流通业的基本内容。对私营工商业的社会主义改造采取了多层次、有分别、多阶段的措施；对私营棉布零售商实行了全行业的经销和代销，逐步实现了大宗物资由国营商业对私营批发商的替代，限制了私营零售商的进货渠道。到1956年年底，全国240多万户私营商业中82.2%实现了社会主义改造，建立了国营商业占主体地位，公私合营商业是国营商业的组成部分，供销合作社是国营商业的有力助手，合作商店、合作小组以及农村集贸市场参与城乡商品流通活动的社会主义统一市场。

新中国成立初期，统购统销是计划经济体制下农产品流通的基本政策，国家为了解决城乡粮食、农副产品等的产销不平衡，在农村实行统一征购，在城市实行定量配给，规定粮食必须按规定销售给国家，余粮只能在国营粮店和供销合作社销售，城市居民凭证定量供应粮食，工业用粮由国家粮食部门供应等一系列有关粮食产销的政策。统购包销是计划体制下工业品流通的基本政策，为了尽快恢复国民经济、稳定市场物价，国营商业部门在对国营工业产品实行收购和包销的同时开始对私营工业产品进行收购和加工订货，形成了计划体制下工业品的分配和销售模式，并实行固定的供应区域、固定的供应对象、固定的倒扣作价模式，实行行政式、封闭式的管理。①

国家通过建立“物资分级、企业分类”的物资计划管理和分配制度，管理重要生产资料的流通，保证了工业生产的顺利进行。国家通过建立健全商业网点体系、保持市场价格平稳确保人民的基本需要得到满足。商业网络的建设不仅包括负责组织货源和商品分配、负责市场批发的批发网络体系，而且也包括以国营商业和供销合作社为主的零售网络体系。与1962年相比，1976年供销社在全国的零售门店数由122 283个增加到142 602个，增加20 000余个；代购代销店由84 573个增加到418 135个，增加近4倍。为了实现短缺经济时期产品的公平合理分配，国家采取了凭票证供应、限制集团购物以及建立特需供应制度等政策。防止非法投机、纠正特权思想，在保证劳保、外宾等特殊需要的同时，尽可能做到公平合理的分配，避免因贫富不均、差距过大而造成社会问题。

二、1978年改革开放以来中国内贸的发展

中国商贸流通业经过三十多年的发展，基本实现了从计划经济体制向具有中国特色社会主义市场经济体制的转变，初步建立了适应社会主义市场经济发展的商品流通体制。

新中国成立以来，市场在资源配置中的基础作用充分显现，没有交换的经济行为是一种浪费行为，这是理论上的创新和突破，在实践中也提高了商贸流通业的社会地位，依托国内市场和国际市场，进一步发挥了商贸流通业扩大内需的基础性作用；打破了计划经济

① 参见黄国雄、刘玉奇、王强：《中国商贸流通业60年发展与瞻望》，载《财贸经济》，2009（9）。

条件下“重生产、轻流通”的理论认识误区，恢复了交换、流通、商业在社会化大生产中实现价值增值和交换价值的中介地位；突破了以管制式分配为主要形式的产品流通体制，建立了以适度开放式市场调节为主的商品流通体制，逐步对流通主体、流通客体、交易机制、主体行为放开，从而使商贸流通业成为开放最早、市场化程度最高的一个产业；突破了计划经济条件下狭隘的供给性的、产品性的有形市场观念，构建了需求引导下的产品和服务并重、有形和虚拟并举的流通组织，形成了多业态、多形式、多元化的市场体系。

2003 年 3 月，对外贸易经济合作部和国家经贸委相关部门合并，正式成立内外贸一体化的国家商务部，制定、颁布和实施了一系列与商业、市场有关的法律、法规和条例，逐步推行商贸流通业一体化、制度化和国际化管理，流通体制管理得以创新。连锁经营和电子商务的广泛应用引发了一系列的流通制度革命，改变了传统的零售商、供应商和消费者之间的关系，打破了传统的商品流通模式，促使各企业积极寻求降低流通成本、提高流通效率的新思路。2013 年，中国连锁百强的销售额突破 2 万亿元，增幅为 9.9%，中国的连锁化程度已超过 40%，涌现出一批具有相当规模和国际竞争力的连锁集团，这些连锁集团正逐渐成为商贸流通业的龙头企业和主导力量。

第六章 改革开放以来江苏内贸发展的概况

一、社会消费品零售总额稳步增长，但住宿业略有下降

2013 年，江苏社会消费品零售总额为 20 796.5 亿元，占全国的 8.75%，同比增长 13.4%，略高于全国平均水平 13.1%。2013 年江苏的社会消费品零售总额分别是改革之年（1978 年）的约 245 倍、商品经济之年（1984 年）的约 101 倍、市场经济之年（1992 年）的约 29.5 倍、全面开放之年（2004 年）的约 4.25 倍（见表 6—1）。2013 年作为“十二五”中间年，其社会消费品零售总额是“十一五”中间年 2008 年的 2.1 倍。2011—2013 年，江苏社会消费品零售总额在全国的位置比较稳定，均为第三名，年增长率为 15.3%，略高于全国增长率 14.8%，江苏社会消费品零售总额总体稳步增长。

表 6—1　　1978—2013 年江苏分行业的社会消费品零售总额情况

年份	社会消费品零售总额（亿元）	批发和零售业		住宿业		餐饮业	
		社会消费品零售总额（亿元）	比重（%）	社会消费品零售总额（亿元）	比重（%）	社会消费品零售总额（亿元）	比重（%）
1978	84.79	79.18	93.4	—	—	3.24	3.82
1984	205.05	188.80	92.1	—	—	7.61	3.71
1992	704.52	644.61	91.5	—	—	33.64	4.77
2000	2 908.46	2 583.19	88.8	—	—	269.59	9.27
2004	4 892.18	4 333.18	88.6	41.67	0.85	496.1	10.14
2005	5 735.50	5 051.70	88.1	49.81	0.86	583.09	10.17
2006	6 706.19	5 815.78	86.7	67.68	1.01	678.83	10.12
2007	7 985.90	6 875.66	86.1	82.48	1.03	810.56	10.15
2008	9 905.1	8 890.3	89.8	99.8	1.0	826.1	8.34
2009	11 484.1	10 312.81	89.8	107.66	0.94	957.23	8.34
2010	13 606.80	12 207.18	89.7	127.15	0.93	1 147.99	8.44
2011	15 988.38	14 320.87	89.6	161.94	1.0	1 359.27	8.50
2012	18 331.30	16 448.83	89.7	178.42	0.97	1 588.08	8.66
2013	20 796.50	18 694.85	89.9	173.23	0.83	1 788.44	8.60

资料来源：根据《江苏统计年鉴》（2003—2014）的数据整理而得。

从表6—1可看出，江苏批发和零售业社会消费品零售总额从2008年的8 890.3亿元增加到2013年的18 694.85亿元，增长了1.1倍；2013年，江苏批发和零售业社会消费品零售总额比2012年增长了13.65%。江苏批发和零售业社会消费品零售总额持续保持较高的比重，2013年，这一比重达到89.9%，1978年以来，其占社会消费品零售总额的比重一直保持在88%以上，2008年以来，一直稳定在89%～90%（见图6—1）。

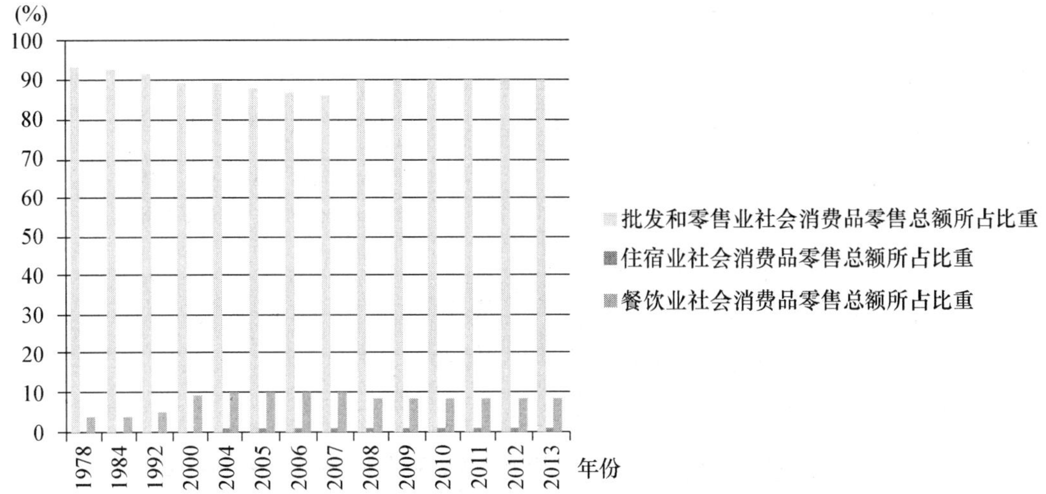

图6—1 1978—2013年江苏分行业的社会消费品零售总额

资料来源：根据《江苏统计年鉴》(2003—2014)的数据整理而得。

2013年，江苏住宿业社会消费品零售总额达173.23亿元，占全省社会消费品零售总额的0.83%，从2004年开始，住宿业社会消费品零售总额单独统计，其在江苏社会消费品零售总额中的比重保持在0.8%～1.1%。在增长率方面，2013年虽然比2008年的99.8亿元增长了73.6%，但却比2012年的178.42亿元下降了约3%；2011年到2013年的三年间，其年均增长率为11.33%。

江苏餐饮业社会消费品零售总额2013年为1 788.44亿元，比2012年的1 588.08亿元增长了12.62%，比2008年的826.1亿元增长了1.16倍；2011—2013年的三年间，其年均增长率为16%。1978年以来，江苏餐饮业社会消费品零售总额在江苏社会消费品零售总额中的比重都不超过10.2%，其比重先急剧上升后缓慢下降至平稳状态，2013年，其比重为8.6%，2008年以来，这一比重一直保持在8%～9%。

二、商贸流通业规模扩大，但增速下降

江苏商贸流通业规模不断扩大，对于拉动生产、刺激消费起到了很好的桥梁作用，商贸流通业产值对于国民经济的贡献逐年上升。2013年，江苏GDP为56 161.75亿元，占全国GDP的比重为9.87%，仅次于广东，近10年来基本上稳定在第二位。2013年，江苏第三产业产值为26 421.65亿元，流通业产值为9 776.45亿元，分别占江苏GDP的44.67%、16.53%。1978年以来，江苏第三产业产值占其GDP的比重基本上逐年增加，到2000年达

到36.3%后下跌，2004年后又逐年上升；江苏流通业产值占GDP的比重同样一路飙升，到2000年达到16.49%，然后回落，2004—2013年，稳定在15.3%～17.08%（见图6—2），其中，2011年该比重最高，为17.08%。从表6—2中的数据可以计算出，2013年，江苏流通业产值占第三产业产值的比重为37%，江苏传统流通业正积极向现代流通业转变。

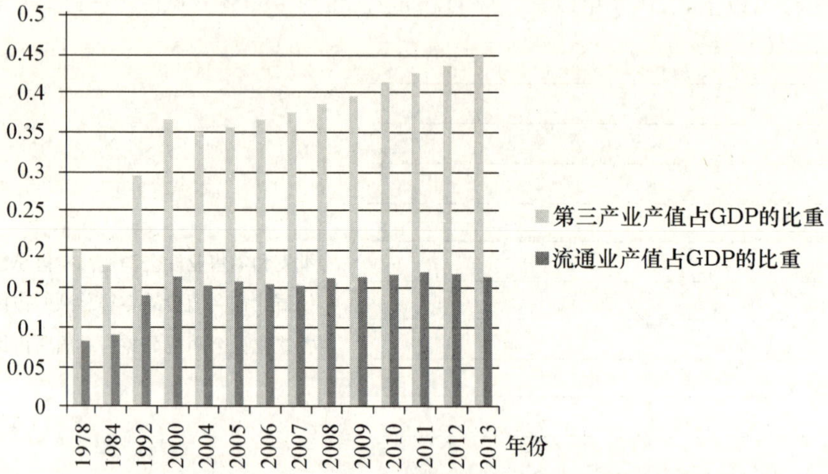

图6—2 1978—2013年江苏第三产业产值、流通业产值占GDP的比重

资料来源：根据《江苏统计年鉴》（2003—2014）的数据整理而得。

表6—2　　1978—2013年江苏主要年份GDP及第三产业和流通业的产值情况

年份	GDP（亿元）	第三产业		流通业	
		产值（亿元）	比重（%）	产值（亿元）	比重（%）
1978	249.24	49.44	0.198 363	20.48	0.082 17
1984	518.85	89.46	0.172 42	29.66	0.057 165
1992	2 136.02	622.94	0.291 636	302.46	0.141 6
2000	8 582.73	3 115.67	0.363 016	1 414.94	0.164 859
2004	15 512.35	5 426.65	0.349 828	2 378.52	0.153 331
2005	18 598.69	6 612.22	0.355 521	2 967.81	0.159 571
2006	21 742.05	7 914.11	0.364	3 371.74	0.155 079
2007	26 018.48	9 730.91	0.374	4 006.65	0.153 992
2008	30 981.98	11 888.53	0.383 724	5 046.02	0.162 87
2009	34 457.3	13 629.07	0.395 535	5 681.42	0.164 883
2010	41 425.48	17 131.45	0.413 549	6 926.78	0.167 211
2011	49 110.27	20 842.21	0.424 396	8 388.45	0.170 808
2012	54 058.22	23 517.98	0.435 049	9 102.27	0.168 379
2013	59 161.75	26 421.65	0.446 6	9 776.54	0.165 251

资料来源：根据《江苏统计年鉴》（2003—2014）的数据整理而得。

2013年，江苏流通业产值同比增长7.4%，是1978年的477.37倍、1984年的329.62倍、1992年的32.32倍、2004年的4.11倍。2005—2014年，江苏GDP、第三产业产值、流通业产值的增长率几乎同步变化，流通业产值增长率从2005年的24.775 5%

反复下降、上升，2008 年最高，为 25.941 1%，2013 年最低（见图 6—3）。从表 6—3 中的数据可计算出，2011—2013 年，江苏 GDP、第三产业产值、流通业产值的年均增长率分别为 12.96%、15.62%、12.34%，江苏流通业产值这三年的增长率低于第三产业产值增长率，略低于 GDP 增长率，并且要注意到这几年其增长率有持续下降的趋势。

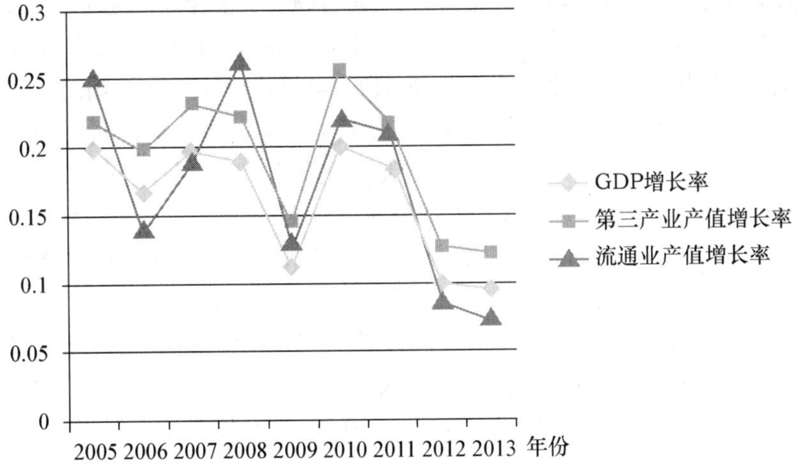

图 6—3　2005—2013 年江苏主要产业产值的增长率变化情况

资料来源：根据《江苏统计年鉴》（2006—2014）的数据整理而得。

表 6—3　　2005—2013 年江苏主要产业产值及增长率

年份	GDP		第三产业		流通业	
	产值（亿元）	增长率	产值（亿元）	增长率	产值（亿元）	增长率
2005	18 598.69	0.198 96	6 612.22	0.218 472	2 967.81	0.247 755
2006	21 742.05	0.169 01	7 914.11	0.196 892	3 371.74	0.136 104
2007	26 018.48	0.196 689	9 730.91	0.229 565	4 006.65	0.188 303
2008	30 981.98	0.190 768	11 888.53	0.221 728	5 046.02	0.259 411
2009	34 457.3	0.112 172	13 629.07	0.146 405	5 681.42	0.125 921
2010	41 425.48	0.202 227	17 131.45	0.256 979	6 926.78	0.219 199
2011	49 110.27	0.185 509	20 842.21	0.216 605	8 388.45	0.211 017
2012	54 058.22	0.100 752	23 517.98	0.128 382	9 102.27	0.085 096
2013	59 161.75	0.094 408	26 421.65	0.123 466	9 776.54	0.074 077

资料来源：根据《江苏统计年鉴》（2006—2014）的数据整理而得。

三、流通交易市场的效率显著提高，专业市场占主导

江苏已基本形成了包括综合市场与专业市场在内，生产资料市场和生活资料市场相结合，以批发市场为主导、零售市场为主体的多层次的商品市场体系。2013 年，江苏商品成交额超百亿元的市场达到 37 家，形成 5 家国家级大宗工业品指数编制发布中心。随着市场化程度的提高，生活资料市场和生产资料市场迅速发展起来，促进了以农产品交易市场和消费

品市场为主体的商品市场的发展，市场数量不断增加，市场交易规模日益扩大，市场机制的作用越来越突出。由表6—4可知，2013年，江苏商品成交额超亿元的市场达到547个，成交额达到1.66万亿元，营业面积为3 294.69万平方米，从业人员为105.07万人，与2012年相比，超亿元的市场数量减少了2.67%，营业面积减少了0.6%，从业人员减少了6.52%，但商品成交额增长了5.98%，这表明江苏商品交易市场处于整合调整时期，尽管市场数量在减少，但商品交易额却在增加，单个市场的效率在提高。从商品市场的经营环境来看，封闭式市场的个数所占比重为63.7%，比2012年有所下降，商品市场的经营管理得到了进一步规范。

2013年，批发市场的商品成交额为14 532.82亿元，零售市场的商品成交额为2 063亿元，同比分别增长了6.38%、13.27%。超亿元的批发市场和零售市场的个数都略有下降，批发市场的商品成交额占亿元以上市场的商品成交额的87.57%，超过了2012年。在零售市场的营业面积、从业人员数下降的同时，批发市场的这两项指标都略有增加。

2013年，超亿元的综合市场138个，商品成交额达2 372.89亿元，营业面积为692.54万平方米，从业人员为23.93万人，与2012年相比，超亿元的综合市场数量减少了19.37%，营业面积减少了3.03%，从业人员减少了20.39%，但商品成交额增长了6.65%，这表明了单个市场的效率显著提高。其中农产品综合市场89个，商品成交额达1 113.99亿元；工业消费品综合市场19个，商品成交额达706.95亿元；生产资料综合市场5个，商品成交额达203.91亿元。超亿元的商品市场中，综合市场的成交额所占比重为14.3%，其中，农产品综合市场的成交额在综合市场中占比最大，达到46.9%。各类专业市场达409个，成交额达到1.42万亿元，所占比重为85.7%，表明专业市场占据重要位置；营业面积为2 602.15万平方米，从业人员为81.14万人。按各行业的商品成交额分，金属材料在生产资料市场中所占的比重最大，为73.9%；水产品在农产品市场中所占的比重最大，为20.8%；食品饮料在食品市场中所占的比重最大，为79.1%；布料在纺织品市场中所占的比重最大，为59.8%；小商品在日用品市场中所占的比重最大，为82.1%；计算机在电器市场中所占的比重最大，为67.4%；装饰材料在家具市场中所占的重最大，为35.7%；汽车在汽配市场中所占的比重最大，为85.8%。在专业市场中，商品成交额比重排在前三名的分别是生产资料市场（45.6%）、纺织品市场（27.9%）、农产品市场（9.3%）。

表6—4　　2013年江苏亿元以上商品交易市场情况

项目	市场数（个）	商品成交		营业面积（万平方米）	从业人员（万人）
		成交额（亿元）	比重（%）		
批发市场	283	14 532.82	87.57	2 400.23	78.66
零售市场	264	2 063	12.43	894.47	26.41
综合市场	138	2 372.89	14.3	692.54	23.93
其中：1. 农产品综合市场	89	1 113.99	6.71	181.61	9.83
2. 工业消费品综合市场	19	706.95	4.26	202.07	7.46
3. 生产资料综合市场	5	203.91	1.23	140.71	1.91
专业市场	409	14 222.93	85.7	2 602.15	81.14
总计	547	16 595.82	100	3 294.69	105.07

资料来源：根据《江苏统计年鉴》（2014）中的数据整理计算而得。

江苏形成了以大型连锁企业为龙头，大型批发市场为骨干，多业态、多层次、专业化的市场流通体系，建立了以粮食、水产、汽车、金属材料、计算机产品等大类商品市场为基础，辐射多个区域的市场网络体系，形成了一大批设施先进、功能配套完善、在区域内颇具影响力的大型市场。

四、江苏内贸企业稳步增长，住宿业进入调整转型期

随着经济体制改革的不断深化，流通业的市场化程度不断提高，为商品市场体系的形成奠定了基础。由卖方市场向买方市场的转变，确定了市场的主导地位，推动了市场体系的发展。十多年来，江苏内贸稳步发展，行业不断调整，由于统计资料的原因，本报告在这部分选择 2000—2012 年的数据资料来进行阶段性分析。

由表 6—5 可知，2012 年，限额以上法人企业数为 16 358 个，比 2011 年增长 9.62%，其中限额以上批发企业数为 7 871 个，零售企业为 5 740 个，住宿企业为 935 个，餐饮企业为 1 812 个，所占比重分别为 48.12%、35.09%、5.72%、11.08%。限额以上批发企业、零售企业、住宿企业、餐饮企业的个数分别比 2005 年增长了 5.55 倍、3.57 倍、82.62%、1.32 倍；分别比 2011 年增长了 5.97%、17.99%、−0.53%、54.1%。2012 年，限额以上产业活动单位数为 28 452 个，比 2011 年增长了 37.22%，限额以上产业活动单位数批发企业为 11 221 个，零售企业为 13 052 个，住宿企业为 1 072 个，餐饮企业为 3 107 个，所占比重分别为 39.44%、45.87%、3.77%、10.92%。限额以上批发企业、零售企业、住宿企业、餐饮企业的个数分别比 2005 年增长了 3.07 倍、1.25 倍、0.97 倍、1.64 倍；分别比 2011 年增长了 2.46%、4.53%、−1.01%、6.77%。2012 年，限额以上企业从业人数为 1 229 898 人，比 2011 年增长了 6.22%，限额以上企业从业人数批发企业为 347 101 人，零售企业为 515 393 人，住宿企业为 144 273 人，餐饮企业为 223 131 人，所占比重分别为 28.22%、41.91%、11.73%、18.14%。限额以上批发企业、零售企业、住宿企业、餐饮企业的个数分别比 2005 年增长了 2.07 倍、1.13 倍、0.77 倍、1.17 倍；分别比 2011 年增长了 6.24%、13.04%、−15.64%、9.01%。对住宿企业而言，2011 年是其发展得比较好的一年。

表 6—5　　2000—2012 年江苏国内贸易基本情况

项目	年份	批发企业	零售企业	住宿企业	餐饮企业	合计
限额以上法人企业（个）	2000	990	582	—	209	—
	2005	1 202	1 256	512	781	3 751
	2010	7 968	4 406	906	1 555	14 835
	2011	7 399	4 865	940	1 719	14 923
	2012	7 871	5 740	935	1 812	16 358

续前表

项目	年份	批发企业	零售企业	住宿企业	餐饮企业	合计
限额以上产业活动单位（个）	2000	1 567	1 278	—	262	—
	2005	2 754	5 798	544	1 176	10 272
	2010	11 531	11 827	1 029	2 660	27 047
	2011	10 952	12 486	1 083	2 910	27 431
	2012	11 221	13 052	1 072	3 107	28 452
限额以上企业从业人数（人）	2000	195 820	176 249	—	43 384	—
	2005	112 991	242 059	81 512	102 650	539 212
	2010	310 026	433 942	134 782	182 278	1 061 028
	2011	326 716	455 942	171 029	204 682	1 157 919
	2012	347 101	515 393	144 273	223 131	1 229 898

资料来源：根据《江苏统计年鉴》（2001—2013）的数据整理而得。

五、城乡商品市场协调发展，农村市场不断调整

2013 年是农村市场体系建设的“转型升级年”，江苏以提升质量水平为首要目标，集中资金支持薄弱环节和重点项目，巩固连锁经营网络，提升信息化、标准化、规模化水平，构建农村市场体系发展的体制机制。

（一）城市流通市场趋于成熟，农村现代流通市场稳中有降

江苏作为经济强省，始终坚持城乡统筹协调、共同发展的方针，以城带乡，提高农村商业的现代化水平，构建农村现代流通新格局。2013 年，江苏 13 个地级市市区的社会消费品零售总额为 12 874.53 亿元，45 个县级及以下地区的社会消费品零售总额为 7 921.97 亿元（见表 6—6），与 2012 年相比，分别增长了 16.82%、8.37%，与“十二五”中期年 2008 年相比，分别增长了 1.36 倍和 0.78 倍；这 5 年二者的年均增长率分别为 18.74%、12.26%。2008—2013 年，江苏市区的社会消费品零售总额占全省社会消费品零售总额的比重由 55.07%缓慢增长到 61.91%，这一阶段，江苏县级及以下地区的社会消费品零售总额的占比从 44.93%降到 38.09%（见图 6—4）。相比之下，江苏市区的社会消费品零售总额的增长速度快于县级及以下地区，这也验证了在市区的社会消费品零售总额占全省社会消费品零售总额的比重缓慢上升的同时，县级及以下地区的社会消费品零售总额占全省社会消费品零售总额的比重在缓慢下降。

表 6—6　　2008—2013 年江苏城乡社会消费品零售总额　　（单位：亿元）

年份	市区的社会消费品零售总额	县级及以下地区的社会消费品零售总额	全省社会消费品零售总额
2008	5 454.68	4 450.42	9 905.1
2009	6 534.76	4 949.34	11 484.1

续前表

年份	市区的社会消费品零售总额	县级及以下地区的社会消费品零售总额	全省社会消费品零售总额
2010	7 850.24	5 756.56	13 606.8
2011	9 357.31	6 631.09	15 988.4
2012	11 021.23	7 310.07	18 331.3
2013	12 874.53	7 921.97	20 796.5

资料来源：根据《江苏统计年鉴》（2009—2014）的数据计算整理而得。

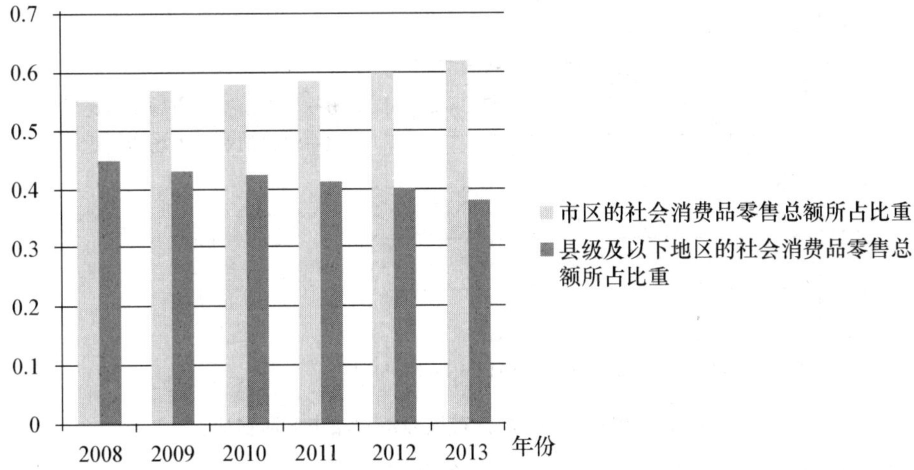

图 6—4　2008—2013 年江苏城乡社会消费品零售总额所占比重

资料来源：根据《江苏统计年鉴》（2009—2014）中的数据整理计算而得。

由于 2013 年统计资料方面的原因，本小节的内容同样选取 2000—2012 年的部分数据来分析江苏城乡商品交易市场的阶段性发展情况。2012 年，江苏城市消费品市场为 1 924 个，比 2011 年增长 4.45%；生产资料市场为 252 个，比 2011 年减少了 7.01%。同年，江苏农村消费品市场为 1 568 个，生产资料市场为 146 个，分别比 2011 年减少了 2.55%和 7.01%。2000 年，江苏城市消费品市场为 1 675 个，2010 年增长到 1927 个，后两年略有调整；江苏城市生产资料市场 2000 年为 352 个，2005 年增加到 449 个，之后连续减少。2000 年，江苏农村消费品市场为 3 873 个，农村生产资料市场为 368 个，随后都持续下降（见表 6—7）。

表 6—7　　2000—2012 年江苏城乡商品交易市场情况　　（单位：个）

地区	类型	2000 年	2005 年	2009 年	2010 年	2011 年	2012 年
城市	消费品市场	1 675	1 830	1 845	1 927	1 842	1 924
	生产资料市场	352	449	308	288	271	252
	合计	2 027	2 279	2 153	2 215	2 113	2 176
农村	消费品市场	3 873	2 463	1 734	1 649	1 609	1 568
	生产资料市场	368	192	174	168	157	146
	合计	4 241	2 655	1 908	1 817	1 766	1 714

资料来源：根据《江苏统计年鉴》（2003—2013）的数据整理而得。

从消费品市场方面看，2000—2012 年，江苏城市消费品市场占消费品市场的比重在稳步提升，农村消费品市场所占的比重则在持续下降（见图 6—5）。江苏城市生产资料市场占生产资料市场的比重先增加后减少，2009—2012 年处于比较稳定的调整期，农村生产资料市场所占比重则先下降后增加，2009—2012 年同样处于比较稳定的调整期（见图 6—6）。

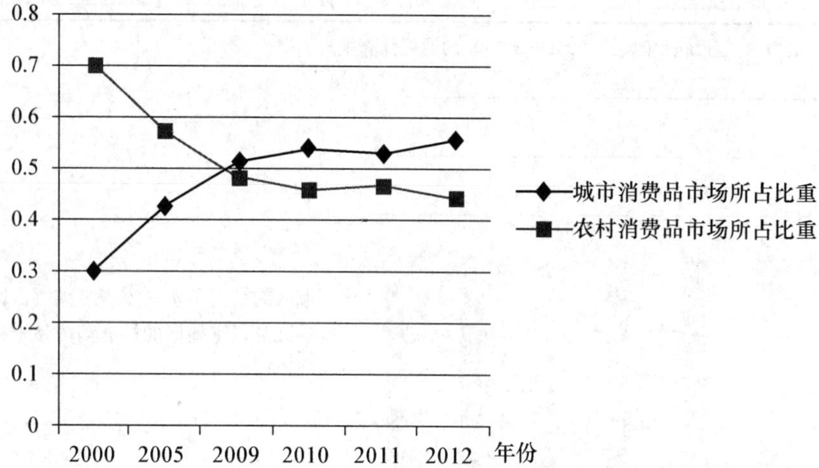

图 6—5　2000—2012 年江苏城乡消费品市场所占比重

资料来源：根据《江苏统计年鉴》（2003—2013）中的数据整理计算而得。

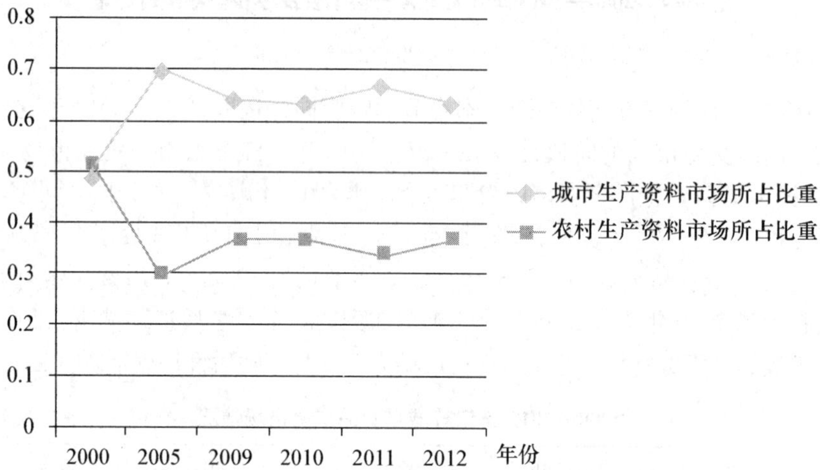

图 6—6　2000—2012 年江苏城乡生产资料市场比重

资料来源：根据《江苏统计年鉴》（2003—2013）中的数据整理计算而得。

（二）农产品流通市场活跃，新型农村流通体系初步形成

2013 年，江苏继续推进农村现代流通体系的建设，引进和培育相结合，扶持一批致力于发展农村现代流通的龙头企业，逐渐形成其在农村的网络资源优势和经营优势。发挥

乡镇商贸中心的综合服务功能，不断扩充配送功能，合理规划新建物流配送中心，发展多级物流配送体系；对于已建设的农家店，开展清理整治、质量提升行动，巩固农村连锁经营网络，强化电子信息管理平台的应用，拓展金融增值服务，从而进一步加强了乡镇直营店的建设。城市大型流通企业充分运用现代流通方式，不仅为城市“社区商业”作出了巨大贡献，而且在“万村千乡”、“家电下乡”等拉动内需工程中扮演着重要角色，逐步把网络触角延伸到农村市场，拓宽了农民的消费空间，改善了消费环境，提高了生活水平，为农村生活日用必需品和农业生产资料提供了必要的流通渠道。开拓农村市场战略，把农村市场作为重要发展区域，率先进入，赢得先机。2013 年，苏果 50%以上的销售额是在农村实现的，60%的网点开设在县及县以下的农村。[①] 目前，连锁网点不断向镇村延伸，推进网络下沉，将商品供应服务做到了农民家门口；实施双轮驱动战略，直营店和特许加盟店共同发展，相辅相成，这对快速进入市场、快速扩散品牌影响力发挥了重要作用。全省建成 1 万家“农家店”和一批配送中心，形成了以城区店为龙头、乡镇店为骨干、村级店为基础的农村现代流通网络，基本实现所有的中心村都建有一个连锁放心店，保证以稳定的质量和优惠的价格向农村市场供应各类商品。“农超对接”工程是我国流通方式的又一次创新，是推进统筹城乡市场发展的具体实践，有效地创建了农产品生产基地及农村合作组织和商家对接的渠道。连锁企业利用流通网络优势，采用“超市+生产基地+农户”等模式，延伸农产品从生产到销售的产业链，带动了农产品加工企业的迅速发展，进一步促进了农产品进城和工业品下乡。

六、流通组织集中度提高，现代流通手段多样化

由于连锁经营具有强大的规模效益和降低成本的优势，所以它有利于优化商业资源的配置，提高企业的组织化程度，保持良好的市场秩序和维护消费者权益。电子商务一般指基于互联网所实现的各种商业交易活动，主要交易类型有企业与个人的交易和企业之间的交易两种，电子商务近几年得到了迅速发展。现代物流业通过信息和网络技术、现代管理手段，将产品的生产与消费之间的运输、仓储、装卸、加工、整理、配送等环节“组装”成完整的供应链。此外，现代物流还能有力地提高生产和经营效益，从而提高企业和产品的竞争力。

(一) 批发和零售所占比重增加，但连锁经营率下滑

2013 年，江苏有批发和零售业、住宿和餐饮业连锁总店 200 家，连锁门店 19 897 个，连锁门店营业面积 2 001.37 万平方米，从业人员 45.23 万人，全年实现商品销售总额 4 831.87 亿元。其中，批发和零售业连锁经营额为 4 741.82 亿元，门店数为 18 461 个，营业面积为 1 953.75 万平方米，从业人员为 38.69 万人；住宿餐饮业连锁经营额为 90.05 亿元，门店数为 1 436 个，营业面积为 47.63 万平方米，从业人员为 6.55 万人（见表 6—8）。

---

① 参见 http://www.suguo.com.cn/index。

表 6—8　　2013 年江苏批发和零售业、住宿和餐饮业连锁经营情况

行业	门店数（个）	营业面积（万平方米）	销售额（亿元）	从业人员（万人）
批发和零售业	18 461	1 953.75	4 741.82	38.69
住宿和餐饮业	1 436	47.63	90.05	6.55
总计	19 897	2 001.37	4 831.87	45.23

资料来源：根据《江苏统计年鉴》(2014) 中的数据整理而得。

“十一五”期间，江苏连锁经营额占社会消费品零售总额的 39.2%，“十二五”期间，江苏连锁经营仍有很大的发展空间。2008 年，江苏连锁经营额在全国连锁经营额中所占的比重为 16.7%，随后江苏连锁经营额在全国连锁经营额中所占的比重逐年递减，2013 年这一比重为 12.71%。2008 年，批发和零售业连锁经营销售额为 3 364.81 亿元，2011 年增至 5 232.89 亿元，接着一直下跌到 2013 年的 4 741.82 亿元；住宿业连锁经营销售额 2008 年为 0.63 亿元，2011 年增至 0.75 亿元，接着一直下降到 2013 年的 0.47 亿元；餐饮业连锁经营销售额 2008 年为 51.9 亿元，之后持续增长至 2012 年的 91.77 亿元，到 2013 年为 89.58 亿元（见表 6—9）。2013 年，三个行业的增长率都在递减，并且为负值，相比较而言，住宿业连锁经营销售额的增长率下降幅度最大，除 2013 年外，其他年份餐饮业连锁经营销售额的增长率都为正值（见图 6—7）。

表 6—9　　2008—2013 年江苏连锁经营分行业销售额

年份	中国连锁经营销售额（亿元）	江苏连锁经营		批发和零售业连锁经营销售额（亿元）	住宿业连锁经营销售额（亿元）	餐饮业连锁经营销售额（亿元）
		销售额（亿元）	比重（%）			
2008	20 466.5	3 417.34	16.70	3 364.81	0.63	51.9
2009	22 240.0	3 618.05	16.27	3 564.47	0.69	52.89
2010	27 385.4	4 457.40	16.28	4 392.61	0.72	64.06
2011	34 510.7	5 316.01	15.40	5 232.89	0.75	82.37
2012	35 462.1	4 943.78	13.92	4 851.52	0.49	91.77
2013	38 006.9	4 831.87	12.71	4 741.82	0.47	89.58

资料来源：根据历年《中国统计年鉴》及《江苏统计年鉴》(2009—2014) 的数据整理而得。

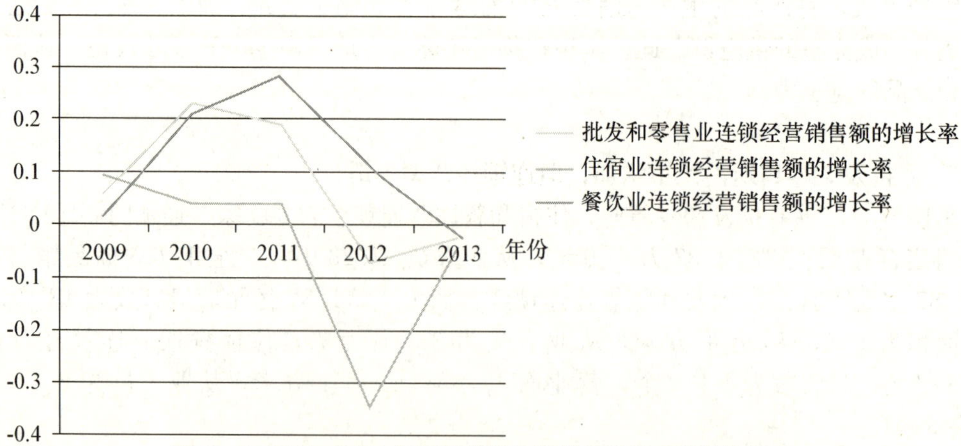

图 6—7　2009—2013 年江苏分行业连锁经营销售额的增长率

资料来源：根据《江苏统计年鉴》(2009—2014) 中的数据整理计算而得。

2008 年，江苏的连锁经营率为 34.5%，批发和零售业的连锁经营率为 37.8%，住宿业的连锁经营率为 5.67%；三组数据表现在折线图（见图 6—8）上，连锁经营率呈现出先下降后缓慢上升的趋势，到 2011 年三者分别为 33.2%、36.5%和 5.5%，随后三者就一直下跌，2013 年，江苏的连锁经营率为 23.23%，批发和零售业的连锁经营率为 25.36%，住宿业的连锁经营率为 4.6%，显然，这些数据表明了江苏的连锁化水平并不高，并呈下降趋势。

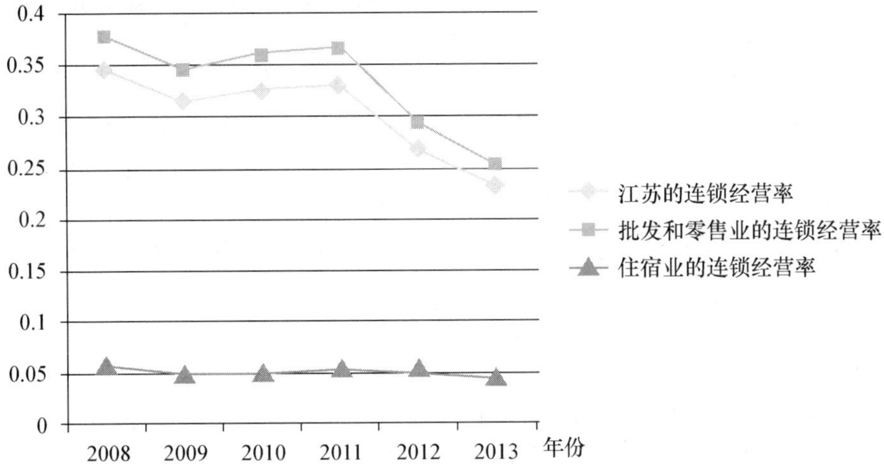

图 6—8　2008—2013 年江苏分行业的连锁经营率

资料来源：根据《江苏统计年鉴》(2009—2014) 中的数据整理计算而得。

2013 年，中国连锁百强前 21 名中，江苏占 4 席，它们的销售额占前 21 名的销售额总和的比重为 19.13%；中国连锁百强企业中，江苏占 9 家，均名列前 70 位，销售额均在 50 亿元以上，涉及家电专业店、超市、百货业。苏宁云商成为 2013 年中国连锁百强之首，其连锁经营销售额为 1 380 亿元。

(二) 电子商务日新月异，网上交易比重加大

2013 年，中国网络零售市场稳步发展，全年实现 18 851 亿元的网络零售交易额，相较 2012 年增长了 42.8%。网络零售交易额占社会消费品零售总额的比重达到 7.9%，比 2012 年提高了 1.6 个百分点。国家统计局公布的最新数据显示，2014 年上半年全国网络零售额为 11 375 亿元，同比增长 48.3%。中国电商突飞猛进，主流电商企业之间注定有一场鏖战，而其中 B2C 电子商务市场上的战争必然最为激烈。2013 年，开展网络零售业务的百强企业有 67 家，净增 5 家。与前两年相比，增加的数量明显变少，说明传统零售企业对电商的认识更加理性，触网变得更为谨慎。另外，传统企业开展网络零售的方式更加多元，在大力打造自建平台的同时，也通过入驻大型电商平台，导入现成流量，拓展销售渠道。2013 年，电子商务市场细分行业结构中，中小企业 B2B 电子商务占比 51.7%，规模以上 B2B 占比 26.2%，B2B 电子商务合计占比 77.9%；网络购物交易的市场份额达

到 18.6%；在线旅游交易占比 2.3%；O2O 占比 1.2%。①

（三）社会物流规模扩大，物流成本略有下降

江苏物流业有着较为统一的规划、完善的基础设施、逐渐壮大的市场主体，可以不断创新流通模式，提高商贸物流的社会化、专业化、信息化程度和现代化水平。江苏依托港口、机场、货场等交通枢纽，建设、改造了一批仓储、分拣、加工、配送、信息服务等功能齐备的商贸物流园区，建设了一批以现代化物流配送中心和高效信息管理系统为支撑的物流基地。

2013 年，江苏物流业运行总体平稳，物流需求稳步增加，运行效率持续提高。江苏全社会物流总费用与 GDP 的比率，由 2005 年的 17.5%下降到 2010 年的 15.3%，2013 年，江苏社会物流总费用为 9 021.5 亿元，同比增长 9.9%。社会物流总费用与 GDP 的比率为 15.2%，比 2012 年下降 0.2 个百分点。其中，运输费用 4 832.6 亿元，同比增长 8.2%；保管费用 3 264.5 亿元，同比增长 11.4%；管理费用 924.5 亿元，同比增长 8.1%，三项费用分别占社会物流总费用的 53.6%、36.2%和 10.3%，物流费用成本呈下降趋势，促进了经济运行质量的提高。

2013 年，江苏社会物流总额达 190 439.5 亿元，约占全国的 9.63%，同比增长 13.0%，物流业贡献份额逐年提高。其中，工业品物流总额为 156 539.3 亿元，同比增长 14.2%，占社会物流总额的 82.2%；进口物流总额为 13 748.2 亿元，下降 0.4%，占社会物流总额的 7.2%；农产品物流总额为 2 386.2 亿元，同比增长 8.1%，占社会物流总额的 1.3%；外省市商品购进额为 16 895.8 亿元，同比增长 16%，占社会物流总额的 8.9%。2013 年，江苏物流业增加值为 3 965.7 亿元，同比增长 10.8%。物流业增加值占江苏服务业增加值的比重为 14.9%。②

七、流通业态多元化发展，专业店规模迅速扩大

流通业变迁有其自身的发展规律，流通业态发展出现规模两极分化的同时，批发零售业态得到进一步细分。超级市场、专业店、专卖店等新型业态迅速发展，传统百货店走上集团化、连锁的道路，电子商务兴起，实体店与网上商店进行线上线下的融合，形成了多渠道、多模式的发展态势。

2013 年，江苏批发和零售业销售额为 4 741.82 亿元，门店总数为 18 461 个，从业人员 38.69 万人，同比略有减少。批发零售连锁业态中专业店、超级市场和百货商店所占市场份额分别为 73.47%、20.86%及 4.92%，位列前三位（见表 6—10 和图 6—9）。2013 年，百货商店销售额为 233.13 亿元，门店数为 1 259 个，同比分别增长 9.58%、1.32%；超级市场销售额为 989.35 亿元，门店数为 4 425 个，同比分别增长 7.42%、0.34%；专业店销售额为 3 484.02 亿元，门店数为 11 492 个，同比分别增长 88.03%、1.14 倍；专

① 参见 http://news.iresearch.cn/zt/225528.shtml。

② 参见 http://govinfo.nlc.gov.cn/jssfz/xxgk/jssjhxxhwyh/201404/t20140416_4942212.shtml?classid=355。

卖店销售额为21.76亿元，门店数为945个，同比分别下跌33.94%、18.81%；便利店销售额为11.22亿元，同比增长17%，其门店数为337个，同比下跌14.68%；家具建材店销售额为2.34亿元，同比增长32.48%，其门店数为3个，没有变化。与2012年相比，专业店所占市场份额明显提高，增长近1倍，占据绝对优势，专卖店规模有所缩小。江苏零售业进入调整期，多业态多元化的发展，逐渐打破了几十年来百货商店占主导地位和十多年来超级市场一统天下的局面。

表6—10　　2013年江苏零售业态连锁店经营情况

零售业态	销售额（亿元）	门店数（个）	从业人数（万人）	营业面积（万平方米）
百货商店	233.13	1 259	2.48	90.16
超级市场	989.35	4 425	13.76	570.37
专业店	3 484.02	11 492	21.71	1 271.44
专卖店	21.76	945	0.47	9.15
便利店	11.22	337	0.24	4.08
家具建材店	2.34	3	0.03	8.54
总计	4 741.82	18 461	38.69	1 953.75

资料来源：根据《江苏统计年鉴》（2014）中的数据整理计算而得。

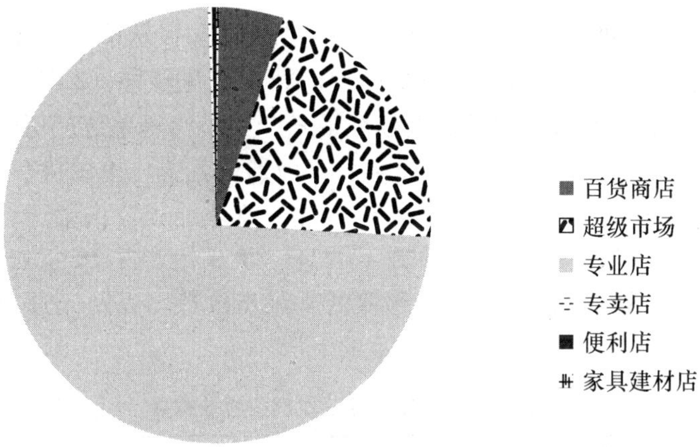

图6—9　2013年连锁零售业态分布图

资料来源：根据《江苏统计年鉴》（2014）中的数据整理计算而得。

为了进一步了解江苏连锁零售业的阶段性发展情况，本部分选取2004—2013年的江苏连锁零售业态销售额数据，来分析江苏连锁零售业态近十年的变化情况。2013年，江苏百货商店、超级市场、专业店、专卖店的销售额分别比全面开放年（2004年）增长了1.38倍、2.87倍、6.67倍、1.06倍；与“十一五”中期年2008年相比，百货商店、超级市场、专业店、便利店分别增长了10.46%、69.17%、43.25%、32.62%，专卖店、家具建材店分别下降了81%、37.1%；与2010年相比，百货商店、超级市场、专业店、专卖店、便利店分别增长了24.1%、17.4%、7.5%、89.3%、90.2%，家具建材店下降了48.6%（见表6—11）。

表 6—11　　2004—2013 年江苏连锁零售业态销售额　　（单位：亿元）

年份	百货店	超级市场	专业店	专卖店	便利店	家具建材店	其他	合计
2004	97.82	255.73	454.23	10.58	—	—	2.62	820.98
2005	129.05	295.37	881.65	6.89	3.56	2.04	—	1 318.56
2006	155.76	362.72	1 731.38	7.56	4.55	3.46	—	2 265.43
2007	188.87	419.04	2 122.84	37.85	5.19	3.3	86.29	2 863.38
2008	211.06	584.82	2 432.09	114.5	8.46	3.72	10.17	3 364.82
2009	243.5	615.6	2 638.83	32.26	2.87	2.76	28.65	3 564.47
2010	187.9	842.99	3 239.67	24.36	5.9	4.55	87.24	4 392.61
2011	206.8	946.26	4 021.4	17.06	6.63	1.3	33.44	5 232.89
2012	212.74	921.03	1 852.89	32.94	9.59	3.1	1 819.23	4 851.52
2 013	233.13	989.35	3 484.02	21.76	11.22	2.34	—	4 741.82

资料来源：根据《江苏统计年鉴》(2005—2014) 中的数据整理计算而得。

八、餐饮就业增长加快，但流通管理人才匮乏

劳动力在各产业之间发生的规律性转移，首先是劳动力从第一产业向第二产业转移，随着经济水平的进一步提高，劳动力将更多地向第三产业转移。2013 年江苏第三产业的就业比重比 2008 年增长 6.63%，这表明江苏第三产业平均每单位产值增长带动就业的能力大于第一产业与第二产业。2008—2013 年江苏流通业就业比重保持在 9.1%以上，占第三产业就业的比重保持在 24.5%～28%。2013 年，流通业就业占第三产业就业的比重为 24.6%，略有下滑（见表 6—12）。随着改革的进一步深化，近 10 年来，在三次产业中，服务业的内部结构有所调整，对传统流通业的进一步改造，以及先进技术在流通业的应用，可能导致流通业的就业比重有一定程度的下滑。

表 6—12　　2008—2013 年江苏三次产业就业构成

年份	就业构成（%）			
	第一产业	第二产业	第三产业	流通业
2008	25.1	40.2	34.7	9.6
2009	23.7	41.1	35.2	9.4
2010	22.3	42.0	35.7	9.1
2011	21.5	42.4	36.1	9.3
2012	20.8	42.7	36.5	9.1
2013	20.1	42.9	37.0	9.1

资料来源：根据《江苏统计年鉴》(2009—2014) 中的数据整理计算而得。

2013 年，江苏批发业从业人员 25.41 万人，零售业为 35.99 万人，住宿业为 7.74 万

人，餐饮业为11.46万人，分别比2008年增长146%、136%、33.9%、253%；与2010年相比，分别增长123%、130%、36.7%、210%；与2012年相比，分别增长96.2%、75.4%、20.7%、110%，在四个行业中餐饮业就业人数增长最快（见表6—13）。流通业具有进入和退出门槛低、技术相对简单的特点，这决定了商贸流通业具有很强的就业吸纳能力，但商贸流通业人员素质普遍较低，缺乏专业管理知识，因此，对于流通理论研究人员、信息建设人才，特别是高层次人才的需求量大，而目前在流通人才的培养方面，流通专业教育与快速发展的流通产业的要求还不适应。

表6—13　2008—2013年分行业在岗职工人数　（单位：万人）

年份	批发业	零售业	住宿业	餐饮业	总计
2008	10.32	15.28	5.78	3.24	34.62
2009	10.59	15.4	5.77	3.55	35.31
2010	11.37	15.66	5.66	3.71	36.4
2011	13.89	17.14	5.9	4.03	40.96
2012	12.95	20.52	6.41	5.53	45.41
2013	25.41	35.99	7.74	11.46	80.6

资料来源：根据《江苏统计年鉴》（2009—2014）中的数据整理计算而得。

九、流通国际化成效显著

2004年年底，根据中国政府在入世谈判中所做出的承诺，中国完全取消了对外商投资商业企业在地域、股权和数量方面的限制。随着我国经济的开放程度逐步提升，以及全球经济一体化进程的加快，流通业对外开放的步伐明显加快，呈现出快速增长的趋势。2013年，江苏外商直接投资批发和零售业693项，合同外资41.88亿美元，实际投资25.35亿美元，外商直接投资住宿餐饮业30项，合同外资4 238万美元，实际投资9 685万美元。

江苏流通的国际化程度的提高速度很快，2013年，江苏外资及港澳台投资连锁企业门店数4 130个，占投资连锁企业的比重为22.4%；销售额为1 180.79亿元，占比为24.4%；营业面积为638.16万平方米，占比为31.9%；从业人员为18.73万人，占比为41.4%（见表6—14）。与2008年相比，江苏外资及港澳台投资连锁企业的门店数、销售额、营业面积、从业人员分别增长44.4%、40.6%、64.5%、43.4%；与2012年相比，江苏外资及港澳台投资连锁企业的门店数、销售额、营业面积、从业人员分别增长9.96%、5.4%、11.3%、5.9%。

外资零售企业凭借其先进的差异化战略、业态移植战略、定位清晰化战略、业态技术领先战略及本土化经营战略，已经在国内市场占有重要的位置。外资商业企业投资规模呈明显上升趋势，外资大型流通企业的开店速度加快，区域布局合理，经营管理理念先进，为消费者提供了更多的消费选择，优势更加明显。

表 6—14　　2008—2013 年江苏外资及港澳台投资连锁企业情况

年份	类型	门店数（个）	销售额（亿元）	营业面积（万平方米）	从业人员（万人）
2008	外资及港澳台投资	2 860	839.74	387.92	13.06
	总计	15 505	3 364.81	1 304.75	30.99
2009	外资及港澳台投资	2 905	882.7	493.07	14.78
	总计	17 110	3 618.05	1 595.38	36.56
2010	外资及港澳台投资	3 414	994.03	482.88	16.95
	总计	18 905	4 457.4	1 768.36	40
2011	外资及港澳台投资	3 653	1 132.61	526.94	18.33
	总计	19 533	5 316.01	1 903.5	48.68
2012	外资及港澳台投资	3 756	1 119.94	573.28	17.69
	总计	18 300	4 851.52	1 873.08	38.82
2013	外资及港澳台投资	4 130	1 180.79	638.16	18.73
	总计	18 461	4 831.87	2001.37	45.23

资料来源：根据《江苏统计年鉴》（2009—2014）中的数据整理计算而得。

第七章 江苏各地区内贸发展比较分析

一、流通业整体规模上升，但地区发展差距较大

改革开放特别是“十一五”以来，江苏省现代流通业快速发展，2011 年江苏省省委、省政府召开全省推进现代流通业发展大会，确定把现代流通业作为江苏省的支柱产业来发展，使江苏现代流通业在产业规模、经营主体、经营方式、经营业态、运行机制和管理体制等方面发生了新的变化，增强了竞争力，取得了很多成果。

（一）总体规模持续上升

“十一五”期间，江苏流通业快速、平稳发展。2010 年江苏流通产值近 7 000 亿元，增长率达到 25.7%，“十二五”开局之年突破 8 000 亿元大关，2013 年达到 9 776.54 亿元，“十一五”期间，年均增长速度达 19%。全省流通企业在做强、做大方面也取得了新突破，大型商贸流通企业特别是连锁企业发展提速，业态日渐多元化，经营规模不断扩大，“十一五”期间，江苏省共有苏宁、苏果、五星等五家流通企业进入全国 30 强，江苏省流通企业紧跟国际流通经济发展的潮流，积极运用连锁经营、特许经营、电子商务等现代流通方式来改造、提升落后的流通业业态，开拓新的流通业领域。2011 年，在国际经济形势不断恶化的条件下，江苏紧紧抓住扩大内需的战略机遇，把扩大内需作为拉动经济发展的主要动力和提升商务发展水平的重要任务，全年实现流通业产值总额 8 388.45 亿元，同比增长 21.1%。江苏流通业的快速发展实现了流通业与制造业的双轮驱动，是江苏产业结构优化的重要体现。

（二）地区发展差距较大

虽然江苏流通业快速发展，但由于历史、地域等原因，南部、北部、中部在经济发展方面存在较大差距。从 GDP 来看，2013 年，苏南地区五市（南京、无锡、苏州、常州、镇江）的 GDP 共为 3.64 万亿元；苏中地区三市（南通、扬州、泰州）的 GDP 为 1.13 万亿元，苏北地区五市（徐州、连云港、淮安、盐城、宿迁）的 GDP 为 1.26 万亿元，苏中和苏北的 GDP 总和与苏南相差 1.25 万亿元。从流通业方面来看，苏南地区的流通业产值为6 929.67 亿元，苏中地区为 1 682.7 亿元，苏北地区为 2 387.91 亿元，苏南地区的流通

业产值是苏中地区的约 4 倍，是苏北地区的约 3 倍，苏南、苏中、苏北地区三者的流通业产值之比大约为 20∶5∶7，凸显了江苏各主要区域的竞争力的差异和不足之处，但在一定程度上也表明江苏流通业还具有很大的发展潜力。[①]

从表 7—1 可以看出，苏南、苏中、苏北三区域的流通业产值占整个江苏省的流通业总值的比重分别为63%、15.3%、21.71%，明显看出苏南地区流通业所占比重超过一半，因此，江苏地区服务业以及大流通业的发展多数还是由苏南地区带动起来的，在未来的区域发展中，应当重视苏中、苏北城市流通业的协调发展。在 13 个城市中，流通业发展占据最大比重的是龙头地区苏州，占比 23.37%；其次是无锡和南京，分别占 15.37%和 12.19%，即使同属于苏南地区，也有流通业发展相对比较滞后的地区，例如镇江，占比仅为 4.34%；相比之下，苏北地区的宿迁、淮安和连云港占比均为 2%左右，可以看出江苏这 13 个城市的流通业发展整体出现了不平衡的情况。

表 7—1　　2013 年苏南、苏中、苏北三区域的流通业产值

区域		地区生产总值（亿元）	第三产业增加值（亿元）	流通业产值（亿元）	流通业产值占比（%）	地区流通业产值占江苏省流通业产值的比重（%）	
苏南	南京	8 011.78	4 356.56	1 340.42	30.77	12.19	63
	无锡	8 070.18	3 714.22	1 690.40	45.51	15.37	
	常州	4 360.93	1 972.01	850.45	43.13	7.73	
	苏州	13 015.70	5 951.62	2 570.44	43.19	23.37	
	镇江	2 927.28	1 248.88	477.96	38.27	4.34	
苏中	南通	5 038.89	2 069.98	811.43	39.20	7.38	15.3
	扬州	3 252.01	1 333.86	417.76	31.32	3.80	
	泰州	3 006.91	1 226.95	453.51	36.96	4.12	
苏北	徐州	3 475.50	1 885.12	1 051.65	55.79	9.56	21.71
	连云港	1 785.42	718.83	276.89	38.52	2.52	
	淮安	2 155.86	900.13	299.21	33.24	2.72	
	盐城	3 475.50	1 350.34	520.68	38.56	4.73	
	宿迁	1 706.28	655.67	239.48	36.52	2.18	

资料来源：根据《江苏统计年鉴》（2014）的数据整理而得。

二、社会消费品零售总额规模扩大，但地区差距明显

苏南地区是县域经济比较发达的地区，区内有 14 个县（市），其中 12 个县（市）已经进入 2013 年百强县名单，在整个江苏处于经济龙头地位，整个苏南地区的五大市的社会消费品零售总额都相对比较高。2013 年，作为江苏工业发展最为发达的地区，苏州的

① 参见吴宇晗：《江苏外向型经济发展的地域差异及分类研究——以江苏省 13 市为例》，载《专题研究》，2009 (10)。

社会消费品零售总额为 3 662.24 亿元，位居全省首位；作为省会城市的南京，其社会消费品零售总额为 3 531.73 亿元，位居全省第二位；作为江苏经济的领跑者，苏州、南京这两市的社会消费品零售总额都突破了 3 000 亿元，相比 2012 年有了明显的提升。然而并不是江苏所有城市的社会消费品零售总额都很高，镇江、泰州、连云港、淮安、宿迁五个地区的社会消费品零售总额都在 1 000 亿元以下。

从服务业的细化产业来看，江苏经济虽然整体呈现出高速发展的趋势，但是地区间差距仍然比较大。批发和零售业、餐饮业是内贸发展流通产业的两大主要产业，从数据可以看出，苏南地区除了镇江外，其他四个市（南京、无锡、苏州、常州）批发和零售业发展都很迅速，其中常州批发和零售业的社会消费品零售总额已经达到 3 996.73 亿元，位居第一；其次，苏中地区（包括南通、扬州、泰州）批发和零售业的社会消费品零售总额低于苏南地区，扬州批发和零售业的社会消费品零售总额为 3 197.24 亿元，接近苏州批发和零售业的社会消费品零售总额 3 203.34 亿元；再次，苏北地区城市（连云港、淮安、盐城、宿迁）的批发和零售业以及餐饮业的社会消费品零售总额都相对比较低（见表 7—2），对于这些城市来说，服务业本身占的比重就比较低。随着经济的发展、制造业的逐渐转型、服务业的逐渐现代化，这些城市与南京、苏州等城市在产业发展方面有了较大的差距。所以尽管江苏 13 个城市的社会消费品零售总额相比之前有新的突破，但是地区间差异仍然较为明显，应通过产业转移、技术发展改善这种不平衡状态，从而加快江苏各地区的均衡发展，共同推动江苏经济走向繁荣。

从 2013 年整体来看，江苏省批发和零售业的社会消费品零售总额最高的城市是常州，高达 3 996.73 亿元，最低的城市为苏北地区的宿迁，批发和零售业的社会消费品零售总额为 600.91 亿元。住宿业和餐饮业的社会消费品零售总额则都是苏南地区的南京最高，分别为 136.77 亿元和 1 031.18 亿元。13 个城市中住宿业占比最低的是扬州，餐饮业占比最低的为宿迁。整体来看，不仅苏南、苏中、苏北地区之间存在较大差异，而且每个区域内的城市之间由于地域、文化、主导产业的不同，也存在不均衡。

表 7—2　　2013 年苏南、苏中、苏北地区分行业的社会消费品零售总额　　（单位：亿元）

区域		社会消费品零售总额	批发和零售业	住宿业	餐饮业
苏南	南京	3 531.73	1 168.63	136.77	1 031.18
	无锡	2 759.98	3 496.32	29.33	338.07
	常州	1 607.63	3 996.73	48.08	411.40
	苏州	3 662.24	3 203.34	45.88	254.95
	镇江	872.13	2 535.82	22.39	182.71
苏中	南通	1 940.41	1 459.16	13.83	124.02
	扬州	1 106.88	3 197.24	48.08	382.28
	泰州	837.09	773.07	6.60	87.23
苏北	徐州	1 495.91	1 775.26	6.79	145.04
	连云港	655.57	999.10	11.78	88.63
	淮安	721.22	721.96	10.76	104.40
	盐城	1 163.38	1 313.59	11.83	148.19
	宿迁	442.43	600.91	7.84	46.83

资料来源：根据《江苏统计年鉴》（2014）的数据整理而得。

三、居民生活水平提高，收入差异明显

随着江苏内贸改革的进一步深化，江苏消费市场规模增长速度较快，我们通过对“十二五”期间的2013年与“十一五”期间的2008年13个城市的城镇居民与农村居民收入与消费支出方面的数据进行比较，来阐述有关问题。

2013年，城镇居民人均可支配收入方面，从总的情况来看，苏南地区为39 224元，比2008年增长72.3%；苏中地区为29 706元，比2008年增长1.8倍；苏北地区为22 933元，比2008年增长1.77倍，三个区域中五年间增幅较高的是苏中、苏北地区。农村居民人均纯收入方面，2013年，苏南、苏中、苏北三个区域的人均纯收入分别为19 107元、14 375元、11 769元，比2008年分别增长82.7%、89.6%、94.9%，可以看出苏北地区的收入增长幅度比较大（见表7—3和表7—4）。

城镇居民人均消费支出方面，2013年，苏南地区为24 728元，比2008年增长69.2%；苏中地区为19 063元，比2008年增长51.1%；苏北地区为15 851元，比2008年增长92.1%。苏北地区增幅最大，比苏南地区高出近23个百分点。从2013年13个地级市的居民收入消费数据可以得出，苏州城镇人均可支配收入为42 748元，消费支出为26 739元，都位居全省第一，这和苏州工业园区的发展是分不开的。苏州市现代流通业和先进制造业同时发展，相辅相成，经历一个漫长的过程后，目前已经摸索出产业融合的业务发展模式，实现了社会化大生产，因此人均可支配收入也随之提高。尽管城乡之间的差距在不断减小，尤其农村居民的收入和消费支出都大幅度增长，但是地区之间的差距较大，从城镇居民人均可支配收入角度看，苏州作为工业强市，城镇人均可支配收入为42 748元，宿迁城镇居民人均可支配收入仅为18 846元，前者是后者的2.27倍，数据表明，虽然江苏居民生活水平比往年有所提高，但是城市与城市之间的收入差异明显。

城市居民恩格尔系数方面，2013年苏南地区为33.79%，相比于2008年下降了将近3个百分点。恩格尔系数是指居民食品支出占生活消费支出的比重，系数越低代表居民生活水平越高，因此恩格尔系数最能体现“十二五”期间居民生活水平的改善程度。苏中地区的恩格尔系数为35.02%，相比2008年下降了约4个百分点；苏北地区的恩格尔系数为34.77%，低于苏中地区，意味着到2013年苏北地区的发展使其居民生活水平大幅度提高，恩格尔系数相比2008年的39.4%，下降了近5个百分点，发展速度快于苏南和苏中地区。

除了城镇居民收入消费状况有所改善外，农村居民生活水平也在逐步提高。首先，2013年苏南、苏中和苏北农村居民人均纯收入分别为19 107元、14 375元和11 769元，相比2008年（这三个区域的农村居民人均纯收入分别为10 458元、7 582元和6 038元），上涨幅度分别为82.70%、89.59%和94.92%。人均生活费支出相对于2008年也一直处于快速增长趋势，2008年苏南、苏中和苏北地区居民的人均生活费支出分别为7 779元、5 444元和4 010元，到了“十二五”时期，仍呈高速增长趋势，2013年苏南、苏中和苏北地区农村居民的人均生活费支出分别为13 726元、10 214元和7 367元。

表 7—3　　2008 年苏南、苏中、苏北三个区域的居民收入消费情况

指标 区域	城镇居民			农村居民			居民人均储蓄存款（元）
	人均可支配收入（元）	人均消费支出（元）	恩格尔系数（%）	人均纯收入（元）	人均生活费支出（元）	恩格尔系数（%）	
苏南	22 756	14 609	36.5	10 458	7 779	36.8	33 751
苏中	16 574	10 488	39.1	7 582	5 444	38.6	22 142
苏北	12 536	8 253	39.4	6 038	4 010	41.7	21 782

资料来源：根据《江苏统计年鉴》（2009）中的数据整理而得。

表 7—4　　2013 年苏南、苏中、苏北的居民收入消费情况

指标 区域	城镇居民			农村居民		
	人均可支配收入（元）	人均消费支出（元）	恩格尔系数（%）	人均纯收入（元）	人均生活费支出（元）	恩格尔系数（%）
苏南	39 224	24 728	33.79	19 107	13 726	35.21
苏中	29 706	19 063	35.02	14 375	10 214	34.55
苏北	22 933	15 851	34.77	11 769	7 367	35.58
南京	38 531	24 591	33.52	16 531	12 392	36.75
无锡	38 999	25 392	34.61	20 587	14 147	35.80
常州	36 611	22 831	34.53	18 643	13 563	35.38
苏州	42 748	26 739	33.14	21 578	16 251	33.41
镇江	32 977	19 795	35.65	16 258	11 995	35.65
南通	31 059	19 646	34.49	14 754	10 931	35.35
扬州	28 145	17 653	37.29	14 214	9 725	35.32
泰州	29 112	18 223	34.80	13 982	9 862	32.55
徐州	23 770	15 963	33.70	12 052	7 246	35.79
连云港	22 985	13 992	36.39	10 745	6 932	35.44
淮安	23 107	16 763	34.60	11 045	7 373	36.21
盐城	24 119	16 678	34.92	13 344	7 712	34.83
宿迁	18 846	13 135	36.28	10 703	7 454	36.91

资料来源：根据《江苏统计年鉴》（2014）中的数据整理而得。

四、旅游业持续增长，但是地区间的增速不均

2011 年，江苏省出台了《省政府关于进一步加快发展旅游业的意见》，提出把旅游业发展成为国民经济的战略性支柱产业，江苏旅游业的发展也就此迎来了新的机遇和挑战。旅游业是国民经济的战略性产业，资源消耗低、带动系数大、创造就业多、综合效益好。① 从当前和今后一个时期的国际国内环境来看，工业化、信息化、城镇化、市场化、

① 参见陈志：《战略性新兴产业发展中的商业模式创新研究》，载《经济体制改革》，2012（1）。

国际化的深入发展，高速交通体系的快速完善，都为江苏旅游业发展提供了新的机遇，推动了江苏旅游业的跨越式发展。

从表 7—5 可以看出，2013 年，从市级区域来看，苏州在入境游客数、外汇收入和国内游客数、国内旅游收入方面均领先于其他城市，其入境旅游外汇收入达到 135 687 万美元，占全省旅游外汇总收入的 57.01%。排在苏州之后的是南京，2013 年南京入境旅游外汇收入比苏州少了将近95 624 万美元，占全省旅游外汇总收入的 16.83%；国内旅游收入超过 1 000 亿元，占全省的比重为 18.98%。排在苏州和南京之后的是无锡市，无锡市的国内旅游收入占全省的 15.86%，入境旅游外汇收入也占全省旅游外汇总收入的 11.34%，均已超过 10%。常州、扬州、镇江和南通四市处于第四层次。苏北的宿迁以及淮安的入境旅游外汇收入占全省的比重都不到 1%，吸引的国外游客数量极少。从区域来分析，总体上苏南地区的旅游业发展具有绝对的优势，不管是国内游还是海外游客入境游，都比苏北地区优势大。

表 7—5　　**2013 年江苏 13 个地级市的旅游业发展情况**

地区	国内旅游接待人数（万人次）	国内旅游收入（亿元）	占全省的比重（%）	接待海外旅游者人数（人次）	入境旅游外汇收入（万美元）	占全省旅游外汇总收入的比重（%）
南京	8 674.01	1 317.48	18.98	518 568	40 063	16.83
无锡	6 993.57	1 100.4	15.86	391 185	26 985	11.34
徐州	3 087.15	360.47	5.19	25 849	2 193	0.92
常州	4 425.71	557.39	8.03	109 958	7 590	3.19
苏州	9 416.33	1 419.09	20.45	1 442 138	135 687	57.01
南通	2 716	348.16	5.02	216 943	11 196	4.70
连云港	2 136.03	257.25	3.71	24 228	1 668	0.70
淮安	1 833.2	200.12	2.88	10 565	888	0.37
盐城	1 754.36	166.09	2.39	26 048	2 533	1.06
扬州	3 965.36	454.42	6.55	47 783	3 711	1.56
镇江	3 895	474.53	6.84	36 675	3 130	1.32
泰州	1 640.46	186.19	2.68	26 644	1 990	0.84
宿迁	1 002.02	98.47	1.42	3 703	355	0.15

资料来源：根据《江苏统计年鉴》（2014）中的数据整理而得。

五、对外开放步伐加快，但地区间发展不平衡

随着改革开放的不断深入，以及全球经济一体化进程的加快，江苏的对外开放程度也在不断提高，产业结构也在不断优化，外商投资企业已经涉足批发和零售业、软件业、租赁和商务服务业等多个流通行业，流通业对外开放的步伐明显加快，呈现出快速增长的趋势。

2013 年，江苏外商投资总额达到 614 272 万美元。从 2012 年和 2013 年江苏 13 个市的对外投资项目数量来看，13 个城市的项目数基本都在增加，对外投资额也是飞速攀升。

2013 年对外直接投资项目数最多的是苏州，其中方协议投资额高达 161 851 万美元，项目数为 159 个；其次是南京市，总项目数为 90 个，对外投资额为 100 663 万美元。然而经济落后的地区在国际化水平上相对有所欠缺，其国际化发展比较缓慢。2013 年江苏 13 个地级市中苏北地区的对外投资项目较少，总投资额也较少（见表 7—6）。总体来说，江苏的国际化水平在缓慢上升，但是由于存在地理环境差异，各区域之间的国际化水平不均衡。

表 7—6　　2012—2013 年江苏 13 个地级市对外直接投资项目数及投资额

地区	2012		2013	
	新批项目数（个）	中方协议投资额（万美元）	新批项目数（个）	中方协议投资额（万美元）
全省	572	504 547	605	614 272
苏南	432	336 480	433	436 849
苏中	98	94 161	106	108 156
苏北	42	73 906	66	69 267
南京市	83	91 775	90	100 663
无锡市	85	92 036	87	120 157
徐州市	19	60 860	20	20 299
常州市	51	25 107	48	42 838
苏州市	187	122 163	159	161 851
南通市	54	79 882	53	80 135
连云港市	5	1 520	17	20 463
淮安市	3	2 304	4	385
盐城市	9	8 692	20	27 396
扬州市	14	1 771	29	15 432
镇江市	26	5 399	49	11 339
泰州市	30	12 507	24	12 590
宿迁市	6	530	5	725

资料来源：根据《江苏统计年鉴》(2013—2014) 中的数据整理而得。

第八章 江苏内贸发展的比较优势

一、国内经济高速增长

改革开放以来，中国经济增长取得了举世瞩目的伟大成就，从表 8—1 中可以看出，2000 年，中国国内生产总值（即 GDP）及第一、二、三产业增加值分别为 99 214.55 亿元、14 944.72 亿元、45 555.88 亿元、38 713.95 亿元。2004 年第十个五年计划期间，我国全面进入小康社会，社会化、现代化进程不断加快，人均国内生产总值增长率相比 2000 年提高了 5.25 个百分点；2008 年是“十一五”规划的后期，“十一五”期间我国在市场经济条件下，加快全面建设小康社会，强调产业技术进步战略，优化升级经济结构，2008 年 GDP 及第一、二、三产业增加值分别为 314 045.43 亿元、33 702 亿元、149 003.44 亿元、131 339.99 亿元，但是 2008 年的世界经济金融危机导致中国当年人均 GDP 增长率相比 2007 年有所下降，为 8.01%；2012 年，中国经济已经从金融危机中恢复过来，国内生产总值突破 50 万亿元，产业结构发生转型，第三产业发展迅速，产业增加值为 231 934.48 亿元。2013 年，我国的 GDP 总量以及三次产业增加值都有了质的突破，GDP 总额达到了 568 845.21 亿元，第一、二、三产业增加值分别达到了 56 957 亿元、249 684.42 亿元、262 203.79 亿元。从经济总量和三次产业增加值来看，中国经济增长的确取得了巨大成就。另外，从人均 GDP 的角度看，国内经济发展速度也相当快，2000 年中国人均 GDP 为 7 857.68 元；2004 年人均 GDP 为 12 335.58 元；2008 年“十五”计划期间人均 GDP 为 23 707.71 元，相比 2004 年，增长速度较快；2013 年，中国人均 GDP 已经达到了 41 907.59 元，年均增长率为 13.82%。

表 8—1　　2000—2013 年中国国内生产总值及三次产业增加值

年份	国内生产总值（亿元）	第一产业增加值（亿元）	第二产业增加值（亿元）	第三产业增加值（亿元）	人均国内生产总值（元）	人均国内生产总值增长率（%）
2000	99 214.55	14 944.72	45 555.88	38 713.95	7 857.68	9.72
2001	109 655.17	15 781.27	49 512.29	44 361.61	8 621.71	9.004
2002	120 332.69	16 537.02	53 896.77	49 898.9	9 398.05	12.17
2003	135 822.76	17 381.72	62 436.31	56 004.73	10 541.97	17.014

续前表

年份	国内生产总值（亿元）	第一产业增加值（亿元）	第二产业增加值（亿元）	第三产业增加值（亿元）	人均国内生产总值（元）	人均国内生产总值增长率（%）
2004	159 878.34	21 412.73	73 904.31	64 561.29	12 335.58	14.97
2005	184 937.37	22 420	87 598.09	74 919.28	14 185.36	16.32
2006	216 314.43	24 040	103 719.54	88 554.88	16 499.7	22.24
2007	265 810.31	28 627	125 831.36	111 351.95	20 169.46	17.54
2008	314 045.43	33 702	149 003.44	131 339.99	23 707.71	8.01
2009	340 902.81	35 226	157 638.78	148 038.04	25 607.53	17.21
2010	401 512.8	40 533.6	187 383.21	173 595.98	30 015.05	17.27
2011	473 104.05	47 486.21	220 412.81	205 205.02	35 197.79	9.27
2012	519 470.1	52 373.63	235 161.99	231 934.48	38 459.47	8.97
2013	568 845.21	56 957	249 684.42	262 203.79	41 907.59	9.72

资料来源：根据《中国统计年鉴》（1999—2014）中的数据整理而得。

二、城镇化进程加快

改革开放以来，中国城镇化水平稳步提高，标志着我国开始进入以城市社会为主的新成长阶段，城镇化无疑将成为带动中国经济发展的巨大引擎。① 纵观世界各国的经济发展进程可以发现，城镇化进程和产业结构调整是密不可分的，农业生产力的发展是城市兴起和成长的前提，工业化是城镇化的主要推动力量，第三产业的形成和发展加快了城镇化进程，同时，城镇化水平的提升又为产业的演进升级提供了重要的空间载体。城镇化是由传统的农村社会向现代城市社会转变的历史过程，是人口城镇化和城市现代化的统一。从本质上说，城镇化意味着更多的人由从事较低效率的农业劳动转变为从事较高效率的第二、第三产业劳动，由传统的、保守的生产生活方式转变为积极的、富于开拓进取的生产生活方式，由低消费群体转变为高消费群体。从这个角度和意义看，不断推进城镇化的过程，就是发挥城市的中心作用、逐步提高经济效率、消除二元结构、实现社会公平和全面建设小康社会目标的过程。换个角度说，中国全面建设小康社会的过程，核心是推进城镇化进程。

改革开放以来，我国城镇化水平一直处于加速发展的阶段，如表 8—2 所示，1978 年改革开放伊始，中国城镇人口占总人口的比重为 13.7%，相对还是比较低，说明江苏省城镇化水平比较低。随着我国经济不断发展，国际化水平不断提高，到了 2000 年，江苏的城镇化水平已经有了大的突破，提高到了 41.5%；2005 年，江苏的城镇化水平已经突破 50%，即城镇人口占总人口的一半以上，江苏城镇人口少于农村人口的现状已基本得到改变；2013 年，江苏省内外贸发展速度加快，江苏省城镇化水平有了质的突破，达到了 64.1%，这些数据的变化都直观体现了江苏省城镇化水平的不断提升。

① 参见张志坤：《我国新型城镇化的科学发展研究》，载《理论探索》，2013（10）。

表 8—2　　改革开放以来江苏城镇化水平

年份	总人口数（万人）	城镇人口		农村人口	
		数量（万人）	占总人口的比重（%）	数量（万人）	占总人口的比重（%）
1978	5 834.32	800.77	13.7	5 033.55	86.3
1998	7 182.46	2 262.47	31.5	4 919.99	68.5
2000	7 327.24	3 040.81	41.5	4 286.43	58.5
2001	7 358.52	3 134.73	42.6	4 223.79	57.4
2002	7 405.50	3 310.25	44.7	4 095.25	55.3
2003	7 457.70	3 487.97	46.8	3 969.73	53.2
2004	7 522.95	3 624.56	48.2	3 898.39	51.8
2005	7 588.24	3 832.06	50.5	3 756.18	49.5
2006	7 655.66	3 973.29	51.9	3 682.37	48.1
2007	7 723.13	4 108.70	53.2	3 614.43	46.8
2008	7 762.48	4 215.17	54.3	3 547.31	45.7
2009	7 810.27	4 342.51	55.6	3 467.76	44.4
2010	7 869.34	4 767.63	60.6	3 101.71	39.4
2011	7 898.80	4 889.36	61.9	3 009.44	38.1
2012	7 919.98	4 990.09	63.0	2 929.89	37.0
2013	7 939.49	5 090.01	64.1	2 849.48	35.9

资料来源：根据《江苏统计年鉴》（2003—2014）中的数据整理而得。

三、消费市场容量增加

消费市场容量是一定时期内能够吸纳某种产品或劳务的数量。随着消费者群体的物质文化需求的不断增长，消费市场容量有扩大的趋势。江苏是科技大省，随着科技创新产品的不断推出，消费者因为商品使用价值的不断提高而增加消费，科技创新可以通过降低可支配的消费支出起到扩大市场容量的作用。部分江苏企业通过采取“走出去”的战略开拓国外市场，使国内消费品市场容量增加。2008 年中国社会消费品零售总额为 114 830.1 亿元，2012 年社会消费品零售总额超过了 200 000 亿元。随着国内经济的不断发展，2013 年社会消费品零售总额达到 237 809.9 亿元，比起 2008 年，增幅高达 1.07 倍。作为流通业的主要细分行业，批发和零售业的社会消费品零售总额从 2008 年的 208 230 亿元增长到 2013 年的 496 604 亿元，增长幅度接近 2.5 倍。同样，住宿业和餐饮业的社会消费品零售总额也逐年提升（见表 8—3）。

表 8—3　　2008—2013 年中国分行业的社会消费品零售总额　　（单位：亿元）

年份	社会消费品零售总额	批发和零售业	住宿业	餐饮业
2008	114 830.1	208 230	2 231.61	2 592.82
2009	132 678.4	201 166	2 260.7	2 686.36
2010	156 998.4	276 636	2 797.84	3 195.14

续前表

年份	社会消费品零售总额	批发和零售业	住宿业	餐饮业
2011	183 918.6	360 526	3 261.89	3 809.05
2012	210 307	410 533	3 534.44	4 419.85
2013	237 809.9	496 604	3 527.99	4 533.33

资料来源：根据《国家统计年鉴》(2014) 中的数据整理而得。

四、科技进步与信息化发展

随着知识经济时代的到来和信息化的发展，科技进步对经济社会发展的促进作用得以凸显。科技进步是江苏全面实施科技驱动战略、增强区域竞争力、率先建成创新省份的必然要求。二十多年来，中国经济高速发展带来的最为深远的影响莫过于加速了我国科学技术水平的提高。科学技术源于生产实践，经济的持续快速发展会为科学技术的进步提供强大的物质财富保障。① 江苏省省委对科技进步在优化产业结构、增强区域核心竞争能力、培育新经济增长极、实现经济可持续跨越式发展中的作用予以充分肯定，明确提出把科技创新驱动战略作为经济社会发展的核心战略，指出"实施创新驱动战略是关系江苏全局和长远发展的必然选择"。

从表 8—4 中可以看出，2000 年，江苏的科研机构数目（包括科研单位以及高等院校等）仅 1 784 个，但是随着科技的进步，江苏的科研机构数量逐年增加，2013 年增加到将近20 000 个，增幅高达 10 倍多，可见，江苏对于知识经济的发展的重视程度在不断提高。高等院校数量增加了一倍，这代表江苏对高校教育的重视程度提高，不断通过高等院校向学生普及科技知识，促进知识经济的发展，从而促进了整个江苏省知识人才的培养，为江苏省的科技进步发挥了基础作用。

从科技活动人数可以看出，2000 年，江苏参与科技活动的人数为 19.42 万人，科技人员数量比较少，到 2013 年，参与科技活动的人数已经达到 109.46 万人，比 2000 年增长了 4.6 倍。这一数据显示，随着科技元素的不断注入，整个社会对科技人才的培养高度重视，学生可以通过接受高等教育和学习专业技能加强对科技知识的掌握和应用，从而为社会的科技进步贡献力量。

表 8—4　　2000—2013 年江苏科技发展情况　　（单位：个）

年份	2000	2005	2010	2011	2012	2013
科技机构数量（个）	1 784	3 751	6 798	9 061	17 776	19 393
科研单位数量（个）	355	159	135	148	148	143
规模以上工业企业数量（个）	—	—	—	6 518	16 417	17 996
大中型工业企业数量（个）	968	1 193	2 734	3 166	7 395	7 231
高等院校数量（个）	461	541	579	647	761	801
其他（个）	—	1 858	3 350	1 748	450	453

① 参见田东奎、郑卫华：《科技进步与信息化的关系分析》，载《工程技术》，2008 (7)。

续前表

年份	2000	2005	2010	2011	2012	2013
科技活动数（万人）	19.42	38.17	73.69	81.62	98.23	109.46
大学本科及以上学历（万人）	11.03	23.08	25.54	32.72	44.96	49.09
研究与发展经费内部支出（亿元）	50.83	270.30	857.95	1 071.96	1 288.02	1 440.00
研究与发展经费支出占地区生产总值比重（%）	0.59	1.48	2.1	2.2	2.3	2.4

资料来源：根据《江苏统计年鉴》（2003—2014）中的数据整理而得。

第九章 江苏与国内发达省市的内贸比较

一、流通业总量水平较高，但产业结构存在偏差

作为传统经济大省，江苏在长三角经济一体化过程中呈现出新的发展趋势，经济结构转型升级步伐加快，流通业作为服务业的组成部分，其规模不断扩大，对于国民经济的贡献也在逐年增加。2010 年，江苏流通业产值达到 6 926.78 亿元，绝对值比 1978 年增长了 338 倍，占江苏 GDP 的比重为 16.7%；2013 年，江苏流通业产值增加到 9 776.54 亿元，年均增长 9.0%，其占第三产业产值的比重达到了约 37%（见表 9—1）。从全国流通业的发展来看，江苏省的流通业产值位居全国第三位。

表 9—1　　2013 年江苏与发达省市流通业规模比较

地区	流通业产值（亿元）	第三产业产值（亿元）	地区总产值（亿元）	流通业产值占第三产业产值的比重	流通业产值占地区总产值的比重
北京	3 630.76	14 986.43	19 500.56	0.242 27	0.186 187
上海	4 782.5	13 445.07	21 602.12	0.355 707	0.221 39
江苏	9 776.54	26 421.65	59 161.75	0.370 02	0.165 251
广东	11 035.45	29 688.97	62 163.97	0.371 702	0.177 522
浙江	6 173.8	17 337.22	37 568.49	0.356 101	0.164 335
山东	11 457.16	22 519.23	54 684.33	0.508 772	0.209 514

资料来源：根据《江苏统计年鉴》(2014) 中的数据整理而得。

江苏流通业虽然发展迅速，但与京、沪、浙、粤等省市相比，存在以下问题：一是流通业产值虽然很大，但占地区 GDP 的比重偏低。2013 年的数据显示，江苏流通业产值占地区 GDP 的比重比京、沪、粤、鲁都要低，约为 16.5%。二是结构不太合理。在苏、沪、浙、粤四省市中，江苏的交通运输、仓储和邮政业，批发和零售业，住宿和餐饮业等传统服务业占第三产业总产值的比重是最高的，分别为 9.5%、23.6%和 3.9%，而现代服务业中的金融业占第三产业总产值的比重为 14.4%，低于浙江（17%）、上海（20%），房地产业占服务业的比重最高，为 13%，高于浙江（12.6%）、北京（8.9%）和上海（10%），凸显了江苏现代服务业与以上省市的差距。目前，江苏经济发展已经进入工业化中期的后半阶段，产业结构正从以低附加值的资源依赖型产业为主向以高附加值的信息、技术集约

型产业为主转变。从区位熵的角度来考虑，伴随着产业的发展和产品结构的优化升级，江苏服务业正在由以传统流通业为主导向以现代服务业为主导的方向发展。

区位熵主要指在区域分工中某产业或产品生产区域化的水平，可通过产业或产品生产区域化的比较，得出区域分工的基本格局与区域比较优势。当区位熵＞1 时，表明具有行业优势；当区位熵＜1 时，表明具有行业劣势；当区位熵＝1 时，表明行业为一般水平。从表 9—2 中的数据可以看出，2013 年江苏流通业区位熵相较山东、上海与北京而言明显偏低，其数值小于 1，也就是说具有行业劣势。2013 年，江苏行业间比较，流通业为 0.9，也不具备行业优势，其区位熵低于金融业（1.05）与商务服务业（1.25）（见表 9—3）。

表 9—2　　2010 年和 2013 年全国部分地区流通业区位熵

地区	2010 年流通业区位熵	2013 年流通业区位熵
全国	—	—
江苏	1.069	0.90
广东	1.048	0.97
浙江	0.979	0.90
山东	1.127	1.14
上海	1.096	1.2
北京	1.321	1.01

资料来源：根据《江苏统计年鉴》（2011、2014）中的数据整理而得。

表 9—3　　2010 年和 2013 年江苏内部服务业区位熵

行业	2010 年	2013 年
流通业	1.07	0.9
金融业	0.97	1.05
商务服务业	1.08	1.25

资料来源：根据《江苏统计年鉴》（2011、2014）中的数据整理而得。

二、城乡市场发展潜力大，但农村市场效率有待提高

（一）城乡市场发展潜力大

2013 年，江苏社会消费品零售总额占全国的 8.7%；比上一年增长了 13.4%，位列第三，在广东省和山东省之后。江苏城乡流通市场发展差距较大，2005 年，城镇社会消费品零售总额与农村社会消费品零售总额分别为 4 491.35 亿元、1 244.15 亿元，占江苏社会消费品零售总额的比重分别为 78.3%、21.7%，二者的差距达 56 个百分点左右。2013 年，城乡居民收入比从高到低依次是广东（2.84）、山东（2.66）、江苏（2.39）、浙江（2.35）、上海（2.24）、北京（2.20），全国的平均水平为 3.03，相比较而言，江苏城乡收入差距有缩小的趋势。江苏城镇化进程的加快，也拉大了城乡社会消费品零售总额的差距。消费市场的需求潜力与居民收入呈正相关关系，2013 年，江苏城镇居民人均可支配收入为 32 537.5 元，位列上海、北京、浙江、广东之后；江苏农民人均纯收入为 13 597.8

元，位列上海、北京、浙江之后，表明江苏居民收入仍需进一步提高（见表 9—4）。

表 9—4　　2013 年江苏与发达省市城乡收入、消费水平情况

地区	城镇居民人均可支配收入（元）	农村居民人均纯收入（元）	城乡居民收入比
全国	26 955.1	8 895.9	3.03
北京	40 321.0	18 337.5	2.20
上海	43 851.4	19 595.0	2.24
江苏	32 537.5	13 597.8	2.39
浙江	37 850.8	16 106.0	2.35
山东	28 264.1	10 619.9	2.66
广东	33 090.0	11 669.3	2.84

资料来源：根据《中国统计年鉴》(2014) 中的数据整理计算而得。

（二）大型商品交易市场集中度不高

2013 年，江苏亿元以上的商品交易市场数为 547 个，占全国的比重为 10.75%，排名在浙江（15.07%）、山东（10.96%）之后，位列第三；其商品市场成交额为 16 595.8 亿元，占全国的比重为 16.87%，位列第一；亿元以上商品交易市场的单个市场销售额平均为 30.34 亿元，位列第二，但与排名第一的上海（57.76 亿元）差距较大，可见江苏商品交易市场虽然容量较大，但单个市场销售情况与发达地区相比还有一定差距（见表 9—5）。

表 9—5　　2013 年江苏与发达省市亿元以上商品交易市场比较

地区	亿元以上商品交易市场		亿元以上商品交易市场		单个市场销售额（亿元/个）
	数量（个）	占比（%）	销售额（亿元）	占比（%）	
北京	140	2.75	3 352.7	3.41	23.95
上海	164	3.22	9 472.0	9.63	57.76
江苏	547	10.75	16 595.8	16.87	30.34
浙江	767	15.07	14 840.3	15.09	19.35
山东	558	10.96	9 039.0	9.19	16.20
广东	364	7.15	5 418.2	5.51	14.89
全国	5 089	100	98 365.1	100	19.33

资料来源：根据《中国统计年鉴》(2014) 中的数据整理计算而得。

三、农产品流通环节偏多，流通效率低

江苏农村人口多，但流动性弱，集镇市场散乱，市场交易集中程度较低。目前农民的组织化程度较低，合作经济组织规模较小，经济实力不强，缺乏足够的抵御市场风险的能力和开拓系列化服务的功能。由于存在条块分割，受部门利益影响，许多扶持政策难以落实到位，缺少可操作性。此外，农村商贸流通业发展的网点布局和规划滞后。一方面，农村市场流通业态结构不太合理，长期形成的邻近乡镇商贸组织经营缺乏特色；另一方面，

农村流通市场产业组织化程度不高，新型业态得不到有效利用，主要流通方式仍以传统的专业店、夫妻店、集市、庙会为主，商品种类以日用品为主，市场定位趋同。物流配送相应滞后，网络体系不够健全。专业市场发展水平较低，规模小，辐射能力弱，带动农村产业乏力。总体上，农村流通市场缺少必要的政策扶持和法律保护，造成了网点规划散乱、流通渠道不畅。

四、江苏流通现代化优势明显，但仍需扩大规模

随着现代化社会的形成，流通现代化的概念被赋予了全新的含义和内容。跨入21世纪，中国流通领域改革与发展面临一系列“创新”。随着市场经济框架的逐步确立，买方市场状态日益明显，加之电子信息时代悄然来临，这些都促成了中国传统流通业向现代流通业的历史性跨越。连锁经营是目前现代流通业的一种主要业态模式，它的发展促成了整个流通业的发展。连锁经营的优势在于规模。在表9—6中，与上海、浙江、山东、广东等地区的连锁企业相比，2013年江苏连锁企业的销售额为4 741.6亿元，占社会消费品零售总额的比重为22.80%，其流通企业连锁化率位列全国第三，比位列第一的上海低12个百分点。采用连锁企业人均销售额指标对地区连锁经营比率进行进一步分析可以发现，山东省连锁企业人均销售额为192.2万元，在全国排第一位。连锁经营统一配送率从高到低依次为浙江（91.58%）、广东（89.89%）、江苏（89.67%）、上海（75.58%）、山东（73.25%）、北京（51.98%），江苏的连锁经营统一配送水平相对较高。

部分连锁企业的规模普遍偏小，远未达到国际公认的连锁企业的盈利点，沃尔玛已拥有门店4 000家，最大的连锁企业江苏苏农农资连锁集团和苏宁电器所拥有的门店数也没有超过2 000家，江苏大部分连锁企业还是表现出数量少、规模小、组织化程度低等特点，造成了市场的辐射面较狭窄，影响力和带动力不强，缺乏核心竞争力。因此，扩大江苏流通企业的规模是流通产业现代化发展的趋势。

表9—6　　2013年江苏与其他地区的连锁企业比较

地区	连锁门店数（家）	连锁企业销售总额（亿元）	社会消费品零售总额（亿元）	连锁额占社会消费品零售总额的比重（%）	连锁经营统一配送率（%）
北京	7 388	2 515.8	8 375.1	30.04	51.98
上海	17 643	3 593.0	8 052.0	44.62	75.58
江苏	18 459	4 741.6	20 796.5	22.80	89.67
浙江	28 817	2 389.5	15 225.5	15.69	91.58
山东	11 728	2 812.0	22 294.8	12.61	73.25
广东	24 546	5 244.1	25 453.9	20.60	89.89
全国	204 090	38 006.9	237 809.9	16	78.6

资料来源：根据《中国统计年鉴》（2014）中的数据整理计算而得。

参考文献

［1］晏宗新．安徽省流通业战略发展研究［J］．江淮论坛，2008（1）：55-61.

［2］宗颖．江苏省流通业竞争力评价研究［J］．南京财经大学．2008（2）：7-11.

［3］郭艳华．发达国家批发零售业的发展趋势与启示［J］．广东行政学院学报，2008（2）：77-80.

［4］刘远．江苏农村商贸流通业的发展态势与对策［J］．江苏商论，2006（9）：9-11.

［5］张志刚．纵论我国流通业的先导作用与现代化［J］．商业经济，2010（17）：10-12.

［6］杨以文．商贸流通业的发展效应研究［J］．江苏教育学院学报（社科版），2011（2）：101-105.

对外贸易篇

Foreign Trade Articles

第十章 江苏外贸发展概况

一、江苏外贸发展的特点

(一) 对外贸易低速增长

20 世纪 90 年代与 21 世纪初，江苏省抓住了世界产业转移的有利时机，大力引进外商投资企业，使加工贸易实现了多年的迅猛增长。然而，随着 2008 年金融危机的爆发，国际需求急剧减少，中国的对外贸易严重受阻。江苏作为对外贸易的大省，外贸形势急转直下。后危机时代，无论从物质基础来看，还是从发展模式来看，依靠延续以往的发展路径保持高速增长绝无可能。因此，“十二五”以来，江苏外贸发展进入稳增长、调结构、促转型的新时期，发展速度趋缓。目前，江苏对外贸易正处于增速的换挡期，已经从高速增长阶段进入低速增长阶段。2013 年江苏全年外贸进出口总额达 5 508.4 亿美元，实现 0.5%的增幅。其中，出口 3 288.5 亿美元，增长 0.1%；进口 2 219.9 亿美元，增长 1.1%。2013 年全国外贸增长 7.6%，江苏省外贸增幅低于全国平均水平 7.1 个百分点，出口增幅、进口增幅分别低于全国 7.8 个、6.2 个百分点。江苏省外贸高速增长的日子已经远去，反映出外贸发展正在从促增长向保质量转变。今后，江苏外贸将在保持合理增长的基础上，将发展目标转移到质量和效益上来。

(二) 外贸自主能力加强

近年来，江苏省进出口贸易方式开始从加工贸易向一般贸易转变。“十一五”期间江苏省以加工贸易方式出口 6 610 亿美元，比“十五”时期增长了 2.1 倍，占同期江苏省出口总额的 61.7%；以一般贸易方式出口 3 854 亿美元，比“十五”时期增长了 2.1 倍，占同期江苏省出口总额的 36%。同期，江苏省以加工贸易方式进口 4 063 亿美元，增长了 1.4 倍，占同期江苏省进口总额的 53.6%；以一般贸易方式进口 2 191 亿美元，增长了 1.5 倍，占 28.9%。到 2012 年，江苏省以加工贸易方式进出口 2 463.4 亿美元，比 2011 年下降 7.6%。与此同时，一般贸易进出口明显增长，当年进出口 2 192.8 亿美元，增长 2.4%。自 2007 年金融危机以来，江苏省加工贸易占比已连续好几年下降，至 2012 年已下降至 44.9%。2013 年，江苏一般贸易规模接近加工贸易，加工贸易占比自 2005 年以来连续 8 年下降，显示出江苏外贸进出口中曾经加工贸易一枝独秀的局面已经改变。2013 年，江苏省以一般贸易方式进出口 2 332.2 亿美元，增长了 6.4%，占同期进出口总额的 42.3%；同期，以加工贸易方式进出口 2 336.5 亿美元，下降了 5.2%，占同期江苏省进出口总额的 42.4%，其中，一般贸易出口额 1 455.3 亿美元，比上年增长了 4.3%；加工贸易出口额1 500.6亿美元，比上年下降了 6.4%。

（三）贸易主体更趋内生化

长期以来，外商投资企业一直是江苏外贸的经营主体和外贸增长的主要推动力。然而，随着民营经济的壮大，外商投资企业在江苏外贸增长中的主导力量呈减弱趋势。2008 年金融危机后，民营企业在全省外贸进出口总额中所占的比重由 11.5%逐年提升至 2010 年年末的 17.6%。到 2012 年，江苏省民营企业进出口额达到了 1 455 亿美元，同比增长 31.3%，高出当年江苏省出口总体增速 29.7 个百分点，占当年江苏省进出口总额的 26.5%。江苏省外商投资企业进出口额却明显下降。2012 年，江苏省民营企业以一般贸易方式进出口 937.1 亿美元，增长了 16.5%，占同期民营企业进出口总额的 64.4%。2012 年，江苏民营企业出口 962.5 亿美元，增长了 35.8%；进口 492.5 亿美元，增长了 23.3%。外商投资企业的主导地位下降，民营企业的活力不断增强。2013 年，民营企业继续保持了强劲的增长势头，增长了 12.7%，占江苏省进出口总额的 29.8%；外商投资企业进出口额下降了 5.1%，占江苏省进出口总额的 61.6%，且占比逐年下降。

（四）纺织品、服装支撑增长

2013 年，服装及衣着附件等传统纺织大宗工业品支撑了江苏省外贸出口的正增长。纺织、服装分别增长了 8.3%、4.5%，增幅分别比 2012 年提高了 9.6 个、2.1 个百分点。与此同时，高新技术产品、机电产品出口下降明显。人民币持续升值使江苏省国际定价能力弱的化工、机械、电子等工业产品出口面临巨大压力，虽然二季度有所好转，但机电产品出口为负增长，且负增长幅度达 1.5 个百分点。电子信息等高新技术产品出口持续下滑，全省高新技术产品出口为 1 274.2 亿美元，比 2012 年同期降低了 1.5%，增幅回落 3.1 个百分点。

（五）外贸市场趋向多元化

欧、美、日是江苏省传统的出口市场，2007 年江苏省对欧、美、日三大市场的出口依赖度为 58.7%。但是，随着江苏省出口企业不断加大对新兴市场的开拓力度，到 2010 年江苏省对欧、美、日三大市场的依赖度降至 56.8%，较 2007 年下降了 1.9 个百分点。到 2012 年，江苏省对欧盟、美国、日本、东盟和韩国这五大贸易伙伴的进出口总额占“总盘子”的 62.1%，比 2011 年下降了 3.5 个百分点。同期，江苏对拉丁美洲、非洲这两个新兴市场的进出口分别增长了 8%和 18.4%。2013 年，江苏对欧盟、美国、日本、中国香港的出口额分别为 571.2 亿美元、654.3 亿美元、312.4 亿美元和 368.3 亿美元，比上年分别增长了−9.7%、2.6%、1.3%和 9.2%；对东盟、韩国、中国台湾的出口额分别为 334.4 亿美元、167.5 亿美元和 119.7 亿美元，分别增长了 9.0%、2.1%和 13.2%；对拉丁美洲、非洲、俄罗斯的出口额分别为198.2亿美元、93.0亿美元和49.3亿美元，分别下降了9.6%、6.0%和9.9%。对美、欧、日三大传统市场的进出口合计占同期江苏省进出口总额的40.7%，所占比重下降。其中，美国凭借经济复苏的良好势头，首次超过欧盟成为江苏省第一大贸易伙伴。2013年，江苏省对中东、大洋洲和非洲等新兴市场的进出口也都有所增长。

（六）新型贸易业态发展迅猛

借助互联网经济，江苏省新型贸易业态发展势头良好，如正在推进的苏州地区的跨境贸易电子商务，省内多个在建的具备网络交易功能的进口交易中心，都是江苏省新型贸易业态发展的领头军。除此之外，还有部分依托创新监管方式的新型贸易业态也在迅速成长。在制造业发展尚未形成新的增长动力的时期，以新型贸易业态作为“抓手”，或将成为外贸增长的突破口。

二、江苏外贸发展的区域差异

（一）进出口情况比较

江苏省外贸发展长期存在不均衡的特点：内贸与外贸脱节，苏北比苏南滞后，重出口轻进口。由表10—1可以看出，江苏省外贸发展区域差异很大，就进出口总额而言，苏南、苏中、苏北的梯度差仍然存在。苏北城市的外贸依存度普遍低于苏中、苏南地区，徐州最低，仅为8.8%。各地市中，苏州一枝独秀，进口与出口都占到了全省的一半以上，2013年苏州市进出口总额占全省的比重为56.2%，占全国的比重为7.4%，位列深圳、上海、北京之后，在全国主要大中城市中排名第四，外贸依存度高达147.2%。其中，苏州市机电产品进出口占据主导地位，机电产品出口1 388.5亿美元，增长了0.4%，占全市出口的79%；机电产品进口901.6亿美元，增长了2.3%，占全市进口的67.5%。从各城市的增幅来看，2013年，南通、盐城、宿迁三市的进出口领跑全省。

从三大区域整体来看，2013年，苏北外贸出口总体增速放缓，这主要是受外部市场需求持续低迷的影响，同时，人民币升值、劳动力成本上升等因素造成出口综合成本持续攀升，加大了外贸企业的出口难度。2013年，苏北出口累计完成180.2亿美元，增幅为−5.3%，低于全省5.4个百分点，分别低于苏南、苏中5.4个和8.9个百分点。盐城、徐州、连云港、淮安、宿迁五市的出口额分别实现37.8亿、49.0亿、37.8亿、27.8亿和27.8亿美元，其中，徐州、淮安分别下降了22.1%和17.3%，较2012年同期均大幅下降，连云港、盐城、宿迁分别增长了5.1%、9.1%和20.0%，宿迁增速位列全省第一，徐州居全省末位。

表10—1　　江苏省进出口总额的区域对比

	出口总额			进口总额			进出口总额	
	累计出口（亿美元）	同比增幅（%）	占全省的比重（%）	累计进口（亿美元）	同比增幅（%）	占全省的比重（%）	累计进出口（亿美元）	外贸依存度（%）
总值	3 288.6	0.1	100.0	2 219.9	1.2	100.0	5 508.44	57.7

续前表

	出口总额			进口总额			进出口总额	
	累计出口（亿美元）	同比增幅（%）	占全省的比重（%）	累计进口（亿美元）	同比增幅（%）	占全省的比重（%）	累计进出口（亿美元）	外贸依存度（%）
南京	322.7	1.1	9.8	234.9	0.7	10.6	557.57	43.1
无锡	411.5	−0.4	12.5	292.2	−0.8	13.2	703.71	54.0
常州	203.7	2.1	6.2	88.4	−2.5	4.0	292.15	41.5
苏州	1 757.1	0.6	53.4	1 336.4	2.0	60.2	3 093.48	147.2
镇江	62.2	−19.6	1.9	37.3	1.4	1.7	99.50	21.1
南通	212.8	13.3	6.5	85.4	13.6	3.8	298.14	36.6
扬州	75.5	−7.6	2.3	19.6	−2.2	0.9	95.07	18.1
泰州	62.9	−9.4	1.9	41.5	21.3	1.9	104.41	21.5
徐州	49.0	−22.1	1.5	13.9	−31.7	0.6	62.89	8.8
连云港	37.8	5.1	1.2	28.6	−35.1	1.3	66.41	23.0
淮安	27.8	−17.3	0.9	8.8	0.7	0.4	36.61	10.5
盐城	37.8	9.1	1.2	27.5	20.1	1.2	65.28	11.6
宿迁	27.8	20.0	0.9	5.4	14.0	0.2	33.22	12.1
苏南	2 757.2	0.1	83.8	1 989.2	1.2	89.6	4 746.41	80.8
苏中	351.2	3.6	10.7	146.4	13.2	6.6	497.62	76.3
苏北	180.2	−5.3	5.5	84.2	−16.5	3.8	264.42	66.0

资料来源：江苏省商务厅网站、历年《江苏省统计年鉴》。

（二）机电产品、高新技术产品出口情况比较

我国已连续5年保持全球第一大机电产品出口国地位。2013年，中国机电产品进出口总额突破2万亿美元，达到2.1万亿美元，连续4年成为全球第一大机电产品贸易国，与1980年（72.1亿美元）相比，增长了约290倍。其中，出口从15.6亿美元增长到1.26万亿美元，占货物贸易出口的比重由8.6%提升到57.0%。从20世纪80年代主要以金属制品、机械设备等初级产品出口为主，到2013年出口的机电产品中高新技术产品占比达到50.5%，三十多年来，中国机电产品出口品类由少到多、技术水平由低到高、市场竞争力由弱变强，整体结构已经发生了根本性变化。对进口的旺盛需求也对加快企业技术改造步伐、促进产业结构转型升级发挥了重要作用。

由表10—2可知，2013年，江苏省机电产品出口额为2 144.0亿美元，高新技术产品出口额为1 274.2亿美元，同比分别负增长1.5个和2.7个百分点。其中，计算机与通信技术产品出口693.2亿美元，占高新技术产品出口额的54.2%。从机电产品、高新技术产品出口的地域分布看，江苏省机电产品、高新技术产品进出口贸易集中在长江以南地区，苏南地区的企业光数量就是苏北地区的5倍以上。苏州是江苏省机电产品和高新技术产品出口的“领头羊”，出口额占全省的比重均超过一半。在苏州本市的出口商品中，机电产品也是最重要的构成部分。2013年，苏州机电产品出口1 388.8亿美元，增长了0.5%，占全市出口的79%；机电产品进口901.6亿美元，增长了2.3%，占全市进口的67.5%。

然而，从增速来看，2013 年，苏南地区的机电产品、高新技术产品出口均出现了负增长，仅苏州市的机电产品出口低速增长 0.5%。除苏州外，全省仅南通、盐城、宿迁三市的机电产品出口同比增长为正。高新技术产品出口增速最快的城市均在占比较低的苏北和苏中地区，最为突出的是宿迁，增速达到 83.5%。由此可见，苏北、苏中地区机电产品、高新技术产品出口的趋势大好，但苏南地区比重最大的局面暂时不会改变。

表 10—2　　2013 年江苏省机电产品、高新技术产品出口总额的区域对比

	机电产品			高新技术产品		
	累计出口（亿美元）	同比增幅（%）	占全省的比重（%）	累计出口（亿美元）	同比增幅（%）	占全省的比重（%）
全省	2 144.0	−1.5	100.0	1 274.2	−2.7	100.0
南京	158.4	−6.4	7.4	62.4	−21.5	4.9
无锡	247.3	−4.2	11.5	134.7	−7.5	10.6
常州	106.1	−3.5	5.0	27.3	−34.1	2.2
苏州	1 388.8	0.5	64.8	992.5	−0.1	77.9
镇江	25.0	−17.1	1.2	5.4	7.8	0.4
南通	87.1	10.8	4.1	24.0	9.8	1.9
扬州	40.7	−0.9	1.9	9.6	24.7	0.8
泰州	32.1	−20.7	1.5	5.9	21.6	0.5
徐州	22.2	−24.3	1.0	2.9	21.9	0.2
连云港	7.2	−15.2	0.3	2.4	35.3	0.2
淮安	8.3	−21.8	0.4	0.9	1.5	0.1
盐城	13.1	3.1	0.6	4.7	21.1	0.4
宿迁	7.7	35.9	0.4	1.4	83.5	0.1
苏南	1 925.7	−1.2	89.8	1 222.3	−3.4	95.9
苏中	159.9	−0.2	7.5	39.5	14.8	3.1
苏北	58.4	−12.5	2.7	12.3	27.2	1.0

资料来源：江苏省商务厅网站。

（三）加工贸易出口情况比较

江苏省加工贸易出口商品主要包括机电产品，以光电技术、计算机集成制造技术、生命科学技术及航空航天技术为主的高新技术产品，服装及衣着附件，纺织纱线织物及制品，家具及其零件，液晶显示板，自动数据处理设备的零件，手机零件等。由于处在国际分工产业链的低端，加工贸易基本上是贴牌生产，技术含量和附加值较低，增长数量与增长质量不平衡。尤其是受国际金融危机的冲击，近年来，作为中国的加工贸易大省，江苏遭遇了前所未有的挑战，加工贸易进出口在外贸大盘中的占比连续 8 年下降。2013 年，江苏三大区域的加工贸易同比均为负增长，尤其以过去的加工贸易基地苏南地区最为突出，其加工贸易同比负增长 6.8 个百分点（见表 10—3）。

从区域角度分析，江苏省加工贸易的重点区域仍然在苏南地区，全年接近 90%的加工贸易出口额由这一地区完成。尤其是苏州，2013年加工贸易出口额占全省的2/3。就增幅而言，除常州之外，其余加工贸易出口同比为正增长的城市均位于苏中和苏北，淮安、盐城、宿迁、南通、扬州五市的同比增速远高于苏南主要加工贸易出口城市。苏南城市外贸发展重点已转向转型升级、加快提高创新能力、调整产品结构和市场布局，并已取得一定成效。以加工贸易最为集中的苏州、无锡为例，目前向新兴产业和高技术项目延伸的加工贸易企业已近500家，开展科技研发的企业达到200家，有155家企业创立了自主品牌。截至2013年6月，苏州已有外资研发机构623家，其中独立研发企业106家，非独立研发中心517家，单个研发机构的平均累计研发投入超千万美元。其中，格兰富水泵中国研发中心、伊顿电气全球研发中心等已发展成为其母公司在本土以外最大的专项领域研发中心。随着苏中和苏北地区承接产业转移进程的加快和机电出口基地建设的重要作用的发挥，江苏三大区域的加工贸易出口将会呈现出新的趋势。

表10—3　2013年江苏省加工贸易出口额的区域对比

	加工贸易出口额（亿美元）	同比增幅（%）	占全省的比重（%）
全省	1 500.6	−6.3	100.0
南京	99.8	−16.1	6.7
无锡	183.6	−8.7	12.2
常州	57.0	19.2	3.8
苏州	990.1	−6.6	66.0
镇江	16.7	−2.7	1.1
南通	73.0	7.6	4.9
扬州	23.2	2.8	1.5
泰州	26.2	−22.3	1.8
徐州	5.4	−36.9	0.4
连云港	6.8	−2.2	0.5
淮安	8.2	8.1	0.6
盐城	7.7	10.8	0.5
宿迁	2.6	16.2	0.2
苏南	1 347.3	−6.8	89.8
苏中	122.4	−1.4	8.2
苏北	30.9	−4.9	2.1

三、江苏、浙江、广东、山东外贸发展比较

（一）进出口总额比较

改革开放以来，江苏、浙江、广东、山东等沿海省份在发展对外贸易的过程中都较好地处理了发展的动力、能力和市场需求之间的关系，发挥了各省的地缘优势、体制优势、产业优势和环境优势，大力实施“走出去，请进来”战略，对外贸易都取得了长足的发展。由表10—4、表10—5和图10—1可知，进入21世纪的十几年来，江苏、浙江、广东、山东四

省的外贸进出口额除在2009年受金融危机影响出现负增长之外，在2011年之前都保持着两位数的高速增长。自2012年以来，增长速度放缓，尤其是江苏省外贸增长速度连续两年都低于3%，体现了后金融危机时代区域经济发展中稳定增长、调整结构的迫切性。

在江苏、浙江、广东、山东四省中，广东省的进出口额始终处于第一的位置，2001年其进出口总额为1 765亿美元，超过江苏、浙江、山东三省的总和，2013年，广东省进出口总额依然远超其他三省，率先成为进出口总额突破万亿元的大省。江苏省的进出口总额的绝对数量始终保持在第二的位置，2013年其进出口总额达到5 508.4亿美元，是浙江省的1.64倍和山东省的2.06倍。浙江省除了2009年受到金融危机的影响以外，从2001年到2008年进出口总额的增长速度一直保持着很高的水平，但是从2009年到2013年，无论是绝对量的增幅还是相对量的增幅都下降得较快。山东省在2001年的进出口总额仅为290亿美元，到2013年达到2 672亿美元，在12年时间里进出口总额扩大了将近10倍，但相对来讲，总量仍不及珠三角和长三角地区。

表10—4　　2001—2013年江苏、浙江、广东、山东四省进出口额比较　　（单位：亿美元）

地区＼年份	2001	2003	2005	2007	2009	2011	2013
江苏	514	1 137	2 279	3 497	3 388	5 398	5 508.4
浙江	328	614	1 074	1 769	1 877	3 094	3 358
广东	1 765	2 835	4 280	6 340	6 111	9 133	10 918
山东	290	447	769	1 226	1 386	2 360	2 672

表10—5　　2001—2013年江苏、浙江、广东、山东四省进出口总额增长率　　（%）

地区＼年份	2001	2002	2003	2004	2005	2006	2007	2008	2009	2010	2011	2012	2013
江苏	24	37	62	50	33	25	23	12	−14	37	16	2	0.5
浙江	22	28	46	39	26	30	27	19	−11	35	22	1	7
广东	17	25	28	26	20	23	20	8	−11	28	16	8	11
山东	21	17	32	36	26	24	29	29	−12	36	25	4	9

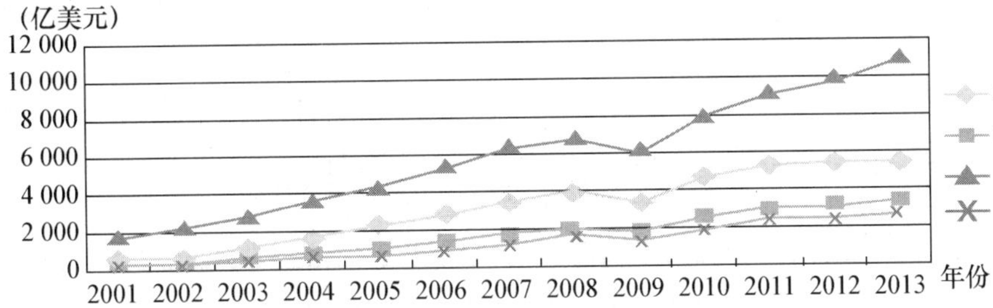

图10—1　2001—2013年江苏、浙江、广东、山东进出口总额走势

（二）贸易类型比较

由表10—6、表10—7、表10—8、表10—9可以看出，一般贸易一直是浙江省的主要贸易模式，其主体是民营企业。除浙江外，其他三省的进出口贸易都是集中于加工贸易，尤

其是进料加工贸易，无论是出口还是进口，其数量相对于其他贸易类型都有明显的优势。同时，四省进出口贸易中出口均大于进口，反映出四省均为出口导向型经济发展模式，其中广东省的进出口差额最大，2013 年广东省仅进料加工贸易一项的进出口差额就为一千多亿美元，远远超过其他三省。浙江省虽然进料加工贸易出口额低于其他三省，但一般贸易出口额超过其他三省，2010 年其一般贸易出口额达到 1 450 亿美元，仅次于广东省，浙江省的进口额较少，尤其是来料加工装配贸易，2013 年进口额仅为 13 亿美元。

表 10—6　**2010—2013 年江苏不同贸易类型的进出口额**　（单位：亿美元）

贸易类型	2010		2011		2012		2013	
	出口	进口	出口	进口	出口	进口	出口	进口
一般贸易	989	666	1 262	881	1 395	797	1 455	877
来料加工装配贸易	237	303	223	258	214	207	177	206
进料加工贸易	1 361	626	1 499	685	1 388	654	1 323	630
保税监管场所进出境贸易	80	132	62	142	28	138	31	120
海关特殊监管区域物流获取	29	144	71	224	247	333	292	333

表 10—7　**2010—2013 年浙江不同贸易类型的进出口额**　（单位：亿美元）

贸易类型	2010		2011		2012		2013	
	出口	进口	出口	进口	出口	进口	出口	进口
一般贸易	1 450	494	1 765	653	1 797	624	1 963	632
来料加工装配贸易	24	16	25	19	25	17	22	13
进料加工贸易	306	141	335	153	322	136	300	131
保税监管场所进出境贸易	15	38	29	59	39	68	36	64
海关特殊监管区域物流获取	8.3	31	7.6	35	6.7	24	10.1	20

表 10—8　**2010—2013 年广东不同贸易类型的进出口额**　（单位：亿美元）

贸易类型	2010		2011		2012		2013	
	出口	进口	出口	进口	出口	进口	出口	进口
一般贸易	1 492	1 193	1 837	1 371	1 903	1 389	2 148	1 542
来料加工装配贸易	514	331	499	312	417	263	359	238
进料加工贸易	2 242	1 375	2 616	1 650	2 832	1 787	2 875	1 795
保税监管场所进出境贸易	281	365	363	433	585	613	965	945
海关特殊监管区域物流获取	3.3	14	3.4	17.3	3.8	22.2	18.6	17.5

表 10—9　**2010—2013 年山东不同贸易类型的进出口额**　（单位：亿美元）

贸易类型	2010		2011		2012		2013	
	出口	进口	出口	进口	出口	进口	出口	进口
一般贸易	497	477	647	656	688	742	760	909
来料加工装配贸易	75	43	558	277	87	49	87	45

续前表

贸易类型	2010		2011		2012		2013	
	出口	进口	出口	进口	出口	进口	出口	进口
进料加工贸易	423	215	474	225	457	217	439	216
保税监管场所进出境贸易	13	36	16	22	21	27	43	52
海关特殊监管区域物流获取	1.8	5.8	2.6	14	6.5	32	8.6	41

从发展趋势来看，江苏、广东、山东三省近年来一般贸易都呈逐步增长的趋势（见图 10—2、图 10—3、图 10—4、图 10—5）。江苏和山东两省的一般贸易均已超过其他贸易类型，成为其对外贸易的最重要部分。广东省一般贸易也有增长，但总体还是以进料加工贸易为主要形式。由此可见，江苏、浙江、广东、山东沿海四省的贸易类型已经逐渐分异为：一般贸易为主（浙江）、一般贸易增长迅速（江苏、山东）、进料加工贸易为主（广东）三种类型。由此可见，随着沿海地区经济结构调整进程的推进，一般贸易在对外贸易类型中的比重将会日益提升。其他贸易类型中，江苏和山东两省海关特殊监管区域物流获取进出口额增长较快，尤其是江苏，增长了约十倍，浙江、广东两省增长并不显著。

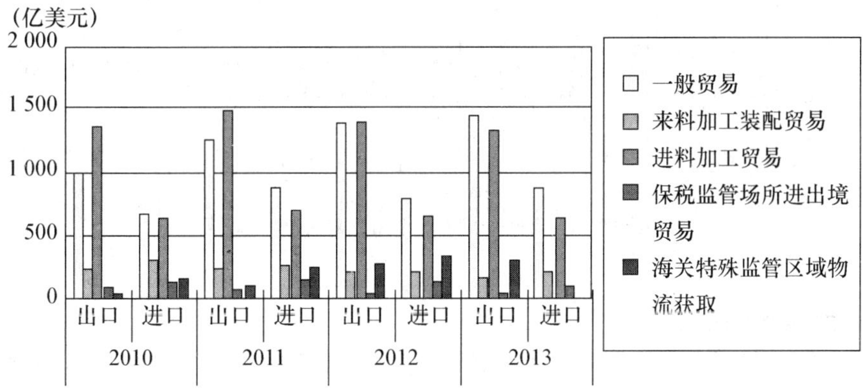

图 10—2　2010—2013 年江苏对外贸易类型

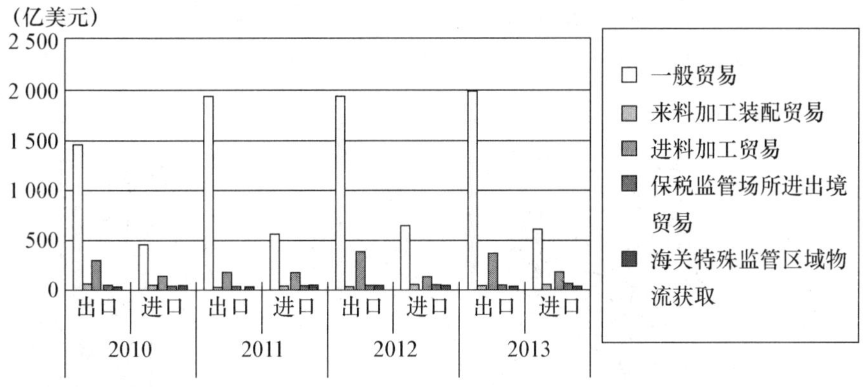

图 10—3　2010—2013 年浙江对外贸易类型

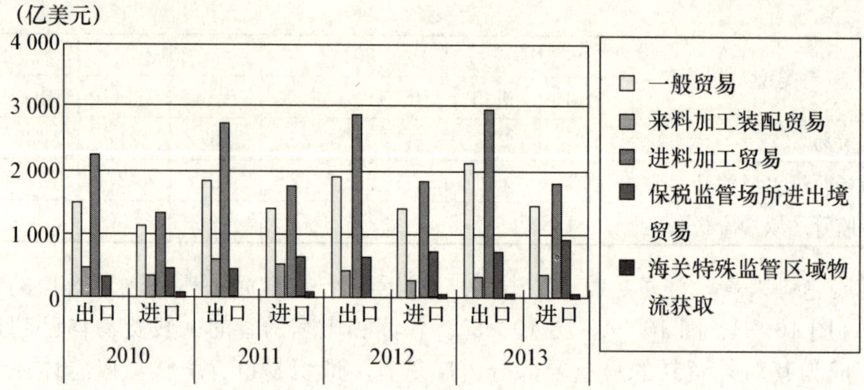

图 10—4　2010—2013 年广东对外贸易类型

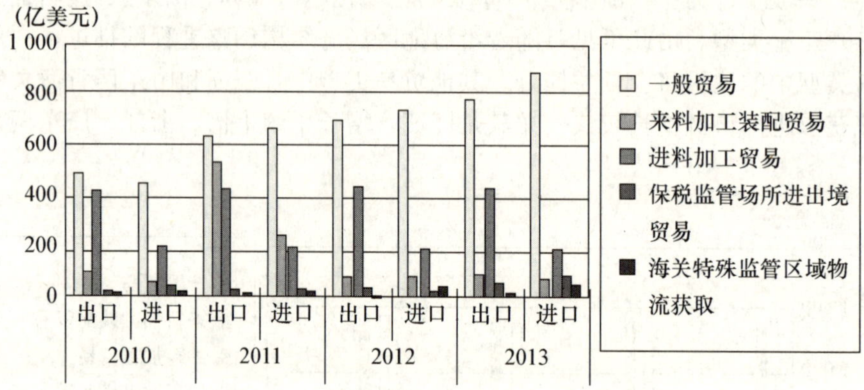

图 10—5　2010—2013 年山东对外贸易类型

（三）市场类型比较

从宏观的角度来看，2013 年，江苏、浙江、广东、山东四省对亚洲的进出口总额最大，所占比重达到 58%，其中广东更是达到 66%；其次是欧洲和北美洲，占比分别为 15%和 14%。四省对大洋洲的进出口总额占比最小，为 3%。山东对大洋洲的进出口贸易所占比重最大，为 9%，广东最小，仅为 2%。浙江与欧洲的进出口贸易所占比重远高于其他三省，而与亚洲的进出口贸易所占比重低于其他三省（见图 10—6、图 10—7、图 10—8、图 10—9、图 10—10 及表 10—10）。

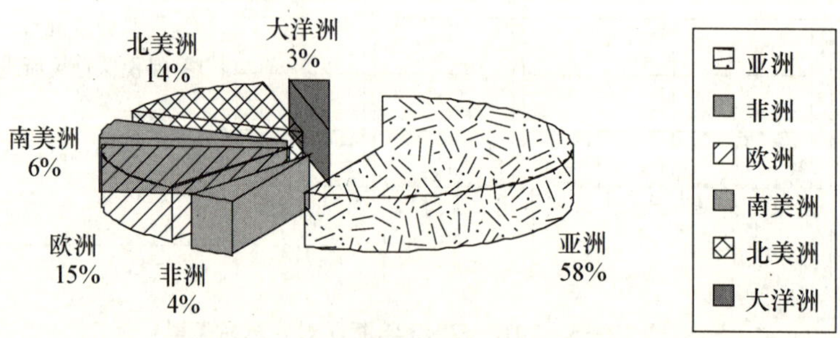

图 10—6　2013 年江苏、浙江、广东、山东四省对外贸易结构

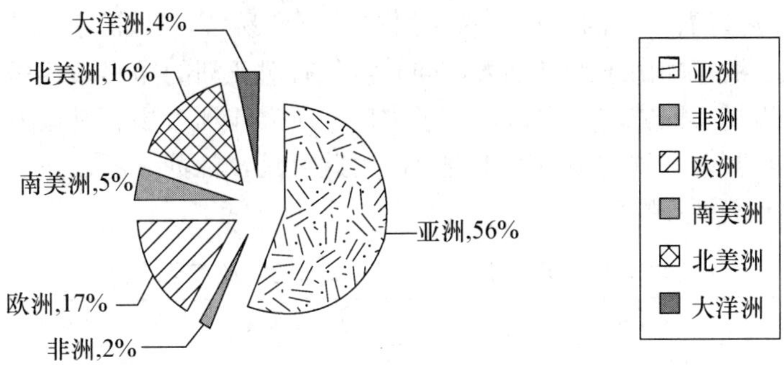

图 10—7 2013 年江苏对外贸易结构

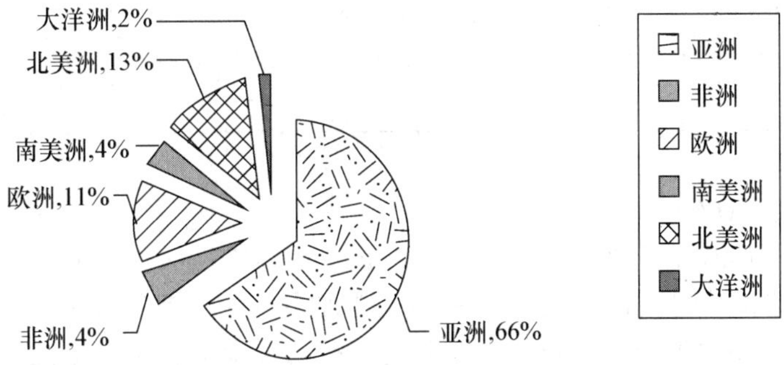

图 10—8 2013 年广东对外贸易结构

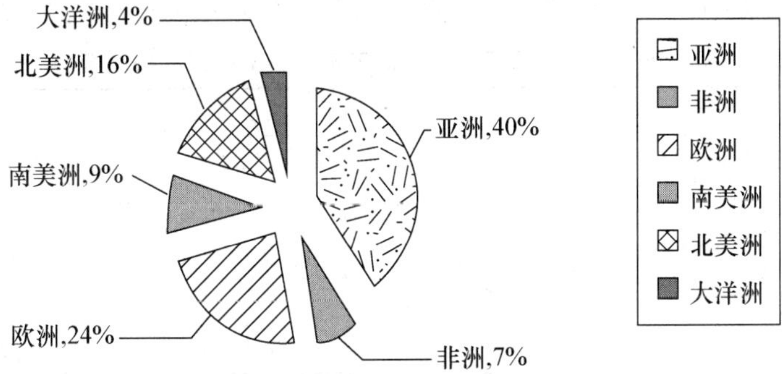

图 10—9 2013 年浙江对外贸易结构

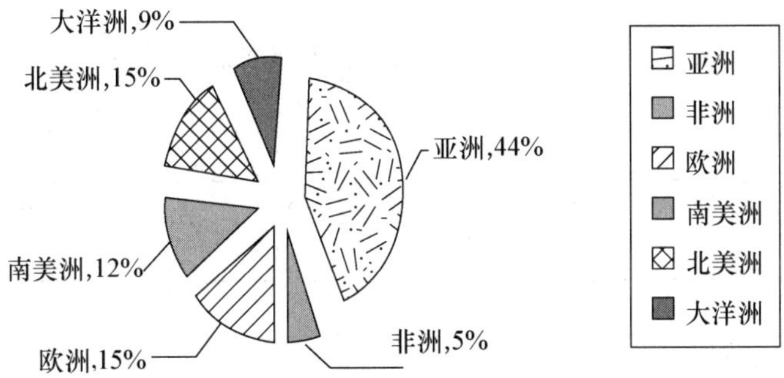

图 10—10 2013 年山东对外贸易结构

由表 10—10 可以看出，四个省对六大洲的对外贸易中，广东对亚洲市场的进出口额最大，江苏次之，浙江和山东差异不大，同时，各省对亚洲的净出口或净进口均不大。对北美、欧洲两大市场，四省均是出口远大于进口。对大洋洲市场，进口大于出口。对非洲市场，除广东外，其余三省均出口大于进口。由此可见，江苏、浙江、广东、山东主要的贸易顺差市场为北美洲和欧洲。

表 10—10　2013 年江苏、浙江、广东、山东的外贸市场结构　（单位：亿美元）

地区	亚洲		非洲		欧洲		南美洲		北美洲		大洋洲	
	进口	出口	进口	出口	进口	出口	进口	出口	进口	出口	进口	出口
江苏	1 536	1 569	26	93	268	644	90	197	195	703	106	87
浙江	506	847	24	201	124	681	61	241	84	457	72	60
广东	3 162	3 480	273	146	356	792	110	283	293	1 002	123	86
山东	555	627	60	85	143	256	230	102	164	238	173	38

（四）产品类型比较

由表 10—11 可知，四省份中广东的工业制成品出口额最大，而山东的初级产品出口额最大，但是相对来讲，四省的出口产品均以工业制成品为主。近三年工业制成品出口额均呈大幅增长的趋势，而初级产品增幅很小。由表 10—12 可知，江苏、浙江、广东、山东四省进口同样以工业制成品为主导。不同的是，江苏、广东两省的工业制成品进口额远高于初级产品，且初级产品进口额的增长幅度很小，而浙江、山东两省并没有明显呈现出这样的特点。

表 10—11　2010—2013 年江苏、浙江、广东、山东出口产品类型　（单位：亿美元）

地区	2010		2011		2012		2013	
	初级产品	工业制成品	初级产品	工业制成品	初级产品	工业制成品	初级产品	工业制成品
江苏	44	2 661	61	3 065	55	3 190	53	3 194
浙江	63	1 741	89	2 074	101	2 144	103	2 384
广东	57	4 810	70	5 572	75	6 108	81	6 861
山东	127	1 627	134	1 864	150	1 916	152	2 126

表 10—12　2010—2013 年江苏、浙江、广东、山东进口产品类型　（单位：亿美元）

地区	2010		2011		2012		2013	
	初级产品	工业制成品	初级产品	工业制成品	初级产品	工业制成品	初级产品	工业制成品
江苏	280	1 673	378	1 894	330	1 817	346	1 832
浙江	192	539	279	651	275	604	285	585
广东	98	3 545	120	3 923	138	4 345	149	5 023
山东	123	483	174	562	216	496	258	586

（五）企业类型比较

由表 10—13 可知，江苏、广东两省的外贸企业类型主要是三资企业，但近三年三资企业出口额增长缓慢，私营经济出口额增长较快。浙江省以私营企业为主要企业类型，三资企业占比远低于私营企业，且出口额增幅较小，体现了三省不同的经济结构和发展模式。国有企业和集体企业出口额在三省出口总量中所占比重都不大，且没有明显的增长。

表 10—13　2010—2013 年江苏、浙江、广东、山东不同企业类型的出口额　（单位：亿美元）

地区	企业类型	2010	2011	2012	2013
江苏	国有企业	243	265	276	288
	三资企业	1 923	2 152	2 047	1 942
	集体企业	54	61	69	59
	私营企业	—	645	891	997
浙江	国有企业	182	211	206	193
	三资企业	581	653	630	621
	集体企业	111	118	103	94
	私营企业	926	1 176	1 300	1 573
广东	国有企业	545	567	519	505
	三资企业	2 818	3 248	3 405	3 573
	集体企业	164	180	151	151
	私营企业	999	1 318	1 661	2 131

第十一章 江苏外贸发展的影响因素和趋势

一、江苏外贸发展的有利因素

（一）国内区域经济发展布局的地位提升

区域经济布局在我国宏观经济全局中的地位越来越重要，发展思路也越来越清晰。其中，长江经济带所涉省市，经济发展差异较为明显，提供了较好的分工协作基础。长江经济带涉及9省2市，有助于在上中下游形成全要素流动的开放统一的市场体系，依托各自的比较优势，加强产业分工协作。江苏省作为长江经济带上的外贸第一大省，在外贸发展中的领军作用毋庸置疑。长江航运量75%集中在江苏段，这是建立“承上启下”的进出口仓储、交易中心的良好基础。此外，依托长江航道，亦可打开产业转移和转型的双赢局面。苏南现代化示范区建设、苏中转型发展、融合发展和苏北振兴等国家和省级层面既有战略与重大部署的深入实施，将会进一步推动区域经济发展，进而促进外贸发展。

（二）“一带一路”国际化经济发展战略布局展开

习近平在2013年9月和10月分别提出了建设“新丝绸之路经济带”和“21世纪海上丝绸之路”的战略构想。迄今，已经有50多个国家明确表示愿意参与“一带一路”战略。这意味着，在欧亚大陆上至少有一半的国家已经明确表示愿意参与，愿意参与的国家的数量还在不断增加。江苏是新亚欧大陆桥经济走廊的重要节点，这一战略布局的展开，将对江苏省未来拓展国内和国际两个市场的新空间持续发挥积极作用。此外，上海自贸区和丝绸之路经济带建设也为江苏外贸经济发展带来了新的机遇。结合这些跨区域国际化经济发展战略与布局，江苏省外贸经济将会充分发挥稳增长、调结构的示范效应，加大创新力度，实现新的发展目标。

（三）由全球价值链到国内价值链的转变

在相当长的一段时间里，中国依靠廉价的劳动力资源和自然资源加入由跨国公司构建并主导的全球价值链中，江苏作为全国经济发展的“领头羊”也积极参与其中并获得了长足的发展。近年来，这种发展方式越来越不可持续，它使得中国的企业被压在价值链的低端，始终处于微利化的境地。搭建国内价值链（NVC）可以把潜在的内需变成产业基础的市场需求，代工企业在当前经济局势下选择加入国内价值链，是利用国内市场走出处于全球价值链（GVC）低端环节的困境、实现价值链升级的重要路径。江苏的经济发展中制造业占了很大比重，加入国内价值链的构建，可以使企业走出微利化的境地，促进江苏外贸的持续繁荣。

（四）人民币的不断升值为江苏省部分出口企业带来利好

人民币升值导致进口产品价格相对下降，从而对江苏部分出口企业产生正面影响，主要表现在三个方面：第一，人民币升值使得原材料的进口价格相对下降，有利于需要以进口原材料作为中间投入的部分出口企业节约外汇成本；第二，人民币升值使得中间产品和核心部件的进口价格相对下降，有利于需要进口中间产品和核心部件的部分组装企业节约外汇成本；第三，人民币升值使得国外先进设备的进口价格相对下降，有利于需要进口国外先进设备以提升技术和效率的部分出口企业节约外汇成本。

二、江苏外贸发展的不利因素

（一）国内制造业西迁给外贸发展带来压力

20 世纪 90 年代开始的以节约劳动力、土地、环境等资源成本为目的的国际产业大转移，是推动包括江苏在内的东南沿海省市经济和进出口贸易迅猛增长的重要力量。但是随着劳动力成本的不断提高和土地资源的日益紧张，国内东部地区对制造企业的吸引力开始下降，一批传统制造业和电子代工企业逐渐加快向劳动力、土地资源更加丰富的中西部地区挺进的步伐。比如，仁宝、和硕、维创、富士康等代工巨头已相继在重庆、四川等地建立了生产基地。在产业和贸易结构转型升级还没有完成的背景下，制造业加速西进可能会给江苏省外贸进出口带来阵痛。在这一产业转移背景下，江苏外贸发展必将加快创新，转变产业结构和贸易模式，适应新的区域角色和发展定位。

（二）外贸发展模式亟须转变

与日韩早期通过技术引进进行出口的发展模式不同，江苏省等中国沿海省市选择了“外商投资＋加工贸易”的外贸发展模式，这种模式在经济发展初期能够迅速推动当地外贸增长和产业结构调整，但是随着经济发展水平的不断提高，这种模式会越来越不适应当地自主创新和产业转型升级的发展要求。一方面，“外商投资＋加工贸易”企业的原料、设备、技术主要在国外，与当地产业关联度较低，技术溢出效应不足，对当地产业结构转型升级的带动作用有限；另一方面，“外商投资＋加工贸易”企业的迅猛发展，挤占了相当一部分本土企业的资源配置和发展空间，不利于本土企业的发展壮大和升级换代。

（三）贸易保护主义依旧存在

尽管世界经济增长有所起色，但不少国家失业率较高，发达国家更加重视发展实体经济，新兴经济体大力推进工业化进程，国际市场竞争更加激烈。一些国家采取贸易保护主义措施扶持本国产业，对市场开放持保守态度，全球贸易摩擦依然频发，美欧等频频通过贸易保护措施遏制以中国为代表的新兴经济体的出口。以光伏产品为例，欧盟自2013年6月6日起向中国输欧光伏产品征收11.8%的临时反倾销税，江苏是最大受害者，该事件涉及江苏一百多家企业（如尚德、天合、旺能和晶澳等），金额近百亿美元。欧盟是江苏省光伏产品最大出口市场，占光伏产品出口额的七成左右，在当前光伏产品出口的严峻形势下，欧盟这一贸易保护主义举措无异于雪上加霜。以主要光伏产品太阳能电池为例，2013年上半年，江苏、浙江分别出口29.4亿美元、5.7亿美元，同比锐降35.2%和45%，虽然同样是下降，但江苏出口规模远超浙江，所受负面影响更为严重。

（四）人民币的不断升值给江苏省部分出口企业带来沉重打击

人民币升值导致出口产品价格相对上升，从而对部分出口企业产生负面影响。人民币缓慢升值虽然不至于导致江苏企业出口快速下降甚至突然倒闭，但长期缓慢升值的后果却是江苏出口企业的利润越来越薄，特别是大量利用劳动力工资成本低这一比较优势来加工组装的出口企业，已有相当一部分处于无利或亏损状态。其更深层次的后果表现在两个方面：首先，大多数企业没有能力进行设备投入和研发投入以实现技术创新和产品创新，以及实现产品差异化的市场战略，出口产业的创新升级难以推进，只能长期停留在组装加工的价值链低端环节；其次，在人民币长期缓慢升值的大背景下，企业和投资者对出口行业的发展预期普遍不乐观，甚至十分悲观，这一方面导致企业自身不愿意继续投入和扩大规模，大量实业资本逃离出口行业而进入利润更高的投机领域，另一方面导致外部投资者也不愿进入出口行业，银行业同样不愿或者不敢支持出口企业，最终使江苏出口企业面临内外双重压力。

三、江苏外贸发展的趋势分析

（一）跨境电商发展迅猛

今后，将会有更多的传统外贸企业转型或者兼做跨境电商。其主要原因在于：首先，国家正在鼓励和推动跨境电商发展，这一政策导向已使无数外贸企业蠢蠢欲动；其次，已有越来越多的国家流行从中国网购，这些国外消费者越来越信任中国的网店，让中国外贸企业有了借助电子商务直面国外消费者的信心和决心；最后，外贸企业的成本越来越高，在国外进口商、批发商、零售商等的层层压榨之下利润越来越少，而跨境电商可绕开上述中间环节以保持利润。随着中国跨境电商零售出口产业步入高速增长的"新时代"，江苏也成了跨境电商交易销售额增速最快的三个省份之一。

（二）欧美市场订单趋多

2013年，美国经济已经开始逐步复苏，欧洲许多国家的经济也在趋好。2014年，欧美国家的经济不仅会继续保持复苏势头，而且将会以更快的速度恢复。这一点从欧美各国年终购物季零售业的积极表现，以及消费者高涨的购物热情中可窥见一斑。经济的加快复苏，以及消费者购买力的持续提升，会使欧美进口商们有更大的信心进口更多的商品，这对“中国制造”非常有利，中国外贸企业将借此机会接到更多的欧美订单。

（三）内外贸融合发展

稳外需是保增长、保民生、保稳定的现实需要，也是调结构、增效益、上水平的重要条件，任何时候都不能忽视甚至抑制外需。但是，长期依靠外需拉动增长的发展模式不可持续，只有以消费为主的内需才是经济增长的恒久动力。后危机时代，统筹好内外贸协调发展显得尤为重要。关于内外贸融合发展，南通叠石桥家纺市场颇具代表性。这个家纺市场创新形成“前店后厂、跨国直营”的营销模式开展外贸业务，抓住全国首批试点重点市场建设的机遇，加快将内贸优势与外贸优势相嫁接。目前，这个家纺市场已在俄罗斯、罗马尼亚、智利、南非、阿根廷等70多个国家和地区创办了300多家境外公司，在德国、南非、南美、中东、俄罗斯等地设立了分拨、物流、配送中心，海外商标注册超过30个。近年来，依托计算机网络和电子商务中心，该市场更是实现了国内与国际市场的融合互通。在泰州，兴达钢帘线公司坚持转型升级不动摇，以新品开发为龙头，以技术创新为重点，两个市场一起抓。其国内市场占有率超过30%，产量占国内40%以上，20%的销售额由出口实现。

（四）转型发展步伐加快

从“十一五”时期至今，江苏省制造业和外贸进出口迅猛发展，机电和高新技术产品出口比重进一步提高，并有相当一部分制造企业已进入了跨国企业全球产业分工体系。但是，这部分外贸企业仍处在跨国公司分工体系的末端，大部分企业只是从事简单的加工和装配，技术含量和产品附加值依然较低。例如，2012年，江苏省高新技术产业增加值率仅25%，而美国高新技术产业增加值率已达43%左右，日本和英国也在36%左右。江苏已经进入产业结构转型期，作为制造业大省，基础雄厚的IT产品制造业一直是江苏外贸出口的支柱。这些传统IT产业大多以代工方式生产经营，规模庞大但自主盈利能力相对较弱，近年来成本逐渐攀升，竞争优势减弱，导致订单“西移”和“外移”，对江苏省外贸出口的不利影响日益显现。以重庆为例，该市作为加工贸易梯度转移的重点承接地，以西永微电园和两江新区计算机制造基地为中心，辐射带动周边区县的计算机配套产业发展的“计算机整机+配套零部件”业已形成产业链，实现集群化发展。因此，“苦练内功”，加快转型升级，转变贸易增长方式，将是新时期江苏外贸工作的重点。2013年，在优势产业转型升级方面，江苏的出口产品结构改善，适应市场变化的能力增强。以船舶行业为例，在船舶和航运市场较为低迷的情况下，江苏省船舶行业调整产品结构，技术含量较高、市场需求较好的集装箱船逆势激增59.6%，显示出了良好的市场适应能力。

第十二章 江苏服务贸易发展概况与全球背景

一、江苏服务贸易发展概况

江苏省地处全国服务贸易重点地区长三角，把大力发展服务贸易作为外贸转型升级的重要举措。“十二五”以来，江苏省服务贸易迎来快速发展的机遇期。近年来，江苏省服务贸易进出口规模连上几个台阶。根据江苏省外管局统计，2011 年服务贸易进出口额突破 300 亿美元，2012 年突破 500 亿美元（见表 12—1），2013 年突破 700 亿美元。由 2000 年的 12 亿美元，到 2013 年的 710.06 亿美元，增长了近六十倍。江苏省服务贸易出口占全国的比重也逐年提升，由 2000 年的 1.8%提高到 2007 年的 3.01%，2010 年达 6.32%，2012 年达 10.96%，2013 年高达 13.6%，是我国重要的服务贸易前沿阵地。自 2001 年以来，江苏省服务贸易持续逆差，“十一五”期间累计逆差额达 158.7 亿美元，比“十五”时期增加了 84.8 亿美元。这种情形在“十二五”期间仍然在持续。这不仅反映了江苏贸易发展的情况，而且体现了发展中国家服务贸易初期阶段的基本特征。

江苏省服务贸易发展中，服务外包堪称一大亮点。2009 年以来服务外包规模连续 6 年位居全国第一，2013 年前 11 个月，实现服务外包 162 亿美元，同比增长 26.3%。业务形式涵盖业务流程外包、信息技术外包和知识流程外包，从软件服务、动漫创意，到工业设计、医药研发、供应链管理、金融后台服务等，范围拓展，层次提升。南京市反映信息技术水平的信息技术外包执行额占服务外包执行总额的 72%，苏州市体现研发能力的知识流程外包执行额约占 50%。

表 12—1　　2006—2012 年江苏服务贸易发展情况

年份	全国		江苏			
	进出口额（亿美元）	增速（%）	进出口额（亿美元）	增速（%）	出口额（亿美元）	进口额（亿美元）
2006	1 917.3	22.0	59.3	28.2	18.4	40.9
2007	2 509.1	30.9	75.5	27.3	23.5	52.0
2008	3 044.5	21.2	105.1	39.2	34.1	70.97
2009	2 868.0	−5.8	140.4	33.6	50.7	91.8

续前表

年份	全国		江苏			
	进出口额（亿美元）	增速（%）	进出口额（亿美元）	增速（%）	出口额（亿美元）	进口额（亿美元）
2010	3 624.2	26.4	229.0	63.1	99.7	129.4
2011	4 185.4	15.5	331.2	44.6	149.7	181.5
2012	4 710.0	12.5	516.4	55.9	235.0	285.8

资料来源：历年《中国统计年鉴》《中国服务贸易发展报告》《江苏服务贸易发展报告》。

二、世界服务贸易发展趋势

（一）总量持续快速增长

服务贸易是世界贸易的重要组成部分。现代科技革命与信息技术进步、经济全球化发展、国际产业结构调整等，有力地推动了全球服务业发展，为世界服务贸易发展提供了重要基础。如今，服务业与服务贸易的发展水平已成为衡量一个国家现代化水平的重要标志之一。过去十余年里，在世界经济增长与调整中，世界服务贸易发展迅速，在贸易结构、贸易方式、贸易竞争力等方面呈现出一些新变化。未来世界服务贸易仍有巨大的发展空间。1970 年，世界服务贸易的出口额为 710 亿美元，而 2007 年为 34 203 亿美元，2012 年达 43 499 亿美元。2013 年，世界服务贸易出口额为 46 450 亿美元，其中，运输服务贸易出口额为 9 050 亿美元，旅游服务贸易出口额为 11 850 亿美元，其他商业服务贸易出口额为 25 500 亿美元，都比上一年有显著增长（见表 12—2）。由此可见，近几十年来，世界服务贸易规模逐步扩大，已成为世界贸易中非常重要的组成部分。

表 12—2　　2000—2013 年世界服务贸易进出口额　　（单位：亿美元）

年份	进出口				出口				进口			
	总额	运输服务	旅游	其他商业	总额	运输服务	旅游	其他商业	总额	运输服务	旅游	其他商业
2000	29 548	7 656	9 197	12 718	14 910	3 464	4 762	6 684	14 638	4 192	4 412	6 034
2001	29 643	7 498	8 996	13 249	14 921	3 392	4 666	6 863	14 822	4 106	4 330	6 386
2002	31 582	7 713	9 422	14 447	15 969	3 547	4 863	7 559	1 563	4 166	4 559	6 888
2003	36 425	8 791	10 534	17 100	18 500	4 008	5 432	9 060	17 925	4 783	5 102	8 040
2004	43 935	11 011	12 476	20 448	22 478	5 020	6 480	10 978	21 457	5 991	5 996	9 470
2005	48 964	12 506	13 523	22 935	25 127	5 691	7 003	12 433	23 837	6 815	6 520	10 502
2006	55 014	13 943	14 530	26 541	28 418	6 357	7 591	14 470	26 596	7 586	6 939	12 071
2007	65 941	16 664	16 743	32 534	34 203	7 661	8 728	17 814	31 738	9 003	8 015	4 720
2008	74 794	19 419	18 265	37 110	38 464	8 903	9 587	19 974	36 330	10 516	8 678	17 136
2009	67 737	15 249	16 647	35 841	34 814	6 935	8 729	19 150	32 923	8 314	7 918	16 691
2010	74 330	17 873	18 090	38 367	38 197	8 067	9 495	20 635	36 133	9 806	8 595	17 732
2011	83 005	19 970	20 122	42 913	42 583	8 793	10 669	23 121	40 422	11 177	9 453	19 792
2012	85 022	20 350	21 053	43 619	43 499	8 919	11 107	23 473	41 523	11 431	9 946	20 146
2013	90 250	20 700	22 550	46 350	46 450	9 050	11 850	25 500	43 800	11 650	10 700	20 850

资料来源：WTO 国际贸易统计数据库（International Trade Statistics Database）、中国商务部。

（二）贸易结构调整加快

在世界服务贸易发展中，贸易结构呈现出由传统服务贸易逐渐向现代服务贸易倾斜的趋势。这表现为运输、旅游等传统服务贸易所占比重下降，而以其他商业服务（主要包括通信、建筑、保险、金融、计算机和信息服务、专有权利使用和特许、咨询、广告宣传、电影音像）为代表的现代服务贸易发展迅速，增长强劲，所占比重提升。从表12—3和表12—4中可以看出，在过去十年中，服务贸易结构趋向高级化的变化趋势更加明显，其他商业服务已成为世界服务贸易中贸易额最大、增长最快的类别，年贸易额占世界服务贸易出口总额的一半以上。WTO的统计数据显示，2000—2009年，其他商业服务贸易持续快速增长，年均增长率达到12%，高于同期世界服务贸易整体9%的年均增幅，比年均增长8%的运输服务、年均增长7%的旅游服务分别高出4个和5个百分点。2005—2010年，世界服务贸易出口额年均增长8%，其中运输服务年均增长7%，旅游服务年均增长6%，其他商业服务年均增长9%。

表12—3　　各类服务占世界服务贸易出口总额的比重　　（%）

	2000	2005	2011	2012	2013
世界服务贸易	100	100	100	100	100
运输服务	23.2	22.6	20.5	20.2	19.5
旅游	32.0	27.9	24.8	25.1	25.5
其他商业服务	44.8	49.3	54.5	54.5	54.9

资料来源：WTO国际贸易统计数据库，2013年。

表12—4　　各类服务占世界服务贸易进口总额的比重　　（%）

	2000	2005	2011	2012	2013
世界服务贸易	100	100	100	100	100
运输服务	28.6	28.6	27.4	27.3	26.6
旅游	30.1	27.4	23.4	23.9	24.5
其他商业服务	41.2	44.0	48.0	47.5	47.6

资料来源：WTO国际贸易统计数据库，2013年。

增长速度的差异导致了服务贸易结构的变化。2000—2010年，运输服务在世界服务贸易中所占的比重基本保持稳定，2000年为23.4%，2009年略降到20.9%，2010年回到21.4%；旅游服务所占的比重呈下降之势，由2000年的32.1%下降到2005年的27.7%，2010年为25.5%；而其他商业服务所占的比重显著提升，2000年为44.5%，2006年首次超过50%，2009年和2010年进一步提高到53.1%。2013年，其他商业服务贸易出口额在世界服务贸易出口总额中所占的比重已高达54.9%，进口额所占的比重也已接近一半，为47.6%。由此可见，世界服务贸易之所以越来越向资本、知识、技术密集型的其他商业服务聚集，主要是因为世界经济结构不断向服务经济转型，从而加快了服务贸易的发展与升级。

（三）地区不平衡可能加剧

由于科技、经济及服务业发展的不平衡，世界各国的服务贸易水平及在国际服务市场上的竞争实力相差悬殊，服务贸易发展的地区不平衡性突出，预计这种不平衡性将在较长时间内存在。从地区结构看，世界服务贸易主要集中在欧洲、北美洲和亚洲三大地区。目前，世界服务贸易的85%左右集中在发达国家和亚洲新兴经济体，欧洲则保持服务贸易额居首的地位。就国家而言，发达国家在世界服务贸易中始终占据主导地位，发展中国家的地位趋于上升。与发达国家相比，发展中国家的服务业和服务贸易规模仍较小，尤其是现代服务项目不具有竞争优势。这种格局明显体现在世界服务贸易的发展过程中，发展中国家大多是服务贸易逆差国，发达国家则长期保持着服务贸易顺差（见表12—5、表12—6）。从国别来看，美国、英国、德国是排名前三的世界服务贸易出口国，美国、中国、德国是服务贸易进口排名前三的国家。

表12—5　　2013年世界主要国家和地区服务贸易出口情况

排名	国家/地区	服务贸易出口额（10亿美元）	比重（%）	年增长率（%）
1	欧盟	891	25.2	6
2	美国	662	18.7	5
3	中国内地	205	5.8	7
4	印度	151	4.3	4
5	日本	145	4.1	2
6	中国香港	133	3.8	6
7	新加坡	122	3.5	4
8	韩国	112	3.2	1
9	瑞士	93	2.6	5
10	加拿大	78	2.2	0

资料来源：WTO国际贸易统计数据库，2013年。

表12—6　　2013年世界主要国家和地区服务贸易进口情况

排名	国家/地区	服务贸易进口额（10亿美元）	比重（%）	年增长率（%）
1	欧盟	668	19.7	4
2	美国	432	12.7	4
3	中国	329	9.7	18
4	日本	162	4.8	−7
5	新加坡	128	3.8	4
6	印度	125	3.7	−3
7	俄罗斯联邦	123	3.6	18
8	韩国	106	3.1	1
9	加拿大	105	3.1	−1
10	巴西	83	2.5	7

资料来源：WTO国际贸易统计数据库，2013年。

（四）服务外包潜力巨大

离岸外包是企业充分利用企业外部资源进行产业转移，实现全球资源优化配置的一种形式。离岸外包兴起于制造业，但进入 21 世纪以来，服务业全球化的趋势日益增强，离岸服务外包已经成为经济全球化的主要载体，是新一轮全球产业结构调整和国际产业转移的主要推动因素。据麦肯锡预测，全球离岸服务外包市场容量将从目前的 800 亿美元增长到约 5 000 亿美元。

当前，世界服务外包发展已呈现出新的趋势和特点。首先，近年来，随着全球产业结构调整速度加快，国际分工日益细化，服务外包产业链正加速向上下游两端延伸，尤其是向上游的研发设计环节、下游的售后服务环节延伸。业务类型逐渐由基础信息技术层面的外包业务向较高层次的流程外包业务拓展，长期占据主导地位的全球信息技术服务外包总量已经开始下降，业务流程外包开始成为主流，知识流程外包虽然仅占非常小的比例，但是上升的空间非常大。其次，受金融危机的影响，很多国家和地区开始呈现出低迷的发展趋势，但是在亚太地区服务外包市场还是非常活跃，增长非常迅速，一些跨国公司在调整外包业务布局的同时仍在拓展服务外包的深度与广度。最后，跨国公司高端服务业转移的加速，推动了全球服务外包价值链向高端发展。跨国公司离岸外包的目的已经不仅仅是降低人力成本，而是充分利用各国人才和创新要素，向开发新产品、新业务、新技术等综合能力转变。

（五）服务贸易壁垒隐蔽化

与货物贸易相比，服务产品具有无形性，服务的生产与消费具有同步性和跨国界的特点。与货物贸易通过关税壁垒实施保护不同，服务业没有关税，壁垒也很难量化，因此，服务贸易壁垒也更加隐蔽。在过去十多年里，随着竞争压力的加大，许多国家对服务业管制进行了改革，减少了对服务业贸易与投资的国际壁垒，国际跨境贸易空间日益得到拓展，国内服务业也实现了强劲增长。但也要看到，尽管各国在放松服务贸易管制方面取得了一些进展，但各种管制仍在阻碍增长和创新。在世界服务贸易中，以国家安全为借口的限制、针对商业存在和自然人的限制、贸易政策的普遍适用问题、行业限制等壁垒措施仍普遍存在。在国际金融和经济危机中，面对国内生产与就业遭受重创，服务贸易领域也出现了保护主义倾向，服务贸易壁垒有所增加，比如，有些国家出台了“购买本地服务”之类的措施，对外国服务提供者进入本国市场和在境内的服务活动设置障碍，减少服务外包，对本国服务出口实行隐蔽补贴等。在经济全球化的背景下，服务贸易自由化是大势所趋。全球各国逐渐削减服务贸易壁垒，将为世界服务贸易发展提供良好环境。

第十三章 江苏外贸发展的对策

一、培育制造业新竞争优势

江苏要培育传统制造业的新竞争优势，以劳动力素质提高、效率提升和技术进步为基础，打造轨道交通、电子通信、工程机械、船舶等行业的综合竞争优势，推动传统制造业焕发新活力，如借力国家高铁设备出口的契机，推动常州铁路设备制造集群化发展，还可发展高端装备制造、集成电路、新能源汽车、新材料等战略性新兴产业，在国际市场上拓展高附加值出口产品的发展空间，塑造“江苏智造”的全新形象。江苏省传统制造业已具备较强的比较优势，应通过“走出去”的方式，利用“两个市场、两种资源”，化解矛盾和压力。一是促进冶金、建材等产业对外投资，转移部分过剩产能，缓解出口规模庞大引发的贸易摩擦问题，同时减轻能源和环境压力；二是通过跨国贸易和投资，利用国际市场上的科技、知识、人才等高端资源，搭建全球资源整合和要素聚集新平台，把培育内生发展能力与参与全球价值链分工结合起来，提升综合实力和国际竞争力。此外，要完善对新技术外贸企业的孵化体系，助推“小型化、智能化、专业化”外贸企业发展，以形成未来发展的技术突破口。

二、推动新型贸易业态发展

要顺应新时期商贸业务发展的需求，打造多个跨境电子商务平台，实现电子商务服务业融合发展。充分提高贸易便利化水平，创新通关业务模式，规范结汇、退税等问题，延伸电商行业产业链，实现线上线下业务互动，以及上下游配套衍生服务充分衔接，逐步形成跨境电子商务监管新体系，完善相关配套管理制度。学习并引入发达国家和发达地区先进的贸易业态，依托创新监管方式，合理试点，加速“市场采购”贸易方式和进口保税仓库等的普及。在制造业前景堪忧的背景下，加快新贸易业态的发展，争取使其成为江苏外贸新的突破口。

三、大力鼓励企业对外投资

适应全球价值链整合发展的要求，应对国际贸易壁垒问题，推动企业“走出去”，在世界范围内配置资产，带动相关设备、产品与服务的输出。一是以“一带一路”为抓手，大力推进与周边国家的基础设施建设合作，充分发挥中国在铁路、城市轨道建设等领域的优势，支持大型企业承揽国际重点项目，并推动中小企业进行相关配套产品供应，拉动出口增长。二是支持企业拓展在欧美发达国家的投资，尤其重视获取智能制造、现代金融等高端制造业与服务业合作的机会，采取以资本换技术的策略。三是积极开展与俄罗斯的双边贸易和投资，推进石油、天然气领域的项目合作，优化能源在全球的合理配置，保证国家能源战略安全。四是引导企业在海外投资过程的中，充分运用当地的劳动力、土地、资金，形成产业集群或生产环节集成，为中国构建全球价值链体系奠定基础。五是充分认识中国对外贸易总量已经达到世界最高水平，继续实施技术模仿策略作用空间较小的现实，发挥政府的导向作用，全面积极培育“技术、质量、品牌”相融合的出口产品竞争优势，加大自主品牌的推广力度，增强技术的自主研发和创新能力，为企业“走出去”提供基础性保障。

四、进一步促进苏中、苏北形成出口产业集群

依靠高新产业，形成产业集群，支撑起全省经济的增长，这是提高外贸质量和经济发展水平的唯一途径。从历史上看，每一次经济危机过后，都会有一次全新的产业飞跃。对经济相对落后的苏中、苏北地区而言，应该牢牢锁定在这次金融危机中立于不败之地的行业，集中力量推动这些高新技术行业的发展，最终实现区域产业结构的优化和升级。2010年，全省共有科技兴贸出口创新基地 13 家，主要分布于苏南，苏中、苏北仅有 2 家，分别是泰州生物医药出口基地和东海硅材料出口基地。同期，全省 12 家机电产品出口基地中，苏中拥有扬州金属板材加工设备出口基地、启东电动工具出口基地、泰州船舶出口基地和不锈钢特钢出口基地 4 家，苏北仅拥有徐州工程机械出口基地、金湖石油机械出口基地 2 家。出口基地建设在促进产业集聚、激励自主创新、加快品牌培育、提升规模经济等方面具有重要作用。应加强苏中、苏北的出口基地建设，以特色产业、龙头企业和拳头产品为基点，推动出口产业链向两端延伸，进一步推动当地的产业调整和开放型经济发展。

五、多元化开拓国际市场，扩大出口容量

当前，江苏省的出口虽然呈现多元化趋势，但是出口市场的分布不均衡，过度集中于欧、美、日等国家和地区，而近年来，由于贸易逆差较大，这些国家和地区针对我国各类商品设置的贸易壁垒也随之增多，反倾销措施也较以往更为苛刻，这对江苏的产品出口构成了很大的威胁。因此，企业应积极开拓新的出口市场，寻找新的出口增长点。江苏省的企业生产的某些商品出口到欧盟、美国，在技术和质量上不存在明显的优势，况且又是廉价产品，利润较低，这时候就应该主动转变出口方向，转而与其他经济发展水平类似的发展中国家和地区发展进出口贸易，江苏省企业生产的产品在这些国家和地区的市场上具有一定的优势。

六、积极采取措施，提高内资企业的自主创新能力

内资企业只有提升自身的综合能力，才能在激烈的竞争中获得优势，只有通过自主创新才能拥有可观的发展前景，内资企业可以从四个方面来推动自主创新：首先，大量引进技术型人才，为科学技术创新提供充足的人力储备；其次，加大对科研项目的资金投入力度，为产品创新及技术革新提供充足的物质支持；再次，加强对员工综合素质的培训，提高管理者自身的素养，为企业的创新提供内在动力，例如为员工提供继续深造的机会，学习国外的先进技术和成功经验，逐步建立起学习型的组织；最后，与科研机构及高等院校开展长期合作，通过产、学、研紧密结合，理论与实际相结合的方式提高企业的技术革新和产品创新能力。

参考文献

［1］南京海关：2013 江苏外贸运行平稳 结构进一步优化［EB/OL］. http://www.js.chinanews.com/news/2014/0127/77051.html.

［2］2013 上半年江苏外贸运行情况分析［EB/OL］. http://www.askci.com/.

［3］苏州 2013 外贸进出口总值 3 093.5 亿美元，全国第四［EB/OL］. http://js.people.com.cn/html/2014/01/20/283425.html.

［4］2013 年 1—9 月江苏外贸进出口情况分析［EB/OL］. http://www.chinairn.com/news/20131025/141252107.html.

［5］全球维修，给江苏外贸加个筹码［N］. 新华日报. 2014-02-17（A02）.

［6］江苏：外贸结构优化现端倪［N］. 中国经济时报，2014-04-18（A02）.

［7］董丕，游筱堃. 世界经济波动对江苏外贸影响及对策［J］. 中国统计，2013（11）：23-25.

［8］顾元媛. 江苏外贸发展方式转变与开放型经济水平提升研究［J］. 中共南京市委党校学报，2014（4）：31-36.

［9］关嘉麟. 转型时期中国对外贸易政策研究［D］. 长春：吉林大学，2013.

［10］闫克远. 中国对外贸易摩擦问题研究——基于结构的视角［D］. 大连：东北师范大学，2012.

［11］崔日明，张志明. 中国对外贸易新型竞争力发展战略研究［J］. 经济学家，2014（2）：36-46.

外商直接投资篇

Foreign Direct Investment Articles

第十四章 江苏外商直接投资发展概况

江苏省位于我国东部沿海地区，具有资源丰富、交通便利、基础设施完善、人力资本相对廉价、政策环境宽松等特点，这些都是吸引跨国公司在江苏省投资的重要因素。经过三十多年的努力，江苏省在吸引与利用外资方面取得了不平凡的成绩。

2013 年世界经济形势总体上进入后危机时期的复苏阶段，国际经济形势不容乐观，发达国家继续推进再工业化，国际上吸引外商直接投资的竞争加剧，江苏吸引外商直接投资的外部环境日益复杂。但是，在国内经济增长的支撑之下，江苏省市场潜力巨大、产业配套齐全、基础设施完善、人力资源整体素质较高，这些吸引外资的整体优势近期不会改变。基于以上因素，江苏吸引外商直接投资呈现出一些新的特点与趋势。

一、江苏外商直接投资规模分析

从规模方面看，2013 年江苏外商直接投资呈现出合同利用外商直接投资和实际利用外商直接投资有所下降、外资企业单体规模增长较快等几个方面的特点。

（一）江苏外商直接投资的总体规模

2006—2013 年的统计数据显示，江苏实际利用外商直接投资占全国实际利用外商直接投资的比重较大，且稳中略有增加，由 2006 年的 27.7%上升到 2013 年是 28.9%，说明江苏利用外商直接投资在我国占有比较重要的地位。2006 年至 2013 年江苏利用外商直接投资年均增长率略高于全国年均增长率（见表 14—1 和图 14—1）。[①]

表 14—1　　2006—2013 年江苏实际利用外商直接投资规模情况

指标＼年份	2006	2007	2008	2009	2010	2011	2012	2013
江苏实际利用外商直接投资金额（亿美元）	174.3	218.92	251.2	253.23	284.98	321.32	357.6	332.59
全国实际利用外商直接投资金额（亿美元）	630.21	747.68	923.95	900.33	1 057.35	1 160.11	1 117.16	1 175.86

① 在本文中，如无特别标注，江苏省相关数据均来自于历年《江苏统计年鉴》。

续前表

年份 指标	2006	2007	2008	2009	2010	2011	2012	2013
江苏所占比重（%）	27.7	29.3	27.2	28.1	27.0	27.7	32.0	28.3

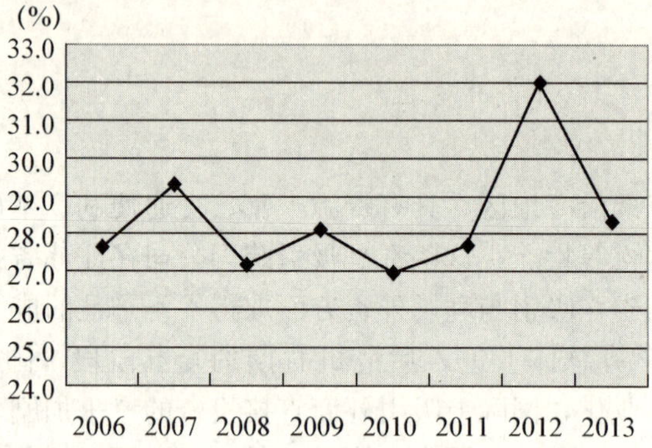

图 14—1　2006—2013 年江苏实际利用外商直接投资占全国实际利用外商直接投资的比重走势

（二）江苏外商直接投资的规模变动

由表 14—2 可得出，2000—2013 年，合同外商直接投资项目数年均增长率为 2.1%，合同外商直接投资金额年均增长率为 12.2%，实际外商直接投资金额年均增长率为 13.5%。但是，2010—2013 年，合同外商直接投资项目数年均增长率为−9.5%，合同外商直接投资金额年均增长率为−6.0%，实际外商直接投资金额年均增长率为 5.3%，这说明江苏吸引外商直接投资的规模有所缩小。

江苏引进外资项目数近年来连续下降，2010 年、2011 年、2012 年、2013 年合同外商投资项目数分别为4 661 个、4 496 个、4 156 个和 3 453 个，但单个项目的平均投资金额却不断增长，从 2010 年的1 219.3 万美元快速攀升至 2013 年的 1 368.9 万美元，显示出引进外资的质量有所提高。

其中 2013 年，合同外商直接投资项目数为 3 453 个，与 2012 年相比，同比降低 16.92%；合同外商直接投资金额为 472.68 亿美元，与 2012 年相比，同比降低 17.3%；实际利用外商直接投资金额为 332.59 亿美元，与 2012 年相比，同比降低 7.0%。

表 14—2　　1990—2013 年江苏外商直接投资变动情况表

年份 指标	1990	2000	2010	2012	2013
合同外商直接投资项目数（个）	395	2 645	4 661	4 156	3 453
合同外商直接投资金额（亿美元）	2.44	106.11	568.33	571.41	472.68
实际外商直接投资金额（亿美元）	1.41	64.24	284.98	357.60	332.59

二、江苏外商直接投资结构分析

(一) 江苏省外商直接投资的产业结构

截至2013年年底，江苏省外商直接投资进入第一产业的企业数为809家，投资金额为74.23亿美元，仅占投资总额的1.11%，注册资本为52.89亿美元，仅占注册资本总额的1.49%，与2012年年底相比，企业数、投资金额和注册资本的比重都呈现出下降趋势。

截至2013年年底，江苏外商直接投资主要投入第二产业，设立企业数为30 795个，投资金额为4 800.96亿美元，占投资总额的72.05%，注册资本为2 391.32亿美元，占注册资本总额的67.50%，与2012年年底相比，投资金额和注册资本总量上小幅增加，但相对比重都呈现了下降趋势。

截至2013年年底，江苏省外商直接投资投入第三产业的投资金额为1 788.57亿美元，占投资总额的26.84%，注册资本为1 098.6亿美元，占注册资本总额的31.01%。与2012年年底相比，投资金额和注册资本总量上大幅增加，同时相对比重也呈现出上升趋势（见表14—3）。

表14—3　　2013年底江苏省外商直接投资产业结构表

行业	企业数（家）	所占比重（%）	投资金额（亿美元）	所占比重（%）	注册资本（亿美元）	所占比重（%）
第一产业	809	1.60	74.23	1.11	52.89	1.49
第二产业	30 795	60.96	4 800.96	72.05	2 391.32	67.50
第三产业	18 910	37.44	1 788.57	26.84	1 098.60	31.01
总计	50 514	100.00	6 663.76	100.00	3 542.82	100.00

(二) 江苏省外商直接投资的行业分布

截至2013年年底，江苏省外商投资企业共注册了50 514家，注册资本达3 542.82亿美元，投资总额达6 663.76亿美元。外商投资企业所属行业以制造业为主，属于制造业的注册企业达29 703家，占注册外商投资企业总数的58.80%；注册资本为2 259.18亿美元，占外商投资企业注册总资本的63.77%；投资金额为4 527.45亿美元，占外商投资企业投资总额的67.94%，与2012年年底相比，投资金额和注册资本虽然绝对量微涨，但相对比重呈现出明显的下降趋势。房地产业的注册企业共1 742家，占注册外商投资企业总数的3.45%；注册资本为429.21亿美元，占外商投资企业注册总资本的12.12%；投资金额为635.94亿美元，占外商投资企业投资总额的9.54%。两者的投资金额合计占比高达77.48%，具体情况见表14—4。

表14—4　　2013年年底江苏省外商投资行业分布情况表

	企业数（家）	比重（%）	投资金额（亿美元）	比重（%）	注册资本（亿美元）	比重（%）
农、林、牧、渔业	809	1.60	74.23	1.11	52.89	1.49
采矿业	21	0.04	13.78	0.21	6.60	0.19
制造业	29 703	58.80	4 527.45	67.94	2 259.18	63.77

续前表

	企业数（家）	比重（%）	投资金额（亿美元）	比重（%）	注册资本（亿美元）	比重（%）
电力、燃气及水的生产和供应业	487	0.96	157.32	2.36	59.10	1.67
建筑业	584	1.16	102.42	1.54	66.44	1.88
交通运输、仓储和邮政业	6 458	12.78	256.52	3.85	142.78	4.03
信息传输、计算机服务和软件业	845	1.67	149.94	2.25	70.16	1.98
批发和零售业	1 975	3.91	35.21	0.53	21.81	0.62
住宿和餐饮业	1 980	3.92	40.04	0.60	23.69	0.67
金融业	714	1.41	25.19	0.38	21.51	0.61
房地产业	1 742	3.45	635.94	9.54	429.21	12.12
租赁和商务服务业	2 120	4.20	187.64	2.82	140.90	3.98
科学研究、技术服务和地质勘查业	2 359	4.67	375.89	5.64	197.68	5.58
水利、环境和公共设施管理业	108	0.21	34.86	0.52	23.41	0.66
居民服务和其他服务业	382	0.76	22.04	0.33	12.15	0.34
教育	25	0.05	0.66	0.01	0.48	0.01
卫生、社会保障和社会福利业	24	0.05	10.30	0.15	5.16	0.15
文化、体育和娱乐业	168	0.33	14.16	0.21	9.58	0.27
其他	10	0.02	0.18	0.00	0.08	0.00
总计	50 514	100.00	6 663.76	100.00	3 542.82	100.00

（三）江苏外商直接投资的企业类型分布

从外商直接投资的四种企业类型来看，独资经营企业的合同外商直接投资项目数远超合资经营企业、合作经营企业及外商投资股份制企业的总和。其中，2013 年，独资经营企业的合同外商直接投资项目数为 2 806 个，占总项目数的 81.26%（见表 14—5）；独资经营企业的合同外商直接投资金额为 412.81 亿美元，占总合同金额的 87.33%（见表 14—6）；独资经营企业的实际外商直接投资金额为 269.21 亿美元，占投资总金额的 80.94%（见表 14—7）。

这种趋势与在华投资的总体趋势一致。由于对外资企业的股份比例限制逐步取消，国内市场日益规范，外资企业逐渐改变过去主要以合资方式进入中国市场的做法，主要采取独资方式获取最大的市场利益。

表 14—5　　2013 年年底江苏合同外商直接投资项目的企业类型分布　　（单位：个）

指标	截至 2013 年累计	2000	2005	2010	2011	2012	2013
合资经营企业	48 688	1 119	1 749	934	932	721	632
合作经营企业	3 046	116	112	26	29	15	14
独资经营企业	58 041	1 410	5 259	3 696	3 531	3 414	2 806
外商投资股份制企业	45		6	5	4	6	1
合计	109 820	2 645	7 126	4 661	4 496	4 156	3 453

表 14—6　　**2013 年年底江苏合同外商直接投资金额的企业类型分布**　　（单位：亿美元）

指标	2013 年止累计	2000	2005	2010	2011	2012	2013
合资经营企业	1 241.18	34.89	60.21	80.20	98.09	74.30	56.15
合作经营企业	148.34	5.54	7.38	6.58	3.41	3.21	2.63
独资经营企业	5 129.16	65.68	394.97	476.46	488.92	486.96	412.81
外商投资股份制企业	35.16		1.83	5.09	5.11	6.94	1.09
合计	6 553.84	106.11	464.39	568.33	595.54	571.41	472.68

表 14—7　　**2013 年年底江苏实际外商直接投资金额的企业类型分布**　　（单位：亿美元）

指标	1985—2013	2000	2005	2010	2011	2012	2013
合资经营企业	759.11	22.74	24.87	47.44	59.74	57.72	59.01
合作经营企业	66.07	3.58	1.91	2.47	2.60	1.91	2.01
独资经营企业	2 365.32	37.89	104.11	228.38	255.43	288.71	269.21
外商投资股份制企业	33.29	0.03	0.95	6.70	3.55	9.25	2.36
合计	3 223.79	64.24	131.83	284.98	321.32	357.60	332.59

三、江苏外商直接投资来源地分布分析

（一）江苏外商直接投资的来源地分布情况

2013 年外商投资主要来源于亚洲、拉丁美洲、欧洲和北美洲等国家和地区，其中亚洲地区为最大的外商投资来源地。统计数据显示，2013 年，亚洲地区（中国香港、中国台湾、中国澳门、印度尼西亚、日本、马来西亚、菲律宾、新加坡、韩国、泰国）对华投资新设立企业 2 537 家，占当年新设立外商投资企业总数的 73.47%；签订投资合同 384.04 亿美元，占合同外商直接投资总额的 81.25%；实际外商直接投资 255 亿美元，占外商实际投资总额的 76.67%。

2013 年欧洲对华投资新设立企业 284 家，占当年新设立外商投资企业总数的 8.22%；签订投资合同 23.18 亿美元，占合同外商直接投资总额的 4.90%；实际外商直接投资 18.01 亿美元，占实际外商直接投资总额的 5.42%。南美洲对华投资新设立企业 88 家，占当年新设立外商投资企业总数的 2.55%；签订投资合同 14.30 亿美元，占合同外商直接投资总额的 3.03%；实际外商直接投资 22.31 亿美元，占实际外商直接投资总额的 6.71%（具体情况见表 14—8）。

表 14—8　　**2013 年江苏外商直接投资主要来源地分布情况**

	项目（个）	比重（%）	合同外商直接投资（亿美元）	比重（%）	实际外商直接投资（亿美元）	比重（%）
亚洲	2 537	73.47	384.04	81.25	255.00	76.67
中国香港	1 497	43.35	294.62	62.33	185.30	55.71
中国澳门	13	0.38	0.57	0.12	0.81	0.24
中国台湾	437	12.66	30.78	6.51	8.78	2.64
印度尼西亚	4	0.12	0.74	0.16	0.31	0.09

续前表

	项目（个）	比重（%）	合同外商直接投资（亿美元）	比重（%）	实际外商直接投资（亿美元）	比重（%）
日本	166	4.81	17.41	3.68	24.75	7.44
马来西亚	26	0.75	2.11	0.45	1.45	0.44
菲律宾	11	0.32	1.80	0.38	0.28	0.08
新加坡	116	3.36	16.85	3.56	23.92	7.19
韩国	191	5.53	14.34	3.03	7.22	2.17
泰国	4	0.12	0.57	0.12	0.05	0.02
非洲	52	1.51	3.94	0.83	3.73	1.12
欧洲	284	8.22	23.18	4.90	18.01	5.42
比利时	2	0.06	0.03	0.01	0.03	0.01
丹麦	10	0.29	2.26	0.48	0.40	0.12
英国	30	0.87	1.70	0.36	1.68	0.51
德国	85	2.46	6.03	1.28	5.82	1.75
法国	22	0.64	4.40	0.93	2.31	0.70
爱尔兰	3	0.09	0.16	0.03	0.11	0.03
意大利	50	1.45	1.92	0.41	1.00	0.30
卢森堡	7	0.20	0.98	0.21	0.89	0.27
荷兰	12	0.35	1.15	0.24	2.86	0.86
希腊	2	0.06	0.02	0.00	0.00	0.00
葡萄牙	1	0.03	0.10	0.02	0.02	0.01
西班牙	7	0.20	0.16	0.03	0.72	0.22
芬兰	3	0.09	0.40	0.08	0.17	0.05
瑞士	7	0.20	1.26	0.27	0.86	0.26
北美洲	335	9.70	20.21	4.28	11.42	3.43
加拿大	72	2.09	4.46	0.94	2.74	0.82
美国	257	7.44	13.74	2.91	7.83	2.35
大洋洲	151	4.37	10.72	2.27	7.74	2.33
澳大利亚	50	1.45	3.01	0.64	1.59	0.48
南美洲	88	2.55	14.30	3.03	22.31	6.71
合计	3 453	100.00	472.68	100.00	332.59	100.00

（二）江苏实际外商直接投资的来源地变化情况

与2012年相比，2013年江苏实际外商直接投资金额呈现负增长现象。2013年对江苏的外商直接投资呈现负增长且负增长率超过10个百分点的国家或地区包括：泰国、芬兰、菲律宾、中国台湾、中国澳门、西班牙、韩国、爱尔兰、加拿大、德国、比利时和荷兰，其增长率分别为：－85.89%、－76.44%、－66.90%、－45.74%、－41.22%、－41.19%、－27.45%、－21.07%、－20.67%、－18.14%、－14.24%和－13.92%。

2013 年对江苏的实际外商直接投资增幅超过 10 个百分点的国家或地区包括：葡萄牙、丹麦、英国、印度尼西亚、意大利、新加坡、马来西亚和卢森堡，其增长率分别为：12 250.00%、75.67%、46.36%、20.34%、16.33%、15.47%、10.46% 和 10.08%。2012 年南美洲对江苏的实际外商直接投资为零，2013 年吸引外资 22.31 亿美元，占比达 6.71%（具体情况见表 14—9）。

表 14—9　　2012 年与 2013 年主要国家和地区对江苏的外商直接投资情况比较

国家（地区）	2012 年实际外商直接投资（亿美元）	2013 年实际外商直接投资（亿美元）	同比增长率（%）
亚洲	259.28	255.00	−1.65
中国香港	179.64	185.30	3.15
中国澳门	1.37	0.81	−41.22
中国台湾	16.17	8.78	−45.74
印度尼西亚	0.26	0.31	20.34
日本	26.37	24.75	−6.13
马来西亚	1.32	1.45	10.46
菲律宾	0.84	0.28	−66.90
新加坡	20.71	23.92	15.47
韩国	9.95	7.22	−27.45
泰国	0.38	0.05	−85.89
非洲	4.81	3.73	−22.58
欧洲	20.51	18.01	−12.16
比利时	0.03	0.03	−14.24
丹麦	0.23	0.40	75.67
英国	1.15	1.68	46.36
德国	7.11	5.82	−18.14
法国	2.24	2.31	3.17
爱尔兰	0.14	0.11	−21.07
意大利	0.86	1.00	16.33
卢森堡	0.81	0.89	10.08
荷兰	3.33	2.86	−13.92
葡萄牙	0.00	0.02	12 250.00
西班牙	1.22	0.72	−41.19
芬兰	0.71	0.17	−76.44
瑞士	0.95	0.86	−9.34
北美洲	14.95	11.42	−23.62
加拿大	3.45	2.74	−20.67
美国	8.58	7.83	−8.73
大洋洲	9.16	7.74	−15.45
澳大利亚	1.60	1.59	−0.92
南美洲	0	22.31	
合计	357.60	332.59	−6.99

第十五章 江苏外商直接投资的区域间比较分析

本章从区域比较的角度对江苏引进外商直接投资活动进行分析，通过江苏与其他外商直接投资发达省市的对比，总结江苏外商直接投资的相对规模和相对增长速度，进而评价江苏外商直接投资的绩效水平。

一、外商直接投资规模比较

2010 年江苏实际利用外商直接投资为 284.98 亿美元，基数较大，山东、浙江和上海基础较差，2010 年实际利用外商直接投资分别仅为 91.68 亿美元、110.02 亿美元和 111.21 亿美元，江苏分别是山东、浙江和上海的 3.11 倍、2.59 倍和 2.56 倍。但是山东和上海的发展速度很快，2010 年至 2013 年的年均增长率分别为 15.29%和 14.69%，远远高于全国实际利用外商直接投资的年均增长率 3.60%。2013 年江苏实际利用外商直接投资为 332.59 亿美元，2010 年至 2013 年的年均增长率为 5.28%，略高于全国平均水平(具体情况见表 15—1)。①

表 15—1　　2010—2013 年实际利用外商直接投资的区域间比较　　（单位：亿美元）

	2010	2011	2012	2013	年均增长率（%）
全国	1 057.35	1 160.11	1 117.16	1 175.86	3.60
江苏	284.98	321.32	357.60	332.59	5.28
上海	111.21	126.01	151.85	167.80	14.69
浙江	110.02	116.66	130.69	141.6	8.78
广东	202.61	217.98	235.49	249.52	7.19
山东	91.68	111.60	123.53	140.50	15.29

江苏 2010 年签订合同的外商直接投资项目数为 4 661 个，基数较大，山东和浙江的基础较差，2010 年签订合同的外商直接投资项目数分别为 1 632 个和 1 944 个，江苏分别是山东和浙江的 2.86 倍和 2.4 倍。2010 年至 2013 年全国签订合同的外商直接投资项目数呈

① 本章数据如无特别标注，均来自历年《江苏统计年鉴》《上海统计年鉴》《浙江统计年鉴》《广东统计年鉴》《山东统计年鉴》。

现负增长，增长率为－5.99%。2013年江苏签订合同的外商直接投资项目数仅为3 453个，2010年至2013年年均增长率为－9.52%，减少速度快于全国平均水平。2010年至2013年上海和广东签订合同的外商直接投资项目数变动较小，年均增长率分别为－0.55%和－0.72%（具体情况见表15—2）。

表15—2　　2010—2013年签订合同的外商直接投资项目数的区域间比较

	项目数（个）				年均增长率（%）
	2010	2011	2012	2013	
全国	27 406	27 712	24 925	22 773	－5.99
江苏	4 661	4 496	4 156	3 453	－9.52
上海	3 906	4 329	4 043	3 842	－0.55
浙江	1 944	1 691	1 597	1 572	－6.84
广东	5 641	7 035	6 043	5 520	－0.72
山东	1 632	1 433	1 333	1 405	－4.87

2010年江苏合同利用外商直接投资为568.33亿美元，山东和上海基础较差，2010年合同利用外商直接投资仅分别为136.34亿美元和153.07亿美元。江苏分别是山东和上海的4.17倍和3.71倍。但是，山东和上海的发展速度很快，2010年至2013年年均增长率分别为9.11%和17.66%。2013年江苏合同利用外商直接投资为472.68亿美元，2013年山东和上海合同利用外商直接投资分别为177.10亿美元和249.30亿美元，江苏分别是山东和上海的2.67倍和1.9倍（具体情况见表15—3）。此外，图15—1和图15—2还分别列出了2010—2013年全国以及江苏、上海、浙江、广东、山东实际利用外商直接投资的情况。

表15—3　　2010—2013年合同利用外商直接投资额的区域间比较

	投资额（亿美元）				年均增长率（%）
	2010	2011	2012	2013	
江苏	568.33	595.54	571.41	472.68	－5.96
上海	153.07	201.03	223.38	249.30	17.66
浙江	200.47	205.84	210.72	243.80	6.74
广东	246.01	346.92	349.94	363.13	13.86
山东	136.34	157.91	165.57	177.10	9.11

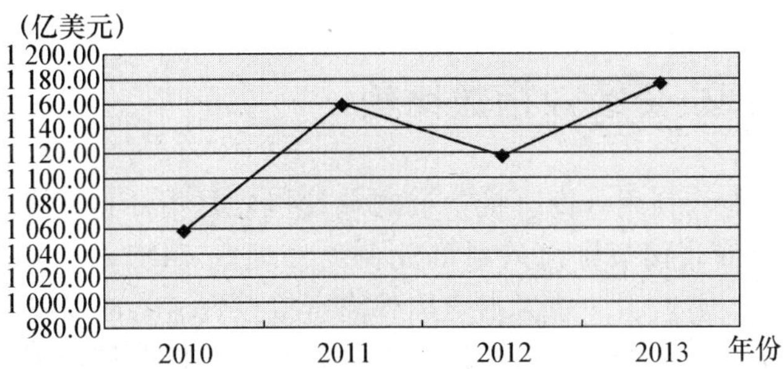

图15—1　2010—2013年全国实际利用外商直接投资走势

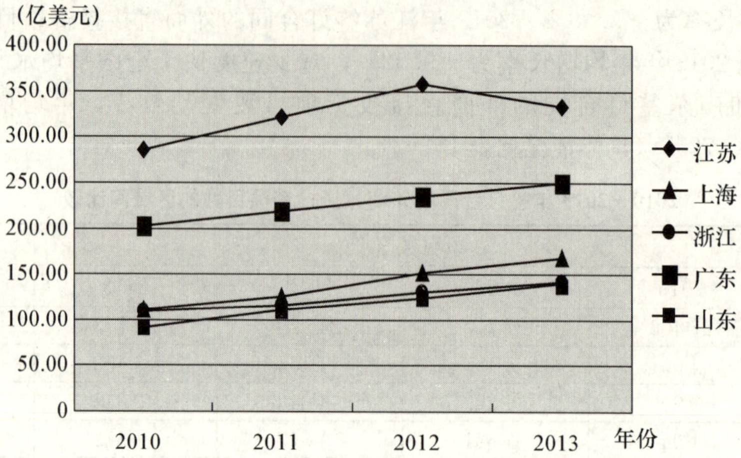

图 15—2　2010—2013 年江苏、上海、浙江、广东、山东实际利用外商直接投资走势

二、外商直接投资行业分布比较

2013 年江苏、广东实际利用外商直接投资仍以第二产业为主，二者分别占实际利用外商直接投资总额的 55.05%和 54.28%。江苏、广东和山东在第三产业利用外资方面也占有一席之地，三者分别占实际利用外资总额的 41.98%、45.11%和 48.33%。然而，2013 年上海和浙江实际利用外商直接投资以第三产业为主，二者分别占实际利用外资总额的 80.85%和 55.65%（具体情况见表 15—4）。

表 15—4　　2013 年江苏实际利用外商直接投资产业结构的区域间比较

	江苏		上海		浙江		广东		山东	
	投资额（亿美元）	比重（%）	投资额（亿美元）	比重（%）	投资额（亿美元）	比重（%）	投资额（亿美元）	比重（%）	投资额（亿美元）	比重（%）
第一产业	9.87	2.97	0.03	0.02	—	—	1.51	0.61	—	—
第二产业	183.09	55.05	32.1	19.13	—	—	135.45	54.28	—	—
第三产业	139.63	41.98	135.67	80.85	78.8	55.65	112.56	45.11	67.90	48.33
总计	332.59	100.00	167.80	100.00	141.6	100.00	249.52	100.00	140.50	100.00

三、外商直接投资绩效指数比较

在一国范围内，地区利用外商直接投资的绩效指数是指一定时期内一地区外商直接投资流入量占全国外商直接投资流入量的比例与该地区 GDP 占全国 GDP 的比例之比。如果绩效指数等于 1，则表明该地区占全国外商直接投资流入的份额与占全国 GDP 的份额相等；如果指数大于 1，则表明该地区引进的外商直接投资相对于该地区的 GDP 规模要大；如果指数小于 1，则表明该地区引进外商直接投资的竞争力较弱。

表 15—5 展示了 2010—2013 年江苏、北京、上海、浙江、广东、山东的实际利用外

资情况，表2—6展示了2010—2013年江苏、北京、上海、浙江、广东、山东的GDP情况，外资金额和GDP采用的单位不同，前者使用的金额单位为亿美元，后者使用的金额单位为亿元，计算外商直接投资绩效指数时，我们把外商直接投资金额按照2013年100美元兑换621.55元人民币进行换算，计算结果见表15—7。

由表15—7和图15—3可以看出，上海市外商直接投资绩效指数上升最快，2013年达到3.76；与2012年相比，2013年江苏外商直接投资绩效指数呈现下降趋势，由3.07下降为2.72。山东外商直接投资绩效指数最低，但呈现出上升趋势，说明山东引进外商直接投资规模有进一步提升的潜力。

表15—5　2010—2013年江苏、北京、上海、浙江、广东、山东实际利用外商直接投资　（单位：亿美元）

地区	2010	2011	2012	2013
全国	1 057.35	1 160.11	1 117.16	1 175.86
江苏	284.98	321.32	357.60	332.59
北京	63.10	68.71	80.30	85.20
上海	111.21	126.01	151.85	167.80
浙江	110.02	116.66	130.69	141.60
广东	202.61	217.98	235.49	249.52
山东	91.68	111.60	123.53	140.50

表15—6　2010—2013年江苏、北京、上海、浙江、广东、山东GDP　（单位：亿元）

地区	2010	2011	2012	2013
全国	401 512.80	473 104.05	518 942.11	568 845.00
江苏	41 425.48	49 110.27	54 058.22	59 161.75
北京	14 113.60	16 251.90	17 879.40	19 500.60
上海	17 165.98	19 195.69	20 181.72	21 602.12
浙江	27 722.31	32 318.85	34 665.33	37 568.00
广东	46 013.06	53 210.28	57 067.92	62 163.97
山东	39 169.92	45 361.85	50 013.24	54 684.30

表15—7　2010—2013年江苏、北京、上海、浙江、广东、山东利用外商直接投资绩效指数比较

地区	2010	2011	2012	2013
江苏	2.61	2.67	3.07	2.72
北京	1.70	1.72	2.09	2.11
上海	2.46	2.68	3.49	3.76
浙江	1.51	1.47	1.75	1.82
广东	1.67	1.67	1.92	1.94
山东	0.89	1.00	1.15	1.24

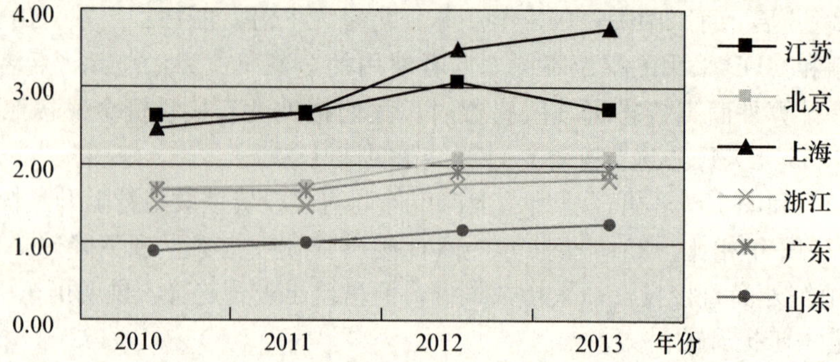

图 15—3　2010—2013 年江苏、北京、上海、浙江、广东、山东利用外商直接投资绩效指数走势

第十六章 江苏外商直接投资的省内区域比较

一、苏南、苏中、苏北区域的划分

（一）地理意义上的苏南、苏北、苏中区域划分

长江以南是苏南，淮河以北是苏北，长江和淮河之间属于苏中。从语言上分，苏南属于吴语区，苏北的徐州、宿迁地区是北方话区，苏中和连云港地区属于江淮话区。从文化上讲，苏南属于吴越文化区，苏北的徐州、宿迁地区属于北方文化和楚文化的交融区，苏中和连云港地区属于楚文化和吴越文化的交融区。

苏南、苏北这两个区域的名称来源于新中国成立之后建立的苏南行政公署和苏北行政公署，但具体包括的城市与现在的苏南、苏北包括的城市有一定的差别。苏南、苏北两个行政公署是我国历史上唯一以“苏南”、“苏北”命名的权威行政区划单位，也是现代人口中“苏南”和“苏北”概念的源头和基本认知点。从这个角度出发，放到现在来看，苏南的范围应该为苏州、无锡、常州和镇江四市以及它们所辖的县和代管的县级市，苏北的范围应该为扬州、泰州、南通、盐城、淮安、宿迁、徐州、连云港八市以及它们所辖的县和代管的县级市，南京是个例外，既不属于“苏南”又不属于“苏北”。

（二）经济意义上以及现今江苏政府的苏南、苏北、苏中区域划分

江苏省人民政府从理论上把江苏划成三块：苏南为江南五市（南京、苏州、无锡、常州、镇江）；苏中为江北沿江三市（扬州、泰州、南通）；苏北为江北其余五市（徐州、连云港、盐城、淮安、宿迁），其依据基本上是经济发展水平。其中南京和镇江在“九五”期间还属于苏中，由于经济发展情况较好，“十五”期间被划入苏南。关于苏南、苏中、苏北区域的划分有不同的观点，每种划分方法都有其依据。本章从经济层面分析经济发展差异的动力因素，所以选取此划分方法。

二、苏南、苏中、苏北区域经济关系及经济差异

（一）苏南、苏中、苏北区域经济关系

苏南、苏中、苏北是江苏梯度差异明显的三个经济区域，苏南是江苏经济的重要支

柱，也是苏北、苏中接受辐射和拉动的重要源头。苏南地区位于长三角经济区的中心区域，与核心城市上海接壤；苏中地区位于次中心区域，沿长江下游北岸排列，与苏南和上海隔江相望；苏北地区位于其边缘和辐射区域，距上海相对较远，受经济中心的吸引和辐射作用较弱。在实施区域协调发展战略的过程中，江苏大力推进产业、财政、科技、劳动力“四项转移”和南北共建开发园区等多项举措，逐步形成了苏南提升、苏中崛起、苏北振兴的区域共同发展新格局。近年来，苏北加快了承接苏南产业转移的速度，这既为苏南产业升级腾出了空间，也促进了苏北工业化水平的提高。稳住苏南，为苏中、苏北承接先进技术、产业辐射，拉动经济增长创造了优良条件，此举更对稳定全国经济发展大局、促进东中西部协调发展，具有积极的启示作用。

（二）苏南、苏中、苏北区域经济差异

苏南经济的内生动力和外部推力较强，投资、消费和净出口三大需求对经济增长的支撑强度均高于苏中和苏北。苏南经济发展水平历史上高于苏中、苏北，经济实力很强，城市经济基础相对较好，尤其是工业基础优于苏中、苏北，而苏北一直以农、渔业为主导产业，工业基础相对较弱。从江苏的资源开发和利用来看，苏南的制造业较发达，接近工业化高级阶段的初期，属于加工型地区；苏北资源较丰富，属资源型地区，处于从初级产品生产向工业化初期过渡的阶段；苏中介于两者之间，处在从工业化初期向工业化中期迈进的阶段，尚未实现从轻工业向重化工业的转换。

三、苏南、苏中、苏北引进外商直接投资的比较

表16—1和表16—2中的统计数据显示，近六年来江苏省实际利用外商直接投资总额总体呈现上升态势，由2008年的251.2亿美元增加到2013年的332.59亿美元，年均增长率为5.77%。[①] 但个别年份出现下滑现象，如2013年江苏实际利用外商直接投资由2012年的357.6亿美元下降到332.59亿美元，下降幅度为6.99%。江苏省苏南、苏中和苏北三个区域在利用外商直接投资方面发展并不均衡。这主要体现在以下几个方面。

第一，苏南地区为江苏省外商投资重点区域，2008—2013年实际利用外商直接投资金额累计达1 193.11亿美元，占全省实际利用外商直接投资总额的比重平均为66.25%。从图16—1可以看出，苏南这六年一直是江苏省引进外商直接投资的主要区域。苏南地区2008年利用外商直接投资为168.02亿美元，到2013年上升到226.99亿美元，年均增长率为6.20%。

第二，苏中地区2008—2013年外商实际投资金额累计达320.95亿美元，占全省实际利用外商直接投资总额的比重平均为17.82%。苏中地区实际利用外商直接投资额增幅很小，2008年至2009年甚至出现了大幅度下降，由2008年的54.01亿美元降为44.69亿美

① 在本章中，如无特别标注，数据均来源于历年《南京统计年鉴》《苏州统计年鉴》《无锡统计年鉴》《常州统计年鉴》《镇江统计年鉴》《扬州统计年鉴》《泰州统计年鉴》《南通统计年鉴》《徐州统计年鉴》《连云港统计年鉴》《盐城统计年鉴》《淮安统计年鉴》《宿迁统计年鉴》。

元，降幅为 17.26%，2010 年至 2012 年虽然有所增加，但增幅很小，仅由 2010 年的 52.79 亿美元增加到 57.62 亿美元，2012 年至 2013 年呈现小幅下降趋势，由 57.62 亿美元下降到 55.72 亿美元，2008 年至 2013 年六年间年均增长率仅为 0.63%，远远低于全省年均增长率，因而苏中实际利用外商直接投资在全省所占的比重呈现连年下降趋势，由 2008 年 21.50%下降到 2013 年 16.75%。

第三，苏北地区 2008—2013 年实际利用外商直接投资金额累计达 286.86 亿美元，占全省外商投资总额的比重平均为 15.93%。2008 年以来，苏北地区直接外商直接投资金额和在全省的比重增幅较大，其中 2012 年，实际利用外商直接投资金额为 71.18 亿美元，比苏中地区高 13.56 亿美元，首次超越苏中地区。但 2013 年实际利用外商直接投资仅为 49.88 亿美元，比 2012 年减少了 21.3 亿美元，下降幅度为 29.92%。

表 16—1　2008—2013 年苏南、苏中和苏北实际利用外商直接投资情况比较

	投资额（亿美元）						年均增长率（%）
	2008	2009	2010	2011	2012	2013	
苏南	168.02	174.14	185.69	209.47	228.8	226.99	6.20
苏中	54.01	44.69	52.79	56.12	57.62	55.72	0.63
苏北	29.17	34.4	46.5	55.73	71.18	49.88	11.33
总计	251.2	253.23	284.98	321.32	357.6	332.59	5.77

表 16—2　2008—2013 年苏南、苏中和苏北实际利用外商直接投资占全省实际利用外商直接投资总额的比重

（%）

	2008	2009	2010	2011	2012	2013
苏南	66.89	68.77	65.16	65.19	63.98	68.25
苏中	21.50	17.65	18.52	17.47	16.11	16.75
苏北	11.61	13.58	16.32	17.34	19.90	15.00
总计	100	100	100	100	100	100

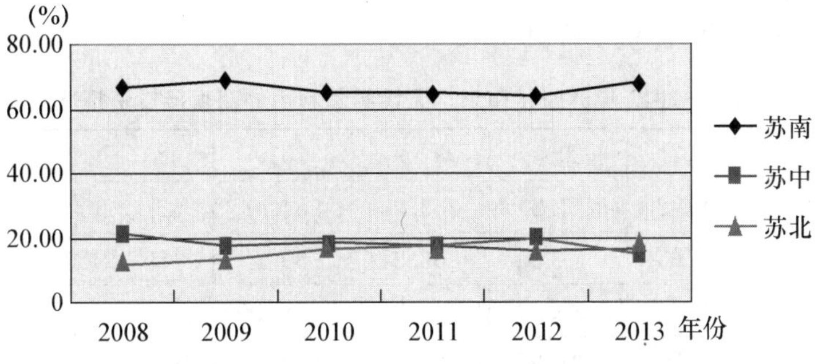

图 16—1　2008—2013 年苏南、苏中和苏北利用外商直接投资占全省实际利用外商直接投资总额的比重走势

第十七章 江苏典型地级市外商直接投资的比较分析

本章对苏州、南京、无锡三市的外商直接投资的规模、来源地、行业分布以及绩效指数进行了比较研究。

一、外商直接投资规模比较

表 17—1 和表 17—2 中的统计数据显示①，2006—2013 年这八年苏州、南京、无锡引进外商直接投资总量呈现波动上升趋势，但苏州、南京和无锡三个城市在利用外商直接投资方面发展并不均衡。这主要体现在以下几个方面：（1）苏州为苏南外商投资重点区域，2006－2013 年外商实际投资金额累计达 649.39 亿美元，占全省实际利用外商直接投资总额的比重平均为 29.60%。这说明苏州这八年一直是江苏省引进外商直接投资的主要区域。苏州 2012 年实际利用外商直接投资为 91.65 亿美元，2013 年下降到 87 亿美元，下降了 5.07%，利用外资总量减少。（2）南京 2006—2013 年实际利用外商直接投资金额累计达 230.7 亿美元，占全省实际利用外商直接投资总额的比重平均为 10.51%。南京实际利用外商直接投资的基础较差，2006 年实际利用外商直接投资金额仅为 17.02 亿美元，但发展速度很快。2013 年，南京实际利用外商直接投资 40.33 亿美元，比 2012 年下降了 2.35%。（3）无锡 2006—2013 年实际利用外商直接投资金额累计达 260.48 亿美元，占全省实际利用外商直接投资总额的比重平均为 11.87%。2006 年，无锡实际利用外商直接投资金额在全省所占的比重较大，为 15.79%，但无锡这八年的年均增长率较低，发展速度较慢，远低于南京和江苏省平均水平，到 2013 年实际利用外商直接投资金额占全省实际利用外商直接投资总额的比重下降到 10.04%。

表 17—1　　2006—2013 年苏州、南京、无锡实际利用外商直接投资情况　　（单位：亿美元）

	2006	2007	2008	2009	2010	2011	2012	2013
江苏	174.30	218.92	251.20	253.23	284.98	321.32	357.60	332.59
苏州	61.05	71.65	81.30	82.27	85.35	89.12	91.65	87.00
南京	17.02	20.61	23.72	23.92	28.16	35.64	41.30	40.33
无锡	27.52	27.72	31.67	32.03	33.00	35.05	40.10	33.39

① 在本章中，如无特别标注，数据均来源于历年《南京统计年鉴》《苏州统计年鉴》《无锡统计年鉴》。

表 17—2　　2006—2013 年苏州、南京、无锡实际利用外商直接投资占全省的比重　　(%)

	2006	2007	2008	2009	2010	2011	2012	2013	2006—2013 年平均
苏州	35.03	32.73	32.36	32.49	29.95	27.74	25.63	26.16	29.60
南京	9.76	9.41	9.44	9.45	9.88	11.09	11.55	12.13	10.51
无锡	15.79	12.66	12.61	12.65	11.58	10.91	11.21	10.04	11.87

二、外商直接投资行业分布比较

表 17—3 中的统计数据显示，2013 年苏州利用外资转型优化特征明显。全年实际利用外商直接投资约 87 亿美元，比上年下降 5.1%。其中第三产业利用外资 34.18 亿美元，比上年增长 13%，占实际利用外商直接投资的比重由上年的 33%提高至 39.3%。

2013 年南京全年新批外商投资企业 336 个，比上年下降 27.1%；新批注册合同外资金额 53.59 亿美元，比上年下降 12.4%；实际利用外商直接投资 40.33 亿美元，比上年下降 1.9%。其中，第二产业实际利用外商直接投资 14.35 亿美元，下降 27.9%；第三产业实际利用外商直接投资 25.95 亿美元，增长 21.7%。

2013 年无锡市实际利用外商直接投资的结构进一步优化。全年新批外资项目 409 个，协议注册外资 43.87 亿美元，到位注册外资 33.39 亿美元，下降 16.7%。第三产业利用外资占到位注册外资的比重达到 43.99%，全年完成协议注册外资超 3 000 万美元的重大外资项目有 56 个。截至 2013 年年底全球财富 500 强企业中有 93 家在无锡市投资兴办了 170 家外资企业。

表 17—3 中的统计数据表明，2013 年苏州和无锡实际利用外商直接投资的结构进一步优化，但是仍以第二产业为主（占实际利用外商直接投资总额的一半以上）。与之相比，2013 年南京实际利用外商直接投资投入第三产业的比重接近 2/3，占实际利用外商直接投资总额的 64.34%，远高于苏州和无锡。从图 17—1 可以看出，南京实际利用外商直接投资的结构更为合理。

表 17—3　　2013 年苏州、南京、无锡实际利用外商直接投资的行业分布

	苏州		南京		无锡	
	实际利用外商直接投资（亿美元）	比重（%）	实际利用外商直接投资（亿美元）	比重（%）	实际利用外商直接投资（亿美元）	比重（%）
第一产业	0.04	0.04	0.03	0.07	0.11	0.34
第二产业	52.76	60.66	14.35	35.58	18.59	55.67
第三产业	34.18	39.30	25.95	64.34	14.69	43.99
总计	86.98	100.00	40.33	100.00	33.39	100.00

三、外商直接投资绩效指数比较

第十五章已对地区利用外商直接投资绩效指数进行了说明。表 17—4 为各地区 2007—2013 年实际利用外商直接投资情况，表 17—5 为各地区 2007—2013 年的 GDP 情况，实际

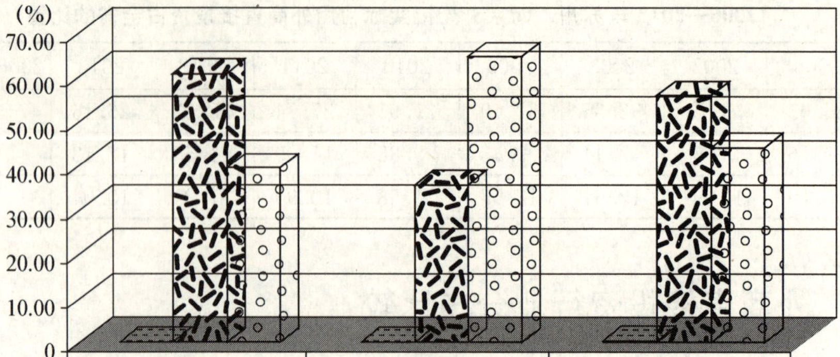

	苏州	南京	无锡
第一产业	0.04%	0.07%	0.34%
第二产业	60.66%	35.58%	55.67%
第三产业	39.30%	64.34%	43.99%

图 17—1　2013 年苏州、南京、无锡实际利用外商直接投资的行业分布

利用外商直接投资金额和 GDP 采用的单位不同，前者使用的金额单位为亿美元，后者使用的金额单位为亿元。计算实际利用外商直接投资绩效指数时，我们把实际利用外商直接投资金额按照 2013 年 100 美元兑换 621.55 元人民币进行换算，计算结果见表 17—6。

表 17—4　　2007—2013 年苏州、南京、无锡实际利用外商直接投资情况　　（单位：亿美元）

年份 地区	2007	2008	2009	2010	2011	2012	2013
全国	747.68	923.95	900.33	1 057.35	1 160.11	1 117.16	1 175.86
江苏	218.92	251.20	253.23	284.98	321.32	357.60	332.59
苏州	71.65	81.30	82.27	85.35	89.12	91.65	87.00
南京	20.61	23.72	23.92	28.16	35.64	41.30	40.33
无锡	27.72	31.67	32.03	33.00	35.05	40.10	33.39

表 17—5　　2007—2013 年江苏、苏州、南京、无锡的 GDP 情况　　（单位：亿元）

年份 地区	2007	2008	2009	2010	2011	2012	2013
全国	265 810.30	314 045.43	340 902.81	401 512.80	473 104.05	518 942.11	568 845.00
江苏	26 018.48	30 981.98	34 457.30	41 425.48	49 110.27	54 058.22	59 161.75
苏州	5 850.11	7 078.09	7 740.20	9 228.91	10 716.99	12 011.65	13 015.70
南京	3 340.05	3 814.62	4 230.26	5 012.64	6 145.52	7 201.57	8 011.78
无锡	3 879.70	4 460.62	4 991.72	5 793.30	6 880.15	7 568.15	8 070.18

表 17—6　　2007—2013 年苏州、南京、无锡实际利用外商直接投资绩效指数比较

年份 地区	2007	2008	2009	2010	2011	2012	2013
苏州	4.35	3.90	4.02	3.51	3.39	3.54	3.23
南京	2.19	2.11	2.14	2.13	2.37	2.66	2.44
无锡	2.54	2.41	2.43	2.16	2.08	2.46	2.00
江苏	2.99	2.76	2.78	2.61	2.67	3.07	2.72

由表 17—6 和图 17—2 可以看出，苏州的绩效指数最大，远高于江苏省平均水平，七年里每年均超过 3.2，最高达到 4.35，但 2007—2013 年这七年间呈现出波动下降趋势；南京的绩效指数在 2.1 至 2.7 之间，呈现出波动上升趋势，但在 2013 年等年份也出现了下降；无锡的绩效指数在 2.0 至 2.6 之间，呈现出围绕 2.4 上下波动的趋势。这说明苏州引进外商直接投资处于潜力不足状态，而南京和无锡引进外商直接投资规模有进一步提升的潜力。

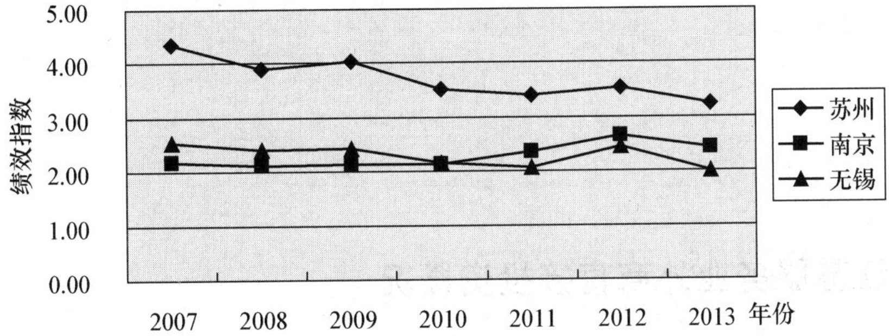

图 17—2　2007—2013 年苏州、南京、无锡实际利用外商直接投资绩效指数比较

第十八章 江苏服务业外商直接投资发展概况

一、江苏服务业外商直接投资概况

1979—2013年，江苏省服务业增加值年均增长14.2%，高于同期GDP年均增速12.4%，服务业生产总值由1978年的49.44亿元增加到2013年的26 421.65亿元。从总体上看，传统服务业不断深入扩展，新兴现代服务业不断涌现并取得显著进步，服务业的影响力和对经济发展的推动作用越来越大，已经成为经济发展的主要助推器。

（一）江苏省服务业利用外商直接投资规模

统计数据显示，江苏服务业实际利用外商直接投资占全国服务业实际利用外商直接投资的比重呈现逐年上升的趋势，由2006年的14.7%上升到2013年23.9%（见表18—1和图18—1），说明江苏服务业实际利用外商直接投资在我国占有越来越重要的地位。2006年至2012年江苏服务业实际利用外商直接投资总体规模不断扩大，年均增长率为25.05%，远高于全国年均增长率16.62%。①

表18—1　　2006—2013年江苏服务业实际利用外商直接投资规模

	江苏服务业实际利用外商直接投资（亿美元）	全国服务业实际利用外商直接投资（亿美元）	比重（%）
2006	29.20	199.15	14.7
2007	52.17	309.83	16.8
2008	61.81	379.48	16.3
2009	66.35	385.28	17.2
2010	81.45	499.63	16.3
2011	117.34	582.53	20.1

① 在本章中，如无特别标注，数据均来源于历年《江苏统计年鉴》。

续前表

	江苏服务业实际利用外商直接投资（亿美元）	全国服务业实际利用外商直接投资（亿美元）	比重（%）
2012	111.77	571.96	19.5
2013	139.63	584.30	23.9

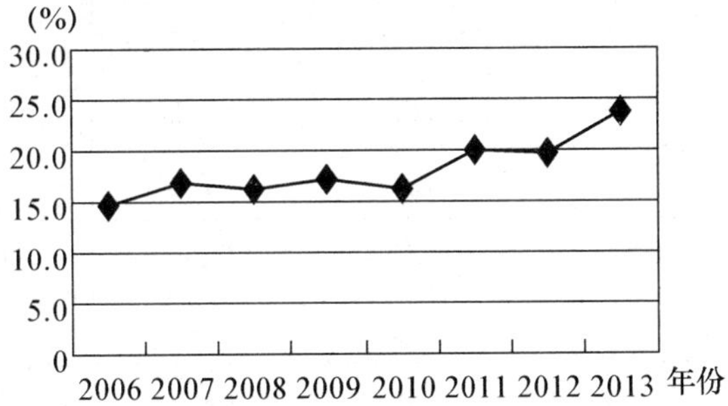

图 18—1　2006—2013 年江苏服务业实际利用外商直接投资占全国服务业实际利用外商直接投资的比重

(二) 江苏服务业利用外商直接投资规模变动情况

自从我国加入 WTO 以来，江苏服务业领域利用外商直接投资规模呈现高速增长势头。2006 年服务业全面开放之后，江苏服务业外商实际投资发展较快，近八年来的变化如图 18—2 所示。

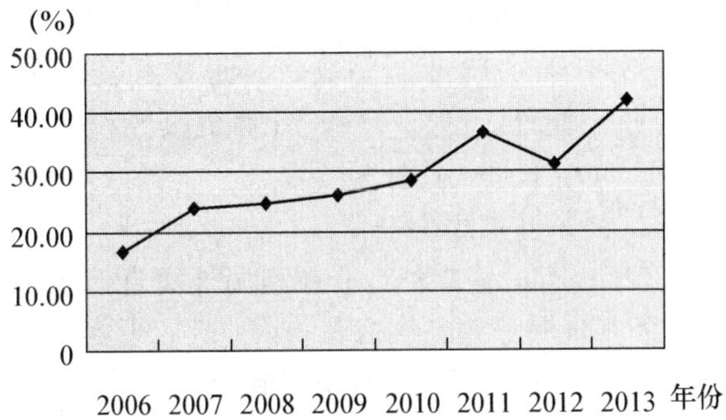

图 18—2　2006—2013 年江苏服务业利用外商直接投资占全省利用外商直接投资的比重走势

2006 年至 2013 年江苏省服务业签订外商投资项目的绝对数量呈现上升趋势，由 1 304 个上升到 1 527 个。同时，江苏省服务业利用外商直接投资项目数占全省利用外商直接投资项目总数的比重有了大幅度增加，由 18.59%上升到 44.22%。2006 年至 2013 年江苏省服务业利用外商直接投资占全省利用外商直接投资总额的比重也有大幅度增加，由 16.75%上升到 41.98%（见表 18—2）。

表 18—2 2006—2013 年江苏省服务业利用外商直接投资情况

年份	服务业利用外商直接投资（亿美元）	全省利用外商直接投资总额（亿美元）	服务业利用外商直接投资占比（%）	服务业利用外商直接投资项目数（个）	全省利用外商直接投资项目总数（个）	服务业利用外商直接投资项目数占比（%）
2006	29.2	174.31	16.75	1 304	7 016	18.59
2007	52.17	218.92	23.83	1 297	5 842	22.20
2008	61.81	251.2	24.61	1 174	4 236	27.71
2009	66.35	253.23	26.20	1 352	4 219	32.05
2010	81.45	284.98	28.58	1 748	4 661	37.50
2011	117.34	321.32	36.52	1 439	4 496	32.01
2012	111.77	357.6	31.26	1 554	4 156	37.39
2013	139.63	332.59	41.98	1 527	3 453	44.22

（三）行业分布情况

从服务业实际利用外商直接投资的增幅来看，2006 年至 2013 年江苏省服务业实际利用外商直接投资增速较快的有金融业，科研技术服务和地质勘查业，租赁和商务服务业，批发和零售业，教育，信息传输、计算机服务和软件业，以及房地产业，它们实际利用外商直接投资的金额分别由 2006 年的 1 000 万美元、3 114 万美元、16 848 万美元、39 659 万美元、105 万美元、3 982 万美元以及 163 304 万美元增加到 2013 年的 43 848 万美元、60 608 万美元、157 833 万美元、253 547 万美元、660 万美元、22 169 万美元以及 689 593 万美元。2006 年至 2013 年金融业，科研技术服务和地质勘查业，租赁和商务服务业，批发和零售业，教育，信息传输、计算机服务和软件业以及房地产业实际利用外商直接投资的年均增长率分别为 71.62%、52.82%、37.66%、30.35%、30.03%、27.80%以及 22.85%（见表 18—3）。

当然，2006 年至 2013 年也有一些服务行业在利用外商直接投资方面出现了不同程度的负增长，包括居民服务和其他服务业、住宿和餐饮业，二者实际利用外商直接投资金额由 2006 年的 6 174 万美元、11 814 万美元分别下降到 2013 年的 4 551 万美元和 9 685 万美元，它们这八年的年均增长率分别为−4.26%和−2.80%。

从服务业的投资结构来看，2013 年服务业利用外商直接投资仍主要集中在房地产业，其次是批发和零售业，租赁和商务服务业，交通运输、仓储和邮政业。房地产业 2013 年实际利用外商直接投资 689 593 万美元，占服务业实际利用外商直接投资的 49.4%；批发和零售业 2013 年实际利用外商直接投资 253 547 万美元，占服务业实际利用外商直接投资的 18.2%；租赁和商务服务业 2013 年实际利用外商直接投资 157 833 万美元，占服务业实际利用外商直接投资的 11.3%；交通运输、仓储和邮政业 2013 年实际利用外商直接投资 110 862 万美元，占服务业实际利用外商直接投资的 7.9%。这几个行业合计占服务业实际利用外商直接投资的 86.8%（见表 18—4）。

表 18—3　**2006—2013 年江苏省服务业实际利用外商直接投资的行业分布情况**　（单位：万美元）

行业	2006	2007	2008	2009	2010	2011	2012	2013
交通运输、仓储和邮政业	28 868	25 713	38 092	61 215	54 152	63 208	67 549	110 862
信息传输、计算机服务和软件业	3 982	7 686	22 531	19 651	15 563	22 128	27 212	22 169
批发和零售业	39 659	27 097	96 770	80 685	131 287	129 989	174 639	253 547
住宿和餐饮业	11 814	25 667	25 827	16 687	20 981	16 190	16 215	9 685
金融业	1 000	0	11 947	5 250	5 837	37 058	41 749	43 848
房地产业	163 304	336 432	334 671	378 416	437 418	710 111	587 029	689 593
租赁和商务服务业	16 848	57 398	42 436	51 949	97 799	107 790	111 921	157 833
科研技术服务和地质勘查业	3 114	7 483	13 389	19 244	33 011	58 763	37 013	60 608
水利、环境和公共设施管理业	11 296	12 549	8 654	16 219	8 148	16 296	41 606	34 433
居民服务和其他服务业	6 174	4 163	13 157	4 528	7 797	4 925	9 459	4 551
教育	105	130	0	16	162	101	8	660
卫生、社会保障和社会福利业	1 026	666	2 740	3 150	1 047	4 712	113	1 211
文化、体育和娱乐业	4 808	16 700	7 899	6 514	1 332	2 168	3 138	7 322
总计	291 998	521 684	618 113	663 524	814 534	1 173 439	1 117 651	1 396 322

注：由于服务业各行业实际利用外商直接投资的金额较小，此处采用亿美元作为单位不合适，因而改用万美元，以便更准确地说明服务业各行业实际利用外商直接投资情况。

表 18—4　　2006—2013 年江苏服务业实际利用外商直接投资的行业分布情况　　（%）

行业	2006	2007	2008	2009	2010	2011	2012	2013
交通运输、仓储和邮政业	9.9	4.9	6.2	9.2	6.6	5.4	6	7.9
信息传输、计算机服务和软件业	1.4	1.5	3.6	3	1.9	1.9	2.4	1.6
批发和零售业	13.6	5.2	15.7	12.2	16.1	11.1	15.6	18.2
住宿和餐饮业	4	4.9	4.2	2.5	2.6	1.4	1.5	0.7
金融业	0.3	0	1.9	0.8	0.7	3.2	3.7	3.1
房地产业	55.9	64.5	54.1	57	53.7	60.5	52.5	49.4
租赁和商务服务业	5.8	11	6.9	7.8	12	9.2	10	11.3
科研技术服务和地质勘查业	1.1	1.4	2.2	2.9	4.1	5	3.3	4.3
水利、环境和公共设施管理业	3.9	2.4	1.4	2.4	1	1.4	3.7	2.5
居民服务和其他服务业	2.1	0.8	2.1	0.7	1	0.4	0.8	0.3
教育	0	0	0	0	0	0	0	0.0
卫生、社会保障和社会福利业	0.4	0.1	0.4	0.5	0.1	0.4	0	0.1
文化、体育和娱乐业	1.6	3.2	1.3	1	0.2	0.2	0.3	0.5
总计	100	100	100	100	100	100	100	100

二、江苏服务业实际利用外商直接投资情况的区域间比较

从各地区服务业实际利用外商直接投资的增幅来看，2010 年至 2013 年山东省服务业实际利用外商直接投资的增幅最大，年均增长率为 34.09%，浙江位居第二，年均增长率为 23.87%，江苏年均增长率为 19.68%，位列第三，这三个省的服务业在 2010—2013 年这四年间实际利用外商直接投资增幅均高于全国年均增长率 9.84%。北京年均增长率最低，仅为 7.57%，低于全国年均增长率（见表 18—5）。

从各地区服务业实际利用外商直接投资的规模来看，2010 年、2011 年、2012 年和 2013 年这四年江苏服务业实际利用外商直接投资分别为 81.45 亿美元、117.34 亿美元、111.77 亿美元和 139.63 亿美元，分别占全国服务业利用外商直接投资总额的 16.30%、20.14%、19.54%和 21.09%，这表明江苏服务业实际利用外商直接投资的比重呈现出稳中有升的态势。上海这四年服务业实际利用外商直接投资分别为 88.31 亿美元、104.3 亿美元、126.79 亿美元和 135.67 亿美元，分别占全国服务业实际利用外商直接投资总额的 17.68%、17.90%、22.17%和 20.49%。这些数据表明，江苏和上海服务业实际利用外商直接投资规模大致相同。浙江和山东两省由于基数较低，服务业实际利用外商直接投资金额一直低于江苏、上海和广东。2010 年、2011 年、2012 年和 2013 年这四年浙江服务业实际利用外商直接投资分别为 41.46 亿美元、54.00 亿美元、64.64 亿美元和 78.8 亿美元，分别占全国服务业实际利用外商直接投资总额的 8.30%、9.27%、11.30%和 11.90%，这表明浙江服务业实际利用外商直接投资的比重呈现出持续上升的态势。2010 年、2011 年、2012 年和 2013 年这四年山东服务业实际利用外商直接投资分别为

28.16 亿美元、38.28 亿美元、44.69 亿美元和 67.90 亿美元，分别占全国服务业实际利用外商直接投资总额的 5.64%、6.57%、7.81%和 10.25%，这表明山东服务业实际利用外商直接投资的比重呈现出快速上升的态势。

表 18—5　2010—2013 年江苏、北京、上海、浙江、广东、山东服务业实际利用外商直接投资比较

地区	2010		2011		2012		2013		2010—2013 年年均增长率（%）
	实际利用外商直接投资金额（亿美元）	比重（%）	实际利用外商直接投资金额（亿美元）	比重（%）	实际利用外商直接投资金额（亿美元）	比重（%）	实际利用外商直接投资金额（亿美元）	比重（%）	
全国	499.63	100.00	582.53	100.00	571.96	100.00	662.17	100.00	9.84
江苏	81.45	16.30	117.34	20.14	111.77	19.54	139.63	21.09	19.68
北京	56.32	11.27	62.443 5	10.72	69.110 1	12.08	70.10	10.59	7.57
上海	88.31	17.68	104.30	17.90	126.79	22.17	135.67	20.49	15.39
浙江	41.46	8.30	54.00	9.27	64.64	11.30	78.80	11.90	23.87
广东	79.71	15.95	84.83	14.56	94.56	16.53	112.56	17.00	12.19
山东	28.16	5.64	38.28	6.57	44.69	7.81	67.90	10.25	34.09

三、江苏典型地级市服务业实际利用外商直接投资的比较

从服务业实际利用外商直接投资的结构来看，苏州 2013 年服务业实际利用外商直接投资仍主要集中在房地产业，其次是批发和零售业，租赁和商务服务业，交通运输、仓储和邮政业。房地产业 2013 年实际利用外商直接投资 16.18 亿美元，占服务业实际利用外商直接投资的 47.33%；批发和零售业 2013 年实际利用外商直接投资 5.83 亿美元，占服务业实际利用外商直接投资的 17.06%；租赁和商务服务业 2013 年实际利用外商直接投资 4.64 亿美元，占服务业实际利用外商直接投资的 13.57%；交通运输、仓储和邮政业 2013 年实际利用外商直接投资 2.86 亿美元，占服务业实际利用外商直接投资的 8.38%。这几个行业合计占服务业实际利用外商直接投资的 86.34%。

从服务业实际利用外商直接投资的结构来看，无锡 2013 年服务业实际利用外商直接投资仍主要集中在房地产业，其次是交通运输、仓储和邮政业，批发和零售业，租赁和商务服务业。房地产业 2013 年实际利用外商直接投资 8.42 亿美元，占服务业实际利用外商直接投资的 57.32%；交通运输、仓储和邮政业 2013 年实际利用外商直接投资 1.68 亿美元，占服务业实际利用外商直接投资的 11.44%；批发和零售业 2013 年实际利用外商直接投资 1.59 亿美元，占服务业实际利用外商直接投资的 10.85%；租赁和商务服务业 2013 年实际利用外商直接投资 1.31 亿美元，占服务业实际利用外商直接投资的 8.94%。这几个行业合计占服务业实际利用外商直接投资的 88.55%。

从服务业实际利用外商直接投资的结构来看，常州 2013 年服务业实际利用外商直接投资仍主要集中在房地产业，其次是租赁和商务服务业、批发和零售业。房地产业 2013 年实际利用外商直接投资 8.42 亿美元，占服务业实际利用外商直接投资的 50.23%；租赁

和商务服务业 2013 年实际利用外商直接投资 4.26 亿美元，占服务业外商实际投资的 25.40%；批发和零售业 2013 年实际利用外商直接投资 2.47 亿美元，占服务业外商实际投资的 14.73%。这几个行业合计占服务业实际利用外商直接投资的 90.36%（详见表 18—6）。

表 18—6　　2013 年苏南地区服务业各行业实际利用外商直接投资金额的比较

服务业行业	苏州		无锡		常州	
	实际利用外商直接投资金额（亿美元）	比重（%）	实际利用外商直接投资金额（亿美元）	比重（%）	实际利用外商直接投资金额（亿美元）	比重（%）
交通运输、仓储和邮政业	2.86	8.38	1.68	11.44	0.29	1.70
信息传输、计算机服务和软件业	0.67	1.96	0.36	2.46	0.02	0.10
批发和零售业	5.83	17.06	1.59	10.85	2.47	14.73
住宿和餐饮业	0.22	0.63	0.03	0.21	0.48	2.87
房地产业	16.18	47.33	8.42	57.32	8.42	50.23
租赁和商务服务业	4.64	13.57	1.31	8.94	4.26	25.40
科研技术服务和地质勘查业	1.21	3.55	0.62	4.19	0.10	0.57
其他	2.57	7.52	0.68	4.60	0.74	4.40
合计	34.18	100.00	14.69	100.00	16.77	100.00

参考文献

［1］孙早，宋炜，孙亚政．母国特征与投资动机——新时期的中国需要怎样的外商直接投资［J］．中国工业经济，2014（2）：71－83．

［2］桑百川，腾柳．2014年中国吸收外商直接投资走势分析［J］．国际贸易，2014（5）：13－17．

［3］陈海波，张悦．外商直接投资对江苏区域经济影响的实证分析［J］．国际贸易问题，2014（7）：62－71．

［4］王舒鸿，宋马林．后危机时代外商直接投资趋势变化的统计分析［J］．中央财经大学学报，2014（11）：84－93．

［5］王晓红，沈家文．我国利用外商直接投资的现状与趋势展望［J］．国际贸易，2015（3）：41－48．

［6］钟晓君．服务业外商直接投资的影响因素：理论与实证研究［J］．国际经贸探索，2015（4）：52－66．

［7］石卫星．外商直接投资对江苏省产业结构的影响及对策［J］．华东经济管理，2015（5）：28－33．

［8］Hoang H. H.，Goujon M.，Determinants of Foreign Direct Investment in Vietnamese Provinces：A Spatial Econometric Analysis［J］．Post-Communist Economies，2014（26）：103－121．

对外直接投资篇

Outward Foreign Direct Investment Articles

第十九章 江苏对外直接投资概况

江苏省作为我国经济最发达、最具活力的省份之一，省内企业开展对外直接投资开始于 20 世纪 80 年代中期。20 世纪 90 年代，江苏的境外投资呈波浪式发展，增长速度缓慢，对外直接投资水平较低。2000 年以后，江苏的对外直接投资呈现快速增长的态势，2013 年，江苏核准对外项目投资 605 个，中方协议投资额为 614 272 万美元。境外投资的快速增长已经成为江苏省外向型经济发展的一个亮点，引起了越来越广泛的关注。

2013 年，世界经济仍处于深刻调整与变革中，在转型中延续低速增长。发达国家经济开始企稳，新兴市场经济则增速回落。后危机时期，在以美国为首的发达经济体和中国引领的新兴经济体的共同牵引下，世界经济呈现出温和增长的趋势。与此同时，发达经济体主权债务危机的余波仍在，中东、非洲等地区的局势持续动荡，江苏企业"走出去"面对的外部环境日益复杂。在这样的国际国内经济环境下，江苏对外直接投资仍然保持了较高速度的增长，保持了连续十年的增长，并且呈现出了一些新的特点与趋势。本章旨在梳理江苏对外直接投资的概况，以下将从对外直接投资规模、境内主体以及进入方式三个方面对 2013 年江苏对外直接投资的新特点与新趋势进行分析。

一、江苏对外直接投资规模分析

从规模方面看，江苏对外直接投资呈现出三个方面的特点：首先，增长速度较快但总体增长趋缓；其次，项目平均规模不断扩大，OFDI 质量不断提升；最后，江苏对外直接投资存量占全国总存量的比重持续攀升。

（一）对外直接投资流量继续较快增长，但增长速度趋缓

在国际经济从低谷走向复苏的漫长过程中，江苏对外直接投资流量保持了较快的增长速度，成为开放型经济构建中的一大亮点。2013 年，江苏对外直接投资流量为315 973 万美元，核准对外投资项目 605 个，较 2012 年增长 5.77%，中方协议投资额 614 272 万美元，较 2012 年增长 21.75%，均创下历史新高。

2013 年，江苏对外直接投资虽然保持了较高的增长速度，但相较于前两年，增速开始趋缓。继 2011 年增长 65.50%、2012 年增长 40.09%之后，2013 年江苏对外直接投资

协议金额较2012年增长21.75%，这已是协议投资额增长速度连续第二年明显降低。增速放缓的趋势在新批项目数增长率上表现得更为明显，其增长率从2012年的13.27%下降至2013年的5.77%，两项指标共同说明，国内国外复杂的经济形势对江苏企业提出了更强的挑战，由于江苏省企业竞争力水平高低不同，江苏企业在“走出去”的道路上也正在发生着分化。

（二）对外直接投资项目的平均规模不断扩大

从表19—1可知，2013年，江苏协议投资额的增长速度为21.75%，高于新批项目数5.77%的增长速度，这说明，尽管两项指标的增长速度均有所放缓，但境外投资单个项目的平均规模仍在继续扩大。实际上，2011年和2012年单个项目的平均规模分别为713.18万美元和882.08万美元，而在2013年，这一指标已经达到了1 015.33万美元。单个项目越来越大的平均规模反映出江苏对外直接投资的质量正在不断提高，说明了“走出去”的江苏企业愈加重视对外投资的规模经济效应。

表19—1　　2011—2013年江苏对外直接投资情况

年份	2011	2012	2013
新批项目数（个）	505	572	605
年绝对增长量（个）	97	67	33
年增长率	23.77%	13.27%	5.77%
中方协议金额（万美元）	360 154	504 547	614 272
年绝对增长量（万美元）	142 541	144 393	109 725
年增长率	65.50%	40.09%	21.75%
对外直接投资流量（万美元）	200 129	292 273	315 973

资料来源：历年《江苏统计年鉴》、商务部对外投资和经济合作司统计数据。

（三）对外直接投资存量占地方总存量的比重不断攀升

2011年，江苏非金融类对外直接投资存量达到了570 194万美元，占地方投资总存量的比重达到了6.71%。[①] 这一增长趋势在2012年得到了维持。如表19—2所示，自2008年以来，江苏占地方对外直接投资总存量的比重维持在6%以上的水平，2012年江苏非金融类对外直接投资存量较2011年增长了37.35%，达到了783 185万美元，占地方投资总存量的比重达到了6.31%，这说明了江苏对外直接投资对全国对外直接投资存量的贡献非常显著。

① 需要说明的是，本报告涉及江苏对外直接投资的数据与涉及全国对外直接投资的数据（中国对外投资目的地、行业分布等）均更新至2013年，这些数据来源于《江苏统计年鉴》（2014）、《中国统计年鉴》（2014）、《2013年度中国对外直接投资统计公报》。而部分全国数据，如对外投资存量分省市排名等，更新至2012年，这些数据来源于《中国商务年鉴》（2013）和《中国财政年鉴》（2013）。本报告尽可能地采用最新的2013年数据进行分析，尽量避免利用不同时点的数据进行对比。不同部分采用不同年份的数据并不会影响我们对中国对外直接投资流量、存量、投资主体、投资方式等的特点的分析和理解。

需要说明的是，全国对外直接投资总存量包括地方对外投资总存量和中央对外投资存量，虽然江苏占地方总存量的比重超过了6%，但占全国总存量的比重只有约2%，这是由中央对外直接投资的庞大规模决定的。

表19—2　2008—2012年江苏非金融类对外直接投资存量、年增长率和占地方总存量的比重

年份	2008	2009	2010	2011	2012
地方总存量（万美元）	2 753 598	3 961 809	6 016 948	8 492 697	12 406 307
江苏存量（万美元）	172 677	249 872	388 814	570 194	783 185
年增长率	48.22%	44.70%	55.61%	46.65%	37.35%
江苏占比	6.27%	6.31%	6.46%	6.71%	6.31%

资料来源：历年《中国商务年鉴》。

二、江苏对外直接投资的境内主体分析

从境内主体方面看，江苏对外直接投资主体继续呈现多样化格局，民营企业投资活动活跃程度超过国有及国有控股企业，成为江苏对外直接投资者中的新增长点。此外，国有企业和集体企业对外投资金额的大幅减少也是2013年出现的新变化。

（一）投资主体多样化

从对外直接投资企业在工商行政部门登记注册的情况来看，对外直接投资企业主要由民营企业、外资企业、国有及国有控股企业、集体企业构成。如表19—3与表19—4所示，2013年，民营企业的对外投资项目数为426个，协议金额为434 218万美元，同比增长了35.39%，占总金额的70.69%；外资企业的对外直接投资项目数为118个，协议金额为132 663万美元，同比增长了36.56%，占总金额的21.60%；国有及国有控股企业的对外直接投资项目数为58个，协议金额为46 418万美元，占总金额的7.56%；集体企业的对外直接投资项目数为3个，协议金额为974万美元，占总协议金额的0.16%。从数量上来说，2013年我国对外直接投资的主体继续保持了多元化的格局，民营企业的对外投资项目数较2012年增加了11.23%，其他各类所有制企业则均有所下降。

表19—3　2011—2013年以协议金额计的江苏对外直接投资境内主体构成

主体	2011		2012		2013	
	金额（万美元）	比例	金额（万美元）	比例	金额（万美元）	比例
国有及国有控股企业	27 271	7.57%	84 488	16.75%	46 418	7.56%
集体企业	1 495	0.42%	2 185	0.43%	974	0.16%
民营企业	251 638	69.87%	320 725	63.57%	434 218	70.69%
外资企业	79 750	22.14%	97 149	19.25%	132 663	21.60%
合计	360 154	100.00%	504 547	100.00%	614 273	100.00%

资料来源：历年《江苏统计年鉴》。

表 19—4　　2011—2013 年以新批项目数计的江苏对外直接投资境内主体构成

主体	2011		2012		2013	
	项目数（个）	比例	项目数（个）	比例	项目数（个）	比例
国有及国有控股企业	34	6.73%	60	10.49%	58	9.59%
集体企业	3	0.59%	4	0.70%	3	0.50%
民营企业	369	73.07%	383	66.96%	426	70.41%
外资企业	99	19.60%	125	21.85%	118	19.50%
合计	505	100%	572	100%	605	100.00%

资料来源：历年《江苏统计年鉴》。

（二）民营企业是江苏对外直接投资的主力军

自 2000 年以来，民营企业就在江苏的对外直接投资中独占鳌头。2013 年，民营企业参与境外投资项目 426 个，较 2012 年增长了 11.23%，占全年新批项目数的 70.41%；协议投资额为 434 218 万美元，较 2012 年增长了 35.39%，占全年协议投资总额的 70.69%。民营企业是江苏对外直接投资的主力军。

民营企业在投资主体中的主力地位，不仅反映在项目数量与协议投资金额的飞速增长上，而且体现在民营企业境外投资项目平均规模的不断扩大上。相对于新批项目的 11.23%的增长率，协议投资额的 35.39%的增长幅度更大。如表 19—5 所示，2013 年，民营企业对外直接投资的平均规模首次突破 1 000 万美元，同时首次超过国有及国有控股企业的平均规模，达到 1 019.29 万美元。民营企业境外投资平均规模不断扩大的趋势表明江苏省民营企业的实力正在不断增强，开展对外直接投资的质量正在不断提高，并开始追求对外投资的规模经济效应。

表 19—5　　2011—2013 年江苏对外直接投资项目平均规模　　（单位：万美元）

年份	2011	2012	2013
国有及国有控股企业	802.089	1 408.13	800.31
集体企业	498.33	546.25	324.67
民营企业	681.95	837.40	1 019.29
外资企业	805.56	777.19	1 124.26

资料来源：历年《江苏统计年鉴》。

与国有企业相比，一方面，民营企业在海外投资中的阻力要小得多，其项目投资即便在美国、欧洲等监管门槛极高的地区也较为畅通；另一方面，民营企业具有更加灵敏的市场嗅觉和更加灵活的应变能力，在为市场竞争提供活力的同时，也必然带动江苏对外直接投资潜力的开发，推动江苏对外直接投资在数量和质量上的升级。但是，论资金实力和抵御各种风险的能力，论信息、人才以及对外国环境的了解，民营企业相比于国有企业具有先天的不足，因而更加需要金融、外交商务保护等全方位的支持。

（三）国有企业对外直接投资大幅减少

2013 年，在对外直接投资所有制构成方面，最大的变化在于国有及国有控股企业对外投资额的大幅缩水。在民营企业和外资企业对外投资高速增长的背景下，国有及国有控股企业一反常态，协议投资额从 2012 年的 84 488 万美元剧烈下降至 2013 年的 46 418 万美元，降幅高达 45.06%。

伴随着协议投资额的剧烈下降，国有及国有控股企业对江苏境外投资的贡献程度也从 2012 年的 16.75%下降到了 2013 年的 7.56%。国有及国有控股企业对外直接投资的大幅缩水是江苏对外直接投资整体增速低于 30%的重要原因；国有及国有控股企业能否达到对江苏省对外直接投资 10%以上的贡献度，是江苏境外投资速度能否超过 40%的重要条件。

2013 年国有及国有控股企业对外直接投资的减少同样影响了项目平均规模的排名。2012 年，国有及国有控股企业以 10.49%的项目数量比例完成了 16.75%的协议投资额（见表 19—3、表 19—4），以 1 408.13 万美元的平均规模排在榜首；外资企业和民营企业的项目平均规模分别为 777.192 万美元和 837.40 万美元；集体企业的项目平均规模为 546.25 万美元。而在 2013 年，国有及国有控股企业的项目平均规模仅为 800.31 万美元，位列项目平均规模为 1 124.26 万美元的外资企业以及项目平均规模为 1 019.29 万美元的民营企业之后，仅排名第三。

三、江苏对外直接投资的进入方式分析

目前，除了绿地投资之外，参股并购与风险投资也逐渐成为江苏对外投资的主要形式。由表 19—6 可知，2012 年，江苏对外直接协议投资额为 504 547 万美元。其中，以参股并购方式进行的境外投资为 99 294 万美元，较 2011 年增长了 102.11%，占协议总金额的 19.68%；以风险投资方式进行的境外投资为 13 522 万美元，较 2011 年增长了 51.95%，占协议总金额的 2.68%。

2013 年，以参股并购和风险投资方式进行的对外直接投资继续高速增长。2013 年，江苏对外直接协议投资额为 614 272 万美元。其中，以参股并购方式进行的境外投资为 126 803 万美元，较 2012 年增长了 27.70%，占协议总金额的 20.64%；以风险投资方式进行的境外投资为 28 342 万美元，较 2012 年增长了 109.60%，占协议总金额的 4.61%。由此可见，2012 年江苏境外投资进入方式的特点在于参股并购类项目高速增长，而 2013 年的新特点则是风险投资类项目比重开始迅速提高。

表 19—6　　2011—2013 年江苏对外直接投资进入方式情况

类别 \ 年份	2011	2012	2013
新批项目数（个）	505	572	605
参股并购类项目（个）	64	83	80
风险投资类项目（个）	9	13	10
中方协议金额（万美元）	360 154	504 547	614 272
参股并购类项目（万美元）	49 129	99 294	126 803
风险投资类项目（万美元）	8 899	13 522	28 342

资料来源：历年《江苏统计年鉴》。

企业开展海外并购可通过充分利用当地的技术资源，实现跟踪、学习和获取先进技术和适用技术的目的，这已成为江苏企业增强国际竞争力、增强技术创新能力、扩大海外市场份额的重要战略。国际金融危机以来，江苏企业的海外并购活动主要受内外两方面因素的刺激：国际上，发达经济体的复苏缓慢，同时新兴经济体的增长出现减速；国内方面，中国政府鼓励有实力的企业“走出去”并给予政策支持，一批早有收购意图并等待时机的江苏企业抓住此次机会大显身手。

虽然江苏开始越来越多地利用跨国并购的方式，但与国际水平相比，江苏的并购比例还处于较低水平。江苏仍然需要从以绿地投资为主的初级阶段，加快向以跨国并购为主的高级阶段迈进。

第二十章 江苏对外直接投资的环境动态与趋势预测

对外直接投资是开放经济的重要组成部分，是国际专业化分工与合作、国际技术和资本流通的需要。对外直接投资不仅可以巩固和扩大出口市场、规避贸易壁垒，而且能使企业抓住机遇吸收先进的管理经验和优秀人才，进一步提升国际影响力，同时也有利于带动机器、设备、原材料的出口，加速经济的升温，增强国际竞争力。自 1980 年起，全球的对外直接投资发展就十分迅速。世界经济强国无一例外都是对外直接投资大国。目前中国不仅是外国直接投资的接受大国，而且是对外直接投资大国，更是对外直接投资额最大的发展中国家。

根据商务部、国家统计局、国家外汇管理局联合发布的《2013 年度中国对外直接投资统计公报》，2013 年中国对外直接投资流量创下了 1 078.4 亿美元的历史新高，同比增长了 22.8%；对外直接投资分别占全球当年流量、存量的 7.6%和 2.5%，这是中国连续第二年位列全球第三大对外投资国。

一国的对外直接投资的发展，既与国内的经济发展状况有关，也与国际经济形势密不可分。因此，中国国内的经济环境与投资东道国的经济环境，构成了江苏企业对外直接投资的整体环境。

本章首先从积极因素与消极因素两方面概述了 2013 年对外直接投资的国际环境，然后概述了 2013 年中国的经济形势及政策动态。了解全球和中国的经济环境及投资环境，目的在于以全球的视野看待中国以及江苏的对外直接投资，是全面、客观认识江苏对外直接投资的必要条件。最后，在对宏观经济变化、微观企业行为以及外部环境进行综合分析的基础上，对江苏对外直接投资的趋势和战略进行了预测。

一、江苏对外直接投资的国际环境

2012 年，全球经济依然在缓慢的复苏过程中艰难跋涉。一方面，发达国家的经济复苏进程面临诸多不确定因素，债务危机仍是 2011 年以来的重要难题；美国的产业空心化与失业问题相伴，制造业未能迅速振兴；欧债危机击中了欧洲软肋，给欧洲一体化的前景增加了变数。另一方面，新兴经济体复苏势头也遭遇阻碍，控通胀与保增长成为政策选择的两难。IMF 副总裁朱民在讲话中说："全球主要发达经济体似乎陷入了经济活动疲软、金融市场承压以及公共债务和赤字水平高企不下的恶性循环之中。"

而2013年以来，全球经济先扬后抑，复苏的速度依然令人失望。全球经济的滞涨超出了大部分人的预期。同时，全球经济的自由落体，一方面说明增速放缓的趋势在短时间内无法发生根本性变化；另一方面也意味着全球宏观调控不仅未能有效阻止增速放缓，而且带来了风险激升、货币超发的负面影响。

相比于缓慢的经济复苏，全球的对外直接投资在2012年至2013年期间已经出现了明显回暖，基本回到了金融危机之前的水平。从某种意义上来说，对内部实体经济恢复的失望可能转化成为向外部寻找新增长点的动力。但也正因如此，中国的对外直接投资开始面临矛盾：一方面，全球资产的流动加速使得国际资本市场得以重振，这样的大背景也许可以带动中国资本加快“走出去”的步伐；另一方面，全球资产价格回暖、投资者大量涌现，也使得中国对外直接投资的国际地位面临下降的隐忧。

国际经济环境的有利一面主要体现为三个方面：首先，国际宏观形势好转带来了需求条件的改善，欧美经济复苏的脆弱性及政策的不确定性仍将增加对外部资金的需求，放宽对一些领域的投资限制，有利于技术和资产导向的中国投资，全球经济布局的不均衡也为中国资本海外投资、产业转移提供了条件。其次，跨国公司的影响力继续增强，这将带动中国海外投资的增长。虽然2012年外国直接投资和国际生产都出现了下滑态势，但跨国公司的FDI存量为23万亿美元，同比增长了9%；跨国公司海外子公司销售总额达26万亿美元（出口7.5万亿美元），同比增长了7.4%，贡献增加值为6.6万亿美元，同比增长了5.5%。最后，全球投资体系面临重大改革，全球多双边投资协议将为中国对外直接投资提供制度保障。在谈的中美投资协定、中欧投资协定，已经签署的上海合作组织协议、东盟《区域全面经济伙伴关系协定》《中国—中东欧国家合作布加勒斯特纲要》，以及其他双边投资协定和自贸区协议均确立了较高标准的投资保护待遇，符合中国“走出去”战略的客观要求，符合中国成为对外投资大国的现实利益。

尽管2013年中国对外直接投资流量创下了1 078.4亿美元的历史新高，并连续两年位列全球第三大对外投资国，但是全球经济复苏的环境也在不断发生变化，中国对外直接投资东道国所展示出的一些信号，从侧面折射出了投资环境的恶化。以华为为代表的一批大型企业在美国遭遇了态度强硬、措辞严厉的背景调查，中国企业对外投资中的泛政治化困境纷纷脱离了非正式渠道，摆到了所有人的面前。除了在美国的遭遇之外，在欧洲的中国企业也未能幸免。2012年年末，据中国欧盟商会公共采购工作组透露，欧盟针对中国政府采购的报复性立法草案已经完成，并提交欧盟成员国讨论，且已获得欧盟议会的支持。一旦这份报复性立法草案通过，中国企业将丧失在欧盟成员国范围内承揽包括铁路、水务在内的大型基础设施建设业务的机会。欧盟希望借此向中国施压，要求中国政府开放更大范围的政府采购，并将部分国有企业采购纳入政府采购的范围，向欧盟成员国开放。

国际经济环境的不利一面主要体现为：由于发达经济体正在摆脱金融危机以及债务危机的不利影响，并开始走上经济复苏的正轨，对中国来说，由金融危机带来的很长一段对外直接投资的机遇窗口期即将宣告关闭，“中国投资”可能已经不再是其他经济体原本渴求的“救命稻草”，来自中国的对外直接投资资金将由强势地位被拉回到正常水平，参与全球范围内的公平竞争；与此同时，外国政府和企业对中国企业的政府背景、管理体制和利益诉求的警惕又逐渐浮出水面。中国对外直接投资的国际环境将进入一个新的时期——一个对中国政府和中国企业更挑剔、要求更严格的投资时期。

二、江苏对外直接投资的国内环境

2013年，江苏对外直接投资也面临着国内经济形势和制度环境变化的影响。这些变化包括经济增长放缓、产业结构升级的步伐加快、逐渐清晰的国家战略以及金融政策的支持与保障。这些变化对江苏对外直接投资影响的方向不一、方式不同，但均是评估对外投资的当前态势、规划下一步的发展目标所必须加以考虑的重要因素。

（一）宏观经济进入结构性减速期

延续2012年经济发展态势，2013年中国经济进入结构性减速期。2013年经济增长率达到7.5%。与2012年相比，消费增幅下降，投资增长靠地产和基建拉动，制造业投资下滑，总体投资平稳，外需有所改善，贸易顺差略有增加。

第一，工业回升，但实体通缩依然。2013年第三季度工业开始回升，中国采购经理人指数PMI连续超过50%，上升趋势明显，工业增加值增长率接近10%这一中国工业长期增速下限，经济已经出现了企稳迹象。反映生产者价格水平的PPI（生产者价格指数）持续两年为负值，意味着实体经济一直处于通缩状态，应大量去库存和产能，但很多企业只存在去库存，而去产能则一直步伐缓慢。在产能不能有效退出的情况下，财政、金融资源的大量持续流入，阻碍了工业部门的调整，并将成为今后几年困扰经济有效复苏和工业部门经济效益提高的主要问题。

第二，出口回升，投资靠地产和基建拉动，消费下降。与2012年同期相比，三大需求中出口复苏比较快。出口下半年复苏的原因是：欧美经济走稳带动了中国出口；贸易条件改善，尽管实际有效汇率和名义有效汇率双双走高，但进口原材料价格大幅下跌，出口加工企业利润回升；出口退税政策下半年仍有7 000亿元额度可供使用，出口成为2013年稳定经济的重要工具。

投资保持高速增长态势，但仍主要靠地产和基建投资，这种投资模式的可持续性一直是社会关注的问题：政府、企业负债过高，而且利率也处于较高的水平，金融风险不断累积；社会投资回报率不断下降，外商投资下降，企业自主投资意愿下降，制造业投资下降很快，服务业投资领域更大程度的开放很重要；房地产作为地方经济的支柱，一直存在非常高的风险。

导致2013年消费增长下滑的长期制约因素主要是：经济减速会直接导致收入预期下降，降低消费；由于收入差距大、福利覆盖水平低，导致居民消费倾向下降；财富效应小，中国居民的财产性收入主要是房地产、储蓄和股票等，房地产价格畸形已经是拉大收入差距的主要因素，股票市场熊霸全球，投资者资产缩水，而储蓄利率自由化推动居民储蓄收入有所增加，对消费有所支持。

第三，金融风险。2013年中国金融市场波动幅度较大。当前，直接的金融风险在结构上表现为严重的同质化金融机构期限错配、央行人民币创造机制依赖于外汇占款、地方政府债务的不可持续、企业负债高和“影子银行”蕴藏的风险。经济靠货币推动的格局依然存在。

（二）产业结构升级加快，服务业发展空间广阔

从国内产业结构看，我国国内产业结构升级加快，产业结构正处在以第二产业为主导向三次产业协调发展转变的过程中，服务业所占的比重将不断提高，依托发达的制造业基础，优先发展现代服务业，将成为未来中国产业结构调整的战略取向。

近年来，中国服务业在保持较快发展速度的同时，其内部结构明显改善，服务业结构转换与升级速度加快。物流、金融、信息服务等生产性服务业的带动作用开始显现，旅游、文化、教育培训、医疗卫生、体育、会展、中介服务、动漫、创意等需求潜力大的新兴服务业发展迅速。现代技术型、知识型服务业迅速发展，各种新型业态层出不穷，提升了服务业对国民经济特别是对制造业的支撑作用。但交通运输、批发和零售等传统产业的主导地位并未改变，现代物流、信息、金融等现代服务业发展总体水平仍然偏低。从服务业内部各行业的增加值来看，批发和零售业，交通运输、仓储和邮政业，住宿和餐饮业等传统服务业所占比重最高，在全部服务业增加值中的比重高达 40%，而金融与保险、信息传输、计算机服务和软件业、科学研究与技术服务等现代服务业和新兴服务业所占的比重还比较低，约为 20%。从消费增长的空间看，现代服务业将极大拓展消费空间，随着居民消费能力的提升和消费结构的改善，传统服务业将在经营手段、经营业态、经营理念上向现代服务业转变。

同时，我国服务业面临欧美和亚洲发达经济体现代服务业向中国转移的机遇。基于市场空间、资源约束、人力成本、科技原创力、产业基础等核心因素，欧美、日本、新加坡等发达经济体的高等级生产性服务业及部分消费性服务业正加速向中国转移，重点包括与制造业紧密联系的航运、金融、物流、高等商贸、商务服务等，资金流、信息流、人才流、能量流正加速向中国集聚。江苏作为长三角地区的重要区域，存在广阔的市场空间与发展机遇。

（三）国家战略：推动海外投资展现战略远见

来自母国的政策保障首先必须基于一国政府在经济发展理念上对海外投资的重视。随着中国企业越来越多地参与海外项目，经历与经验逐渐丰富，中国政府也从中看到了“走出去”战略的成果：对外直接投资对企业成长发展有重大的影响，而对一国的经济发展也具有极其重要的战略意义。因此，在“十二五”规划当中，继续推进“走出去”战略成为一项重要的内容，并且其在投资主体的多元化、投资行业的指向、投资项目的科学性和风险防范等方面提出了更加详细的要求。

“十二五”规划指出，要加快实施“走出去”战略。按照市场导向和企业自主决策原则，引导各类所有制企业有序到境外投资合作。发展海外工程承包，扩大农业国际合作，深化国际能源资源互利合作，积极开展有利于改善当地民生的项目合作。逐步发展我国大型跨国公司和跨国金融机构，提高国际化经营水平；做好海外投资环境研究，强化投资项目的科学评估；提高综合统筹能力，完善跨部门协调机制，加强实施“走出去”战略的宏观指导和服务。维护我国海外权益，防范各类风险。

在“十二五”的“走出去”战略规划的指引下，我国政府不断在适时推出新政和协调多边关系方面取得新的进展。2013 年 12 月公布的《政府核准的投资项目目录（2013 年本）》中规定，中方投资 10 亿美元及以上项目，涉及敏感国家和地区、敏感行业的项目，由国务院投资主管部门核准；前款规定之外的中央管理企业投资项目和地方企业投资 3 亿美元及以上项目报国务院投资主管部门备案。由核准制改为备案制无疑是对有海外投资意向的中国企业的重大利好，有利于降低企业的海外投资成本和面临的政策不确定性，提高投资效率和避免错失投资机会。我们期待实施细则和时间表能尽快出炉。

2013 年 7 月举行的第五轮中美战略与经济对话拉开了“负面清单序幕”。这次对话的一个重要的成果是中方同意以准入前国民待遇和负面清单为基础与美方进行投资协定实质性谈判。这是中美在 2008 年启动双边投资协定谈判以来所取得的最大突破，标志着中国达成高水平投资协定和参与全球投资治理的态度，以及推动中国企业“走出去”、促进产业转型升级的决心，更重要的是进一步释放了改革信号，不仅意味着将进一步推动行政审批制度改革，而且也表明将推动我国的外资管理体制、金融体制、司法体制等多方面的改革。

在这些与经济部署密切相关的政策或协定中，都反映出同一个要点：中国未来几年“走出去”的目标，是要以科学合理、符合战略要求的方式，建立真正的治理结构完善的世界级跨国公司，而中国政府将为企业的“走出去”提供有力的政策保证与支持。

（四）经济实际：金融支持成为有效保障

就目前中国对外直接投资的实践来说，最急需的国内支持集中在两大方面：一是政治风险防范；二是投资资金支持。而这两方面也是国家战略转化为实际政策的最重要的途径，并且可以归结到同一个问题——金融支持。

从 2011 年起，国家鼓励中国企业海外投资的政策路径开始清晰起来。在中国国际投资贸易洽谈会期间举办的国际投资论坛上，中国商务部部长陈德铭在主旨演讲中称，“十二五”期间，商务部会加大对中国企业对外直接投资的政策支持和服务保障力度，将研究外汇储备有效运用以及人民币跨境流通的渠道和方式，支持企业对外投资。除了改善外汇管理体制，用外汇储备支持中国企业海外投资之外，商务部等有关部委还将采取多项举措加大对企业“走出去”的支持力度，比如探索推动国内有条件和有意愿的经济技术区发挥它们的优势，参与境外的经贸合作区的开发建设；健全投资促进和保护机制，提高境外的风险防范和应急处理能力，有效地维护境外企业、机构和人员的合法权益，完善对民营企业和中小企业对外投资的引导和服务；鼓励“走出去”的中国企业扩大对生产、深加工环节的投资，帮助东道国提升能力，增加就业，改善民生。

2012 年年底，我国唯一的政策性出口信用保险机构——中国出口信用保险公司（以下简称中国信保）——的改革实施总体方案获得了国务院批准。2012 年 12 月 18 日，中国信保在北京举行了中国信保体制改革暨注资仪式，由中投公司通过汇金公司向中国信保注资 200 亿元人民币。中国信保的主要职能之一就是提供海外投资保险。一直以来，中国信保在政治风险保险方面具有国有背景和财政补贴的优势，在承担海外政治风险的同时采取诸多举措维护企业的海外利益。在中投公司的注资完成后，中国信保的资本实力将显著增强，政策性职能定位进一步强化，将在支持国家“走出去”战略、保护中国企业海外权益方面起到更加重要的作用。同时，这也体现出中国政府坚定地维护中国企业海外权益，让中国企业在“走出去”过程中更无后顾之忧的战略思维。

除了在规避政治风险方面做出了努力外，国家在海外投资的信贷支持会上也做出了一定的努力。2013 年年初，工信部副部长苏波指出，“十二五”时期是我国企业“走出去”的大好时期，要加大对企业“走出去”的引导和政策支持，鼓励银行在授信额度、贷款条件、贷款期限等方面对“走出去”的企业给予优惠，加大对企业海外投资的信贷支持，鼓励金融机构参与企业海外并购活动，实现银企联合“走出去”，鼓励大型国有企业和规模较大、外向度较高的企业整体或者主营业务到美国等主要资本市场上市，拓宽境外融资的渠道。银监会主席阎庆民也提出，银行业金融机构支持中国企业“走出去”要把握三个导向，即服务实体经济、支持民族品牌以及提升竞争力。

从各方面来看，为给企业海外投资营造良好的国内环境，中国政府已经做出了大量的努力，江苏企业对外直接投资的政策环境将进一步优化。

三、江苏对外直接投资的趋势预测

2011—2013 年，中国经济经历了重重考验，与世界经济的整体复苏发生了不可避免的碰撞，但江苏企业“走出去”的脚步依然稳健扎实。这三年的实践表明，江苏的对外直接投资将沿着“十二五”规划的路线稳步前进，预计在未来的一段时间内，江苏企业“走出去”的征程将呈现出以下趋势。

投资动因方面，选择进入海外市场、参与对外直接投资是江苏企业生产率和生产经营水平不断提高的内在驱动因素。根据 Melitz 的生产率筛选模型，具有最高生产率的企业将首先选择对外直接投资，其次选择在向本土市场提供服务的同时进入出口市场；而生产率较低的企业则只会选择继续服务本土市场甚至退出市场。生产率的提高使得江苏企业能够支付海外生产的 FDI 固定成本，并具备对外直接投资的能力，为了进一步形成所有权优势、内部化优势和区位优势，这些具有高生产率的企业选择进行对外直接投资。随着江苏经济的发展和江苏企业在价值链上的攀升，生产率较高的企业的产品进入成长期或成熟期，产品的生产程序、质量工艺完全标准化，对外直接投资的主要动机逐步从获取自然资源和战略资产转变为获取东道国的先进技术、营销渠道和品牌，提高自身生产效率和绩效，最后上升为寻求市场，避开越发激烈的贸易摩擦和不断增加的贸易壁垒，嵌入世界经济链条，进行国际化布局。

投资流量方面，企业“走出去”的动力将继续增强，海外投资规模将进一步扩大。随着宏观经济的稳定发展和企业实力的进一步增强，江苏企业已经在生产制造和加工、资源开发和利用、基础设施建设等领域形成了一定的优势，为缓解在国内市场竞争面临的环境、资源等方面的压力，企业在全球范围内争取更多资源和更大市场的愿望也日趋强烈。2013 年以来，在经历了投资过热和冷静反思之后，江苏企业对外投资的心态开始趋于理性，方式方法趋于成熟，同时投资需求和投资实力有增无减。其中，大型企业的全球化将继续深入，而中小企业，尤其是民营企业的国际化需求空间将更大，江苏对外直接投资流量仍将继续增长。

投资区域方面，江苏的对外投资将维持在优势地区的优势地位，并进一步提升其在发达经济体中的投资地位。预计在较长的一段时间内，亚洲仍是江苏对外直接投资流量最集中的地区。其中，中国香港、英属维尔京群岛和开曼群岛以其特殊的功能地位，还将成为江苏对外投资资金最初流向的主要集散地。但从资金的最终流向地来看，欧洲和北美发达国家对江苏企业的吸引力从未减弱。借助金融危机带来的机遇，江苏对这些地区的投资在过去几年间屡有突破，已有的经验和经济基础让江苏企业有能力攻坚克难。

投资行业方面，制造业和第一产业仍将是江苏对外投资的优势行业，而现代服务业将超越依附于进出口贸易的传统服务业，成为江苏“走出去”的重要领域。长期以来，江苏服务业的对外直接投资都从属于进出口贸易，随着经济发展转向内外需平衡发展的轨道，以交通运输业为代表的依托于货物贸易的服务业的对外直接投资已经出现逐步下降的态势。而与之相对的是，高科技产业和技术密集型产业则在海外并购中展现出了充足的动力。凭借高科技产业不断提升的竞争力，这一类型的对外投资很可能成为新的亮点和更持久的增长来源。

投资主体方面，在政策的鼓励和支持下，对外直接投资主体的多元化格局将进一步深化。对外直接投资主体的多样化是一个内涵丰富的概念，它不仅仅指民营企业与国有企业在对外直接投资中所占的比重，还指治理结构完善的现代企业相比于传统体制管束下的、股权结构透明度低的企业在对外直接投资中所占的比重，而后者仍是中国对外直接投资中遭遇阻力最大的投资主体，这种阻力甚至与形式上的国有或民营并无绝对的联系。在未来，大型企业“走出去”的一个前提是完善的公司治理。当投资东道国把大型企业真正视为商业企业，并将企业的并购行为视为完全市场化的行为时，这种顾虑、误会或者偏见可能会从根本上得到缓解。

总的来看，在全球经济复苏的大背景下，江苏对外直接投资所面临的机遇仍然大于挑战。在后金融危机时代，经历了考验和沉淀的江苏企业将以更成熟的姿态继续活跃在世界市场上。

第二十一章 江苏对外直接投资的行业分布

本章从行业的角度对江苏对外直接投资活动进行了分析。首先，描述了江苏企业对外直接投资的行业分布的总体情况，并提炼了其行业分布特征；其次，对江苏对外直接投资的行业分布进行了纵向分析，研究了近三年来三大产业分布的变化以及行业分布变化的原因；最后，以行业分布的全国平均状况为基准，对江苏对外直接投资的行业分布进行了横向分析，挖掘了江苏相对于全国的区域特点，锁定了江苏对外直接投资活动中的优势和薄弱行业。

一、江苏对外直接投资行业分布概述

2013 年，江苏对外直接投资的流向覆盖了三大产业的 14 个行业。其中，重点行业的地位依旧突出，租赁和商务服务业，制造业，批发和零售业，电力、燃气及水的生产和供应业，房地产业和采矿业 6 个行业投资流量合计为 543 941 万美元，占全年投资总流量的 88.55%。重点行业的比重基本保持稳定，特别是制造业以及电力、燃气及水的生产和供应业，仍是全年投资的热点所在；而部分服务业则出现了显著的下滑，部分高科技行业的增长动力显现出了疲态。

本章通过梳理江苏对外投资的行业分布的三方面的特征，对江苏对外直接投资行业分布的总体情况进行了概述。

（一）行业分布日趋多元化

随着经济全球化的发展和我国经济实力的增强，江苏的对外直接投资从早期的以单业为主向多种行业及多种经营方式稳步拓展，对外直接投资在行业分布上呈现出多样化的发展趋势。从第一产业的农、林、牧、渔业，到第二产业的制造业、采矿业、建筑业，再到第三产业的租赁和商务服务业，交通运输、仓储和邮政业，信息传输、计算机服务和软件业及其他非物质生产部门，江苏企业对外直接投资已经完全覆盖了三大产业的 19 个行业。就 2013 年当年的情况看，新增投资主要流向了其中的 14 个行业。

根据《江苏统计年鉴》(2013) 的相关统计，江苏企业对外直接投资流量在三大产业中的分布存在较大的差异，流向第三产业（即服务业）的流量达到了 358 918 万美元，占总流量的 58.43%；流向第二产业（包括建筑业等）的流量为 229 016 万美元，占总流量的 37.28%；而流向第一产业（即农、林、牧、渔业）的流量仅为 26 338 万美元，占总流量的 4.29%（见表 21—1）。

表 21—1　　2011—2013 年江苏对外直接投资行业分布情况　　（单位：万美元）

	2011	2012	2013	年增长率
第一产业	**4 772**	**23 286**	**26 338**	**13.11%**
农、林、牧、渔业	4 772	23 286	26 338	13.11%
第二产业	**151 149**	**150 561**	**229 016**	**52.11%**
采矿业	32 961	33 260	31 576	−5.06%
制造业	63 865	72 820	127 190	74.66%
电力、燃气及水的生产和供应业	35 868	40 314	65 428	62.30%
建筑业	18 455	4 167	4 822	15.72%
第三产业	**204 234**	**330 701**	**358 918**	**8.53%**
交通运输、仓储和邮政业	6 010	9 805	3 869	−60.54%
信息传输、计算机服务和软件业	17 588	7 597	4 040	−46.82%
批发和零售业	86 699	89 584	98 450	9.90%
住宿和餐饮业	11 500	3 100	3 395	9.52%
金融业		2 080		−100.00%
房地产业	28 176	41 140	49 904	21.30%
租赁和商务服务业	44 576	158 432	171 393	8.18%
科学研究、技术服务和地质勘查业	6 202	12 682	19 450	53.37%
水利、环境和公共设施管理业				
居民服务和其他服务业	400	6 201	4 850	−21.79%
教育	70			
卫生、社会保障和社会福利业				
文化、体育和娱乐业	3 013	80	3 568	4 360.00%
公共管理和社会组织				
总计	360 154	504 547	614 272	21.75%

资料来源：历年《江苏统计年鉴》《中国统计年鉴》。

（二）六大行业最为集中

江苏企业对外直接投资在流量方面也存在较为明显的行业差异，虽然几乎覆盖了所有的行业，但 2013 年对外直接投资流量占比在 5%以上的行业仅有租赁和商务服务业，制造业，批发和零售业，电力、燃气及水的生产和供应业，房地产业，采矿业六个行业，其投资额分别为 171 393 万美元、127 190 万美元、98 450 万美元、65 428 万美元、49 904 万美元和 31 576 万美元，占总流量的比重则分别为 27.90%、20.71%、16.03%、10.65%、8.12%和 5.14%，这六个行业集中了总流量的 88.55%（见表 21—2）。其中，属于第二产业的制造业，电力、燃气及水的生产和供应业，采矿业的流量占比之和为 36.50%，属于第三产业的租赁和商务服务业、批发和零售业、房地产业的流量占比之和为 52.05%，超过总流量的一半，凸显出了服务业在江苏对外直接投资中的重要地位。

表 21—2　　2011—2013 年江苏对外直接投资行业分布比重排名

排名	2011	2012	2013
1	批发和零售业	租赁和商务服务业	租赁和商务服务业
2	制造业	批发和零售业	制造业
3	租赁和商务服务业	制造业	批发和零售业
4	电力、燃气及水的生产和供应业	房地产业	电力、燃气及水的生产和供应业
5	采矿业	电力、燃气及水的生产和供应业	房地产业

资料来源：历年《江苏统计年鉴》。

（三）技术密集型行业对外直接投资表现存在差异

在传统的以劳动密集型为主的对外直接投资规模不断扩大的同时，一些技术密集型行业的对外直接投资也开始呈现快速增长的态势。2013 年，流向信息传输、计算机服务和软件业的投资达到了 4 040 万美元，较 2012 年减少了 46.82%，占总流量的比重从 2012 年的 1.51%下降到了 0.66%；然而，流向科学研究、技术服务和地质勘查业的投资达到了 19 450 万美元，同比增长了 53.37%，占总流量的比重从 2012 年的 2.51%提升到了 3.17%。随着我国科学技术水平不断提高和江苏产业层次的不断提升，未来技术密集型企业一定会成为江苏对外直接投资的主要行业。

二、江苏对外直接投资行业分布的纵向分析

由表 21—1 可知，在对不同行业进行对外直接投资的过程中，对外直接投资流量的变化方向及幅度不尽相同。下面将对近三年来对外直接投资在三大产业中的分布的变化进行分析。2013 年，江苏对外直接投资总流量较 2012 年增长了 21.75%，下面将以此作为评价各行业投资增长情况的基准速度。

（一）对第一产业的投资规模得以维持，投资流量稳步增长

2013 年，流向农、林、牧、渔业的投资达到了 26 338 万美元，同比增长了 13.11%，占总流量的比重为 4.29%，约与 2012 年齐平。

2013 年，在第一产业门类下的四个子行业中，农业的投资流量为 7 969 万美元，继续保持了 70.00%以上的同比增速；渔业的投资流量为 980 万美元，是 2012 年的 19.6 倍；农、林、牧、渔服务业的投资流量为 15 992 万美元，改写了流向农、林、牧、渔服务业的投资几乎为空白的历史（见表 21—3）。因此，江苏企业对农业，渔业以及农、林、牧、渔服务业投资的增加是提升第一产业投资流量的关键因素。

表 21—3　　2012—2013 年江苏对外直接投资在第一产业内部行业的分布情况

行业	2012		2013		年增长率
	投资流量（万美元）	占总量的比重	投资流量（万美元）	占总量的比重	
第一产业	23 286	4.62%	26 338	4.29%	13.11%
农业	4 440	0.88%	7 969	1.30%	79.48%
林业	10 367	2.05%	1 398	0.23%	−86.51%
畜牧业	8 430	1.67%	0	0.00%	−100.00%
渔业	50	0.01%	980	0.16%	1 860.00%
农、林、牧、渔服务业	0	0.00%	15 992	2.60%	

资料来源：历年《江苏统计年鉴》。

（二）制造业强力提升，第二产业投资流量获得较快增长

2013 年，流向第二产业的投资达到了 229 016 万美元，较 2012 年增长了 52.11%，占总流量的比重也从 2012 年的 29.84%提高到了 37.28%。

在第二产业门类下的四个二级行业中，采矿业的投资流量为 31 576 万美元，同比下降了 5.06%；制造业的投资流量为 127 190 万美元，同比增长了 74.66%；电力、燃气及水的生产和供应业的投资流量为 65 428 万美元，同比增长了 62.30%；建筑业的投资流量为 4 822 万美元，同比增长了 15.72%。虽然采矿业与建筑业的增长速度低于整体的增速，但这两大行业基本上保持了 2012 年的投资规模，而制造业与电力、燃气及水的生产和供应业的增速均高于江苏省全省的水平，特别是占总流量比重较大的制造业的高速增长，是第二产业投资流量增速达到 52.11%的主要原因。

对制造业的投资流量占对第二产业直接投资流量的 55.54%，制造业仍然是第二产业最重要的组成部分。多年以来，江苏对制造业的直接投资主要集中在纺织业、化学原料及化学制品制造业、医药制造业、黑色金属冶炼及压延加工业、专用设备制造业、交通运输设备制造业和电气机械及器材制造业七个细分行业。2013 年，以上七个细分行业的直接投资的表现却不尽相同。如表 21—4 所示，虽然化学原料及化学制品制造业、黑色金属冶炼及压延加工业的直接投资出现了下滑，但是，江苏传统优势行业——纺织行业与医药制造业——的直接投资却继续高速增长。此外，专用设备制造业、交通运输设备制造业以及电气机械及器材制造业也呈现出较大的增长动力，这些因素共同导致了第二产业对外直接投资的回暖。

表 21—4　　2012—2013 年江苏对外直接投资在制造业内部主要行业的分布情况

行业	2012		2013		年增长率
	投资流量（万美元）	占总量的比重	投资流量（万美元）	占总量的比重	
制造业	72 820	14.43%	127 190	20.71%	74.66%
纺织业	6 464	1.28%	18 960	3.09%	193.32%
化学原料及化学制品制造业	15 295	3.03%	5 255	0.86%	−65.64%

续前表

行业	2012		2013		年增长率
	投资流量（万美元）	占总量的比重	投资流量（万美元）	占总量的比重	
医药制造业	2 277	0.45%	8 323	1.35%	265.52%
黑色金属冶炼及压延加工业	6 598	1.31%	5 556	0.90%	−15.79%
专用设备制造业	8 075	1.60%	25 115	4.09%	211.02%
交通运输设备制造业	2 475	0.49%	20 830	3.39%	741.62%
电气机械及器材制造业	5 448	1.08%	14 005	2.28%	157.07%

资料来源：历年《江苏统计年鉴》。

（三）第三产业在江苏对外直接投资中的重要地位得到巩固和加强

2013 年，流向第三产业的投资达到了 358 918 万美元，较 2012 年增长了 8.53%，占总流量的比重为 58.43%。考虑到 2012 年江苏第三产业对外投资所占比重首次突破了 50%，并且以租赁和商务服务业为代表的主力行业在经历了 2012 年的对外投资热潮之后，在 2013 年仍然保持了较大的投资规模，因而我们认为第三产业对外投资 8.53%的增长速度是令人满意的。

如表 21—5 所示，2013 年批发和零售业的投资流量为 98 450 万美元，同比增长了 9.90%；租赁和商务服务业的投资流量为 171 393 万美元，同比增长了 8.18%。在租赁和商务服务业对外投资连续多年保持 200%左右的增长速度之后，2013 年步入一个冷却回调的时期，占江苏对外直接投资总流量的比重开始稳定在 30%左右的水平。

房地产业的投资流量为 49 904 万美元，同比增长了 21.30%，达到了江苏省的平均增长速度。房地产业 2013 年的投资流量占到江苏省总投资流量的 8.12%。

信息传输、计算机服务和软件业以及科学研究、技术服务和地质勘查业被认为是高新技术产业的代表性行业。2013 年，流向这两个技术密集型行业的投资的增速发生了分化：一方面，流向信息传输、计算机服务和软件业的投资达到了 4 040 万美元，较 2012 年减少了 46.82%，占总流量的比重从 2012 年的 1.51%下降到了 0.66%；另一方面，继 2012 年突破 1 亿美元之后，2013 年流向科学研究、技术服务和地质勘查业的投资达到了 19 450 万美元，同比增长了 53.37%，占总流量的比重也从 2012 年的 2.51%提升到了 3.17%。以科技交流和推广服务业为代表的技术密集型产业日益成为江苏对外直接投资的重要目标。

金融业是第三产业的重要组成部分，同时也与复杂多变的国际金融形势密切相关。中国的金融业对外投资在 2008 年达到最高点，但在 2008 年以后，全球金融危机使得许多参与对外投资的金融机构遭受重创，发达国家的主权债务危机、严格的行业监管政策和奇高的准入门槛等都进一步使金融类对外投资的难度和风险不断增加，导致江苏对境外金融业的投资陷入停滞状态。2012 年，江苏开始重新寻求对金融业的直接投资，当年协议投资额为 2 080 万美元，但是这一复苏的迹象未能在 2013 年得到延续。

表 21—5　　2012—2013 年江苏对外直接投资在第三产业内部主要行业的分布情况

行业	2012		2013		年增长率
	投资流量（万美元）	占总量的比重	投资流量（万美元）	占总量的比重	
第三产业	330 701	65.54%	358 918	58.43%	8.53%
信息传输、计算机服务和软件业	7 597	1.51%	4 040	0.66%	−46.82%
批发和零售业	89 584	17.76%	98 450	16.03%	9.90%
房地产业	41 140	8.15%	49 904	8.12%	21.30%
租赁和商务服务业	158 432	31.40%	171 393	27.90%	8.18%
科学研究、技术服务和地质勘查业	12 682	2.51%	19 450	3.17%	53.37%

资料来源：历年《江苏统计年鉴》。

三、江苏对外直接投资行业分布的横向分析

江苏对外直接投资的行业分布不仅随着时代的发展而展现出新的趋势，而且与全国平均水平相比，也存在鲜明的区域特征。以下将对江苏的产业分布与全国平均的产业分布进行对比，以明确江苏在“走出去”道路上的优势行业和弱势行业。

（一）第一产业的投资比重高于全国水平

初级产业是中国企业对外投资较为忽视的行业，2013 年，全国对外直接投资中，只有 1.68%流向了第一产业。造成第一产业比重极低的主要原因是境外投资第一产业的投资价值较低。

然而，作为中国最发达的省份之一，江苏对第一产业的直接投资比重要高于全国平均水平。如表 21—6 所示，2011 年，江苏省 1.32%的新增投资流向了第一产业，这一比重在 2012 年达到了惊人的 4.62%，2013 年的这一比重则为 4.29%。江苏第一产业投资比重较高的现象蕴藏着自身的经济理性，虽然在江苏的产业结构中，第一产业的比重较低，但实际上江苏是一个重要的农业强省，农业组织化和产业化程度较高，使得江苏企业有能力也有意愿进行第一产业的境外投资。预计江苏将充分发挥这方面的优势，流向第一产业的对外投资比重仍将稍高于全国平均水平。

表 21—6　　2011—2013 年江苏对外直接投资行业分布

行业	2011	2012	2013	2013 年全国
第一产业	**1.32%**	**4.62%**	**4.29%**	**1.68%**
农、林、牧、渔业	1.32%	4.62%	4.29%	1.68%
第二产业	**41.97%**	**29.84%**	**37.28%**	**34.35%**
采矿业	9.15%	6.59%	5.14%	23.00%
制造业	17.73%	14.43%	20.71%	6.67%
电力、燃气及水的生产和供应业	9.96%	7.99%	10.65%	0.63%

续前表

行业	2011	2012	2013	2013年全国
建筑业	5.12%	0.83%	0.78%	4.05%
第三产业	**56.71%**	**65.54%**	**58.43%**	**63.96%**
交通运输、仓储和邮政业	1.67%	1.94%	0.63%	3.07%
信息传输、计算机服务和软件业	4.88%	1.51%	0.66%	1.30%
批发和零售业	24.07%	17.76%	16.03%	13.58%
住宿和餐饮业	3.19%	0.61%	0.55%	0.08%
金融业	0.00%	0.41%	0.00%	14.01%
房地产业	7.82%	8.15%	8.12%	3.67%
租赁和商务服务业	12.38%	31.40%	27.90%	25.09%
科学研究、技术服务和地质勘查业	1.72%	2.51%	3.17%	1.66%
水利、环境和公共设施管理业	0.00%	0.00%	0.00%	0.13%
居民服务和其他服务业	0.11%	1.23%	0.79%	1.05%
教育	0.02%	0.00%	0.00%	0.03%
卫生、社会保障和社会福利业	0.00%	0.00%	0.00%	0.02%
文化、体育和娱乐业	0.84%	0.02%	0.58%	0.29%
公共管理和社会组织	0.00%	0.00%	0.00%	0.00%
总计	100.00%	100.00%	100.00%	100.00%

资料来源：历年《江苏统计年鉴》《中国统计年鉴》。

（二）采矿业的投资比重较低，但制造业的投资比重较高

2013年，中国对境外第二产业投资的比重为34.35%。其中，采矿业占总流量的比重为23.00%，高于制造业占总流量的6.67%的比重。

与全国平均水平相比，江苏对境外第二产业的投资呈现出两方面的特点。首先，流向第二产业整体的投资比重高于全国水平。2011年至2013年，流向第二产业整体的投资比重分别为41.97%、29.84%和37.28%。其次，与全国情况相比，江苏的采矿业所占比重较低，但制造业所占比重较高。以2013年为例，采矿业占总流量的比重只有5.14%，而制造业占总流量的比重高达20.71%。形成以上两方面的特点的根本原因是江苏坚实的制造业基础，有强大的制造业企业做后盾，江苏对制造业的直接投资不仅弥补了采矿业较低的投资比重，而且把第二产业整体的投资比重带到一个高于全国水平的位置。

（三）批发和零售业与房地产业是强项，租赁和商务服务业对外投资潜力大

第一产业与第二产业在江苏对外直接投资中的重要地位同时表明了流向第三产业的江苏境外投资必定低于全国水平。在差距最小的2012年，全国67.14%的对外投资流向了服务业，同期，该比重在江苏只有65.54%。2013年，这一差距再次拉大，与63.96%的全国同期水平相比，江苏对第三产业的境外投资8.53%的增长速度低于整体21.75%的增长速度，对境外第三产业投资的温和增长使江苏服务业的投资比重持续低于全国水平。

从全国角度看，租赁和商务服务业是第三产业对外直接投资的绝对主力。2013 年，全国 63.96%的对外直接投资流向了第三产业，而其中租赁和商务服务业占比较大。对江苏而言，租赁和商务服务业长期以来是对外投资的薄弱行业。2011 年，江苏对境外租赁和商务服务业的投资仅占 12.38%，与江苏经济强省的地位非常不符。2012 年，这种状况发生了一定的改变，江苏对租赁和商务服务业的投资劲增 255.42%，占当年总流量的 31.40%。2013 年，租赁和商务服务业基本维持了 2012 年的投资规模，占当年总流量的 27.90%。这说明租赁和商务服务业的投资潜力是非常巨大的，江苏企业应当重视眼下的海外投资机会，在租赁和商务服务业方面有所作为。

江苏自身的优势存在于对批发和零售业以及对房地产业的投资之中。2013 年，全国 13.58%的对外投资流向了批发和零售业，同期，江苏有 16.03%的对外投资流向了批发和零售业；2013 年全国流向房地产行业的对外投资比重只有 3.67%，而同期江苏的这一比重达到了 8.12%，并且在这两个行业对外投资上的优势还有逐渐加强的趋势，批发和零售业以及房地产业的投资优势值得江苏企业深入挖掘。

第二十二章 江苏对外直接投资的目的地分布

2013年，江苏经济继续保持增长，国民经济继续朝着宏观调控预期的方向发展，延续了“十二五”时期经济社会发展的良好态势。2013年全年地区生产总值为59 161.75亿元，按可比价格计算，较2012年增长了9.44%。而世界经济在缓慢复苏的过程中，受主要发达国家经济增长仍有较大的不确定性、新兴经济体增长集体放缓、中东和东欧局势持续动荡等因素的影响，依然存在较大的下行风险，总体形势仍不容乐观。国际金融市场不稳，各种形式的贸易保护主义愈演愈烈，江苏企业对外直接投资面临的外部环境日益复杂多变。

在复杂的外部环境中，江苏经济的持续增长为江苏企业“走出去”提供了有力的支撑，为“十二五”期间对外投资业务的发展打下了坚实的基础。2013年，江苏对外直接投资流量增至31.60亿美元，创下历史新高，位列中国各省、市、自治区的第三位。而在对外直接投资的目的地分布方面，江苏既有以往的一般特征，也有2013年出现的一些新的特点。本章从全球分布的角度对江苏对外直接投资状况进行了解读。首先介绍了2013年度江苏对外直接投资全球分布的概况；其次对其在各大洲的分布进行了具体分析，重点分析了区域特征及原因；最后概括了江苏对外直接投资目的地分布的特征。

一、江苏对外直接投资目的地分布概况

2013年，江苏境内投资者对88个国家或地区进行了直接投资，境外企业覆盖率达到了36.07%，与2012年相比较，江苏企业新增了对匈牙利、罗马尼亚、塞尔维亚等的投资，增加了对俄罗斯、德国、墨西哥等的投资，撤销了对哈萨克斯坦、保加利亚、瑞士等的投资，同时减少了对东北亚、中亚和北非地区的投资。2013年，江苏对外直接投资仍然保持21.75%的高速增长势头，同时呈现出越来越明显的区域分布特征。

从表22—1可知，2013年，从大洲分布看江苏对外直接投资，对亚洲地区的直接投资额达到了307 995万美元，较2012年增长了14.73%，占当年流量的50.14%；对非洲的直接投资额为52 266万美元，较2012年增长了42.46%，占当年流量的比重也提高到了8.51%；对欧洲的投资额为117 642万美元，同比劲增了

126.50%，占当年流量的19.15%；对拉丁美洲的投资额为46 895万美元，同比增长了8.65%，占当年流量的7.63%；较2012年投资减少的区域为北美洲和大洋洲，同比分别减少了4.44%和27.60%，占2013年总投资额的比重也分别下降到了9.37%和5.20%。

2013年江苏对外直接投资的整体增长率为21.75%，其中，对欧洲和非洲的投资增速超过平均增速，对亚洲和拉丁美洲的投资增速低于平均水平，而对北美洲和大洋洲的投资出现了负增长。

表22—1　　2012—2013年江苏对外直接投资各大洲分布情况

地区	2012		2013		同比增长（%）
	协议金额（万美元）	占比（%）	协议金额（万美元）	占比（%）	
亚洲	268 443	53.20	307 995	50.14	14.73
非洲	36 689	7.27	52 266	8.51	42.46
欧洲	51 940	10.29	117 642	19.15	126.50
拉丁美洲	43 162	8.55	46 895	7.63	8.65
北美洲	60 229	11.94	57 556	9.37	−4.44
大洋洲	44 084	8.74	31 917	5.20	−27.60
合计	504 547	100	614 272	100	21.75

资料来源：历年《江苏统计年鉴》。

二、江苏对外直接投资的洲别分布

（一）江苏对亚洲的直接投资分析

亚洲各国，特别是东亚和东南亚各国与中国经济发展水平相近，并且文化接近。该区域政局相对稳定，经济发展比较快，与我国政治关系比较好，资源互补性强；地理位置与文化的接近降低了投资成本，政治稳定与良好的睦邻关系降低了投资风险；经济的梯度发展有利于江苏产业的转移；亚洲，特别是东南亚、东亚的经济的快速发展提供了不断扩大的消费市场；经济发展水平相似导致需求相似，有利于江苏的产业投资；优惠的引资政策也吸引了江苏资本的进入。因此，江苏对外直接投资的重点在亚洲。

近十年来，江苏对亚洲的投资呈不断上升的趋势。2013年，新增协议项目金额达到了约30.80亿美元，较2012年增长了14.73%。但是，江苏对亚洲的直接投资在江苏对外直接投资总量中所占的比重有所下降，从2012年的53.20%下滑到了2013年的50.14%。一方面，这是总投资流量的增幅超过对亚洲投资流量的增幅导致的；另一方面，这表明了亚洲对江苏企业的吸引力正在下降。

对亚洲进行直接投资的江苏企业在亚洲设立了近千家境外企业，主要分布在中国香港、柬埔寨、印度尼西亚、越南和新加坡等地。中国香港是江苏企业首选的投资目的地，江苏在中国香港地区的投资占当年总投资额的70%以上。

如表22—2所示，2013年江苏对亚洲各区域的直接投资呈现出不同的特点。江苏对东南亚各国的投资维持在高位，对马来西亚的投资正在高速增长。

表22—2　　2012—2013年江苏对亚洲直接投资主要国家（地区）分布

排名	国家（地区）	2012		2013	
		协议投资额（万美元）	占该区域的比重（%）	协议投资额（万美元）	占该区域的比重（%）
1	中国香港	169 810	63.26	231 876	75.29
2	柬埔寨	23 703	8.83	21 648	7.03
3	印度尼西亚	25 175	9.38	12 235	3.97
4	越南	3 826	1.43	11 050	3.59
5	新加坡	10 238	3.81	10 347	3.36
6	泰国	5 510	2.05	6 900	2.24
7	伊朗	1 151	0.43	3 226	1.05
8	马来西亚	395	0.15	2 409	0.78
9	印度	3 115	1.16	2 108	0.68
10	缅甸	560	0.21	1 654	0.54

资料来源：历年《江苏统计年鉴》。

（二）江苏对非洲的直接投资分析

非洲是中国对外战略投资的重点，尼日利亚、阿尔及利亚、苏丹、埃及和坦桑尼亚都是非洲重要的石油出口国；南非有着丰富的铀资源，且黄金产量居世界第一位；刚果（金）是金刚石的最主要的产地，同时也富含钴、铁、铜、锌等矿物资源。在能源对经济发展的重要性不断显现、价格不断上升的全球背景下，江苏企业重新将目光投向了这块充满希望的大陆。

2012年，由于非洲许多国家和地区政局发生动荡，政治风险开始暴露，江苏对非洲的投资出现了负增长，流向非洲的投资被流向拉丁美洲的投资所超过。而在2013年，下降势头得到了遏制，对非洲新增协议项目金额达到了52 266万美元，同比增长了42.46%。对非洲的直接投资占江苏对外直接投资总量的比重也有所提高，从2012年的7.27%上升到了2013年的8.51%。

如表22—3所示，江苏企业对非洲的直接投资分布在22个国家（地区），并呈现出较为平均的态势，主要流向国包括南非、坦桑尼亚和埃及。莫桑比克、几内亚、尼日利亚和埃塞俄比亚也都是重要的目的地。

2013年江苏对非洲直接投资的另一特点是对北非国家的投资骤减，埃及成为唯一的例外，流向埃及的投资占流向非洲总投资的比重从2012年的2.67%提升至2013年的14.53%。

表 22—3　　2012—2013 年江苏对非洲直接投资主要国家分布

排名	国家	2012		2013	
		协议投资额（万美元）	占该区域的比重（%）	协议投资额（万美元）	占该区域的比重（%）
1	南非	1 683	4.59	12 025	23.01
2	坦桑尼亚	988	2.69	10 505	20.10
3	埃及	980	2.67	7 595	14.53
4	莫桑比克	0	0.00	4 940	9.45
5	几内亚	0	0.00	4 500	8.61
6	尼日利亚	6 471	17.64	3 640	6.96
7	埃塞俄比亚	1 498	4.08	3 150	6.03
8	安哥拉	75	0.20	2 000	3.83
9	纳米比亚	3 000	8.18	1 000	1.91
10	津巴布韦	3 500	9.54	756	1.45

资料来源：历年《江苏统计年鉴》。

（三）江苏对欧洲的直接投资分析

中国与欧洲之间有着巨大的经济互补性和合作潜力，尽管目前江苏对欧洲的直接投资规模尚小，但由于欧洲经济高度发达、法律制度完备、科技实力雄厚、市场空间广阔，欧洲对江苏企业的吸引力也越来越强，尤其在吸引技术寻求型和智力寻求型的对外直接投资上更具有明显优势。江苏企业投资欧洲主要是为了扩展市场、实施长远发展战略、寻求技术、掌握先进的管理方法、规避贸易壁垒等，属于市场导向型与技术寻求型并存的投资类型。

2013 年，江苏对欧洲新增协议项目金额为 117 642 万美元，较 2012 年增长了 126.50%，成为江苏对外直接投资保持高速增长的主要驱动力量。江苏对欧洲直接投资的比重也在快速上升，从 2012 年的 10.29%提升到了 2013 年的 19.15%。

2013 年，江苏企业对欧洲的直接投资分布在 24 个国家（地区），相较于 2012 年，减少了对白俄罗斯、乌克兰和斯洛伐克的投资，增加了对罗马尼亚和塞尔维亚的投资。投资流量主要流向了卢森堡、德国、荷兰等。

由表 22—4 可知，江苏企业对避税地卢森堡的投资继续增加，达到了 64 310 万美元，占江苏对欧洲投资总额的 54.67%；江苏企业对西欧主要发达国家的投资以流向德国为主，2013 年新增协议金额为 34 955 万美元，所占比重达到了 29.71%，荷兰次之，占比达到了 8.22%，对英国和法国的投资较少；虽然江苏对俄罗斯的直接投资出现了明显的增长，但对东欧国家尚未形成持续稳定的资本输出。

表 22—4　　2012—2013 年江苏对欧洲直接投资主要国家分布

排名	国家	2012		2013	
		协议投资额（万美元）	占该区域的比重（%）	协议投资额（万美元）	占该区域的比重（%）
1	卢森堡	15 604	30.04	64 310	54.67
2	德国	21 367	41.14	34 955	29.71

续前表

排名	国家	2012		2013	
		协议投资额（万美元）	占该区域的比重（%）	协议投资额（万美元）	占该区域的比重（%）
3	荷兰	2 411	4.64	9 673	8.22
4	英国	1 928	3.71	2 877	2.45
5	俄罗斯	775	1.49	1 726	1.47
6	西班牙	246	0.47	1 241	1.05
7	法国	1 651	3.18	1 173	1.00
8	挪威	2	0.00	560	0.48
9	塞尔维亚	0	0.00	315	0.27
10	比利时	530	1.02	269	0.23

资料来源：历年《江苏统计年鉴》。

（四）江苏对拉丁美洲的直接投资分析

中国和拉丁美洲之间有着巨大的经济互补性和合作潜力。中国需要获得稳定的粮食和能源进口以避免短缺问题，而拉丁美洲的初级产品生产恰好可以满足中国的需求。在江苏和拉丁美洲国家进行贸易的过程中，江苏会加大对拉丁美洲国家的直接投资，不仅仅局限于农业企业和与初级产品相关的行业，同时为了巩固持续的商品进口，还会对拉丁美洲国家的基础设施、道路和港口领域进行投资。随着全球经济转暖和拉丁美洲经济的复苏，在可以预见的未来，江苏对此地区的直接投资必将逐年增加。

2013 年，江苏对拉丁美洲新增投资项目协议金额达到了 46 895 万美元，较 2012 年增长了 8.65%，占对外投资协议总金额的 7.63%。对拉丁美洲的投资流向了 9 个国家（地区），主要包括英属维尔京群岛、开曼群岛、墨西哥、巴西和智利，同时撤出了对玻利维亚和哥伦比亚的投资，新增了对阿根廷的投资。

2013 年，英属维尔京群岛和开曼群岛吸引了江苏对拉丁美洲直接投资的较大部分流量，占江苏对拉丁美洲总投资额的 42.35%（见表 22—5），这两个地区是江苏对拉丁美洲直接投资的重要地区。此外，江苏企业对墨西哥的投资从 2012 年的 3 827 万美元急剧增长至 2013 年的 14 700 万美元，占对该区域投资总额的 31.35%，成为 2013 年度的一大亮点。

表 22—5　　2012—2013 年江苏对拉丁美洲直接投资主要国家（地区）分布

排名	国家（地区）	2012		2013	
		协议投资额（万美元）	占该区域的比重（%）	协议投资额（万美元）	占该区域的比重（%）
1	英属维尔京群岛	27 040	—	17 419	37.14
2	墨西哥	3 827	—	14 700	31.35
3	巴西	821	—	3 049	6.50
4	开曼群岛	4 835	—	2 442	5.21
5	智利	304	—	1 700	3.63

资料来源：历年《江苏统计年鉴》。

（五）江苏对北美洲的直接投资分析

江苏对北美洲的直接投资在2013年有所下降，降幅为4.44%，占总投资额的比重也从2012年的11.94%下降至2013年的9.37%，这是对加拿大的投资下滑所致，而对美国的投资却保持了稳定增长。江苏对加拿大直接投资的行业则主要是采矿业，而对美国直接投资的行业主要有制造业、金融业、批发和零售业等。2013年，江苏企业对美国新增项目协议金额达到50 552万美元，同比增长了18.45%。

表22—6　　2012—2013年江苏对北美洲直接投资主要国家分布

排名	国家	2012		2013	
		协议投资额（万美元）	占该区域的比重（%）	协议投资额（万美元）	占该区域的比重（%）
1	美国	42 678	70.86	50 552	87.83
2	加拿大	17 551	29.14	7 004	12.17

资料来源：历年《江苏统计年鉴》。

（六）江苏对大洋洲的直接投资分析

2013年，江苏企业对大洋洲的投资出现下滑，新增协议投资金额为31 917万美元，较2012年下降了27.60%，占江苏对外直接投资总额的比重也从2012年的8.74%下降到2013年的5.20%。如表22—7所示，江苏对大洋洲直接投资主要分布在澳大利亚、萨摩亚和斐济，其中，绝大多数投资流向澳大利亚，对澳大利亚的投资占对该区域总投资额的99.30%。

表22—7　　2012—2013年江苏对大洋洲直接投资主要国家分布

排名	国家	2012		2013	
		协议投资额（万美元）	占该区域的比重（%）	协议投资额（万美元）	占该区域的比重（%）
1	澳大利亚	42 816	97.12	31 695	99.30
2	萨摩亚	1 268	2.88	122	0.38
3	斐济	0	0.00	100	0.31

资料来源：历年《江苏统计年鉴》。

三、江苏对外直接投资全球分布的特征

（一）发展中国家为最主要的投资对象，亚洲所占比重最高

2013年，江苏对发展中国家的投资流量为405 818万美元，占当年总流量的65.85%。其中，亚洲继续成为江苏最重要的投资目的地，而对非洲的投资则开始高速增长。

2013年，江苏企业对亚洲国家和地区的直接投资达到了307 995万美元，同比增长了14.73%，占当年江苏对外直接投资流量的50.14%。其中，中国香港地区是历年吸收江苏对外直接投资最多的地方，印度尼西亚、新加坡、马来西亚、柬埔寨和越南也是江苏企业在亚洲直接投资的重要区域。

与全国对外投资流向相比，江苏企业对亚洲投资的特点体现在特别重视印度尼西亚等东南亚国家。东南亚国家和地区对“走出去”的江苏企业而言，具有特别的吸引力。这些国家和地区在20世纪70年代以来的新型工业化国家和地区中处于领先地位，工业化发展较快，人均收入较高，加之拥有大量的人口，存在广阔的劳动力市场和消费市场，本身已经成为中国制造业转移的重要输出地，对于中国的制造业大省江苏的企业而言，东南亚无疑是非常理想的投资目的地。此外，在大力发展本国经济的过程中，这些国家大多以发展外向型经济为重点，因此对外来投资给予不同程度的优惠政策，投资环境较为宽松。只要江苏企业能够发挥自身的产品和技术优势，加上把握好当地的政治、经济、文化特点，就能够在这些地区的市场竞争中占据主动权。

2013年，江苏对非洲的投资出现了高速增长，对非洲的投资达到了52 266万美元，同比增长了42.46%，占当年流量的比重也从2012年的7.27%上升到了2013年的8.51%。对拉丁美洲的投资则维持了平稳的增长，未能有所突破。2013年，对拉丁美洲的投资流量为46 895万美元，同比增长了8.65%，连续第二年低于平均水平，占当年流量的比重也从2012年的8.55%下降至2013年的7.63%。

（二）重视对发达国家的投资，欧洲的增长速度最快

2013年，江苏对发达国家的投资为208 454万美元，占总流量的34.15%。其中，江苏企业对欧洲的投资升温，对北美洲的投资保持稳定，而对大洋洲的投资减少。

欧洲所吸收的江苏对外直接投资占总流量的比重约为19.15%，这与全国倾向相一致。但如果对流向欧洲的投资再按国别进行细分，则可发现同为传统经济强国的英国、法国和德国，对江苏投资者的吸引力是不同的。江苏对德国的直接投资连续多年超过对英法投资的总和，以2013年为例，向德国投资34 955万美元，而英国和法国分别只有2 877万美元和1 173万美元，这与中国“英、德、法”的偏好顺序大相径庭。一种可能的解释是行业匹配与“学习型投资”，江苏是中国的制造业大省，德国是享誉全球的制造业强国，江苏企业通过向德国进行直接投资能够获得有助于本省相关行业发展的协同效应。

北美洲是“走出去”的江苏企业所钟爱的目的地。2012年，中国对北美洲的投资占当年流量的5.56%，而江苏的这一比重为11.94%，2013年虽略有下降，但江苏对北美地区的投资所占比重仍达到9.37%，高于全国同期水平的4.54%。在对北美的直接投资中，江苏企业是一支不可忽视的重要力量。

长期以来，大洋洲是接受江苏对外投资最少的地区，这一现象在2013年没有发生变化。2013年，江苏对大洋洲的投资同比下降了27.60%，占当年总流量的5.20%，这一比重已经恢复到了两年前的低水平，大洋洲国家仍然有巨大的投资空间等待江苏企业挖掘。

（三）避税地的吸引力正在下降

作为国际著名的避税地，英属维尔京群岛和开曼群岛不对企业收取任何所得税、利得税和公司税，同时公司管理体制宽松，注册手续简便，对资本流动限制少。基于此，一些中国企业采取以自由港为中转站的投资方式达到规避税收的目的。从数据上看，2012年，江苏对外直接投资流向上述两地的金额分别为27 040万美元和4 835万美元，而2013年

的新增项目协议金额分别只有 17 419 万美元和 2 442 万美元。2012 年，英属维尔京群岛和开曼群岛集聚了江苏企业对拉丁美洲投资总量的 73.85%，这一比重在 2013 年明显下降至 42.35%。这反映出相对全国而言，避税问题对江苏的对外直接投资者的重要性较弱，“走出去”的江苏企业更加专注开拓市场、寻求资源等战略目标。

（四）与全国相比，江苏倾向于逆向对外直接投资

在投资区位选择问题上，中国对外直接投资首先倾向于亚洲、非洲、拉丁美洲的发展中国家，这些国家经济相对落后，市场规模相对狭小，或者经济贸易和外交关系与中国比较密切。而对于江苏的对外投资者而言，发达国家和地区具有特别的吸引力。2013 年，中国对亚洲的投资占当年流量的比重约为 70.11%，而江苏的这一比重为 50.14%；排名第二的是拉丁美洲，该比重为 13.31%，而江苏的这一比重为 7.63%。2013 年，江苏流向欧洲和北美洲的投资比重分别达到了 19.15%和 9.37%，均超过全国水平。

江苏对发达国家直接投资的倾向可以用“学习型投资”加以解释。随着全球化进程的加快和跨国公司经营的迅速发展，发展中国家对外直接投资的一个重要趋势是以跨期利益最大化为基本分析框架的学习型对外投资、策略性对外投资逐渐兴起。其主要动因是在全球范围内寻求以知识、技术为主要内容的战略资源，或者是使企业保持一个相对有利的竞争地位，与其相对应的区位选择为经济发展水平高、市场容量大的国家和地区。

随着江苏经济的发展和江苏企业竞争力的增强，江苏已经具备了大规模开展对发达国家进行投资的条件，在逆向对外直接投资方面走在了全国的前列。在可以预见的未来，江苏对发达国家的直接投资将会继续增加。

第二十三章 江苏对外直接投资的区域比较

本章从区域比较的角度对江苏企业的对外直接投资活动进行了分析。首先，通过江苏与其他对外直接投资发达省市的对比，总结了江苏对外直接投资的相对规模和相对增长速度，进而评价了江苏省对外直接投资的绩效水平；其次，通过对江苏内部苏南、苏中、苏北三个经济地带的对比，归纳了江苏各地市对外直接投资的相对发展程度和发展速度，进而评价了江苏各地市对外直接投资的绩效水平。

由于对外直接投资规模会受投资流出地经济规模的影响，用绝对份额简单进行比较并不能说明全部的问题，为此，本节引入了联合国贸易和发展会议（UNCTAD）开发的对外直接投资绩效指数（OND），以便在控制投资流出地经济规模的条件下，评价对外直接投资的相对份额。

对外直接投资绩效指数以某一国家或地区对外投资流量（OFDIk）占世界对外投资流量（OFDIw）的份额与该国或地区生产总值（GDPk）占世界生产总值（GDPw）的份额的比率来表示，对外直接投资绩效指数的数学表达式为

$$OND=\frac{OFDI_k/OFDI_w}{GDP_k/GDP_w}$$

对外直接投资绩效指数剔除了来源国或地区经济规模的影响，能够反映一国或地区在世界直接投资市场上的真实地位。如果某国或地区的 OND 为 1，那么意味着该国或地区对外直接投资的绩效达到世界平均水平；如果某国或地区的 OND 大于或小于 1，那么意味着该国或地区的绩效高于或低于世界平均水平。

对外直接投资绩效指数反映了一国或地区企业对外直接投资的两种决定性因素：所有权优势和区位因素。所有权优势即为跨国公司用以开拓国外市场或试图通过海外扩张积累的企业特定竞争实力，比如创新力、品牌、管理与组织能力、信息、融资、资源获取以及规模和网络等方面的优势；区位因素即母国或东道国有利于不同商品生产和服务的各种经济条件，包括相对市场规模、生产运输成木、技术工人、供应链、基础设施和技术支持等。现有的研究表明，我国的对外直接投资绩效指数处于较低水平。

一、江苏对外直接投资的区域间比较

在缺乏中国对外直接投资总流量分省（市、区）排名信息的情况下，本报告采用商务

部公布的非金融类对外直接实际投资额的分省（市、区）排名。由于统一扣除了金融行业对外投资流量并统一将协议投资额转化为实际投资额，非金融流量排名与总流量排名不会存在明显的差异，能够反映对外直接投资的区域间差异。

（一）江苏对外直接投资维持了较快稳定的增长

由表23—1知，江苏已经连续三年在中国非金融类对外直接投资分省（市、区）排名中维持了第三的位置。2011年，江苏非金融类对外直接实际投资为200 129万美元，位列浙江和山东之后，排名第三。2012年江苏对外投资额为292 273万美元，同比增长了46.04%，仅次于广东和山东两省。2013年，江苏非金融类对外直接实际投资额增至315 973万美元，同比增长了8.11%，增速虽低于广东的56.12%和山东的25.86%，但依然维持了第三的位次。

表23—1　　2011—2013年中国非金融类对外直接投资分省市排名　　（单位：万美元）

名次	2011		2012		2013	
	省份	投资额	省份	投资额	省份	投资额
1	浙江省	211 397	广东省	322 155	广东省	502 937
2	山东省	207 704	山东省	305 774	山东省	384 861
3	江苏省	200 129	江苏省	292 273	江苏省	315 973
4	广东省	190 269	辽宁省	283 915	北京市	307 534
5	上海市	151 316	浙江省	240 190	浙江省	239 887
6	海南省	120 144	上海市	176 198	上海市	180 293
7	辽宁省	114 950	湖南省	140 163	辽宁省	155 410
8	湖南省	80 483	甘肃省	133 923	海南省	131 588
9	北京市	74 534	北京市	118 642	天津市	96 505
10	湖北省	69 009	四川省	73 711	河北省	89 003

资料来源：商务部公共商务信息服务网（http：//www.fdi.gov.cn/）。

在排名前十的其他省份中，近三年保持正增长的省（市、区）还有广东、山东和北京，而辽宁省在2013年出现了负增长，导致了其排名的滑落，同样出现微小负增长的还有浙江省，但由于其对外直接投资基础较好，排名并未出现下滑。后危机时代，持续发力的广东、山东、江苏和北京三省一市组成了中国对外直接投资的第一梯队。

（二）江苏对外直接投资绩效逐年上升，但较相关省市仍偏低

由表23—1可知，2011年至2013年，我国非金融类对外直接投资排名前十的省市是不断变化的。尽管排名次序存在升降变化，广东、山东、辽宁、浙江、上海、北京和江苏七个省市始终位列排行榜的前十位，我们认为这七个省市是对外直接投资最为活跃的地区，能够反映中国对外直接投资的较高标准。以下的跨区域绩效分析将对江苏和其他六个省市做比较分析（见表23—2）。

表 23—2　　2011—2013 年中国部分省市生产总值和对外直接投资占总量的比重

地区	2011		2012		2013	
	GDP 比重	FDI 比重	GDP 比重	FDI 比重	GDP 比重	FDI 比重
广东	11.25%	9.37%	10.99%	11.43%	10.93%	15.25%
山东	9.59%	10.23%	9.63%	10.85%	9.61%	11.67%
江苏	10.38%	9.86%	10.41%	10.37%	10.40%	9.58%
辽宁	4.70%	5.66%	4.78%	10.07%	4.76%	4.71%
浙江	6.83%	10.41%	6.67%	8.52%	6.60%	7.28%
上海	4.06%	7.45%	3.89%	6.25%	3.80%	5.47%
北京	3.44%	3.67%	3.44%	4.21%	3.43%	9.33%

资料来源：历年《中国统计年鉴》。

在进行比较的七个省市中，广东、江苏和山东三省的经济总量较大，与之对应的是较大的对外直接投资流量，浙江、辽宁、上海和北京的经济规模相对较小，与之对应的是较小的对外直接投资流量。仅凭直观判断无法准确说明江苏与其他省市在对外直接投资绩效方面的差异，必须对 OND 指数进行计算。对外直接投资绩效指数计算的结果如表 23—3 所示。

表 23—3　　2011—2013 年中国部分省市对外直接投资绩效指数

地区＼年份	2011	2012	2013
广东	0.83	1.04	1.40
山东	1.07	1.13	1.21
江苏	0.95	1.00	0.92
辽宁	1.21	2.11	0.99
浙江	1.52	1.28	1.10
上海	1.84	1.61	1.44
北京	1.07	1.22	2.72

2011 年至 2013 年间，江苏对外直接投资绩效保持在 0.90 以上，2011 年其 OND 指数为 0.95，2012 年上升为 1.00，2013 年稍有回落，为 0.92。这说明，近年来，江苏不断挖掘所有权优势和区位优势，取得了显著的成效。但是，江苏并未实现 OND 指数的连续增大，观察同样处于第一梯队的广东、山东两省，这两省对外直接投资绩效的提升幅度更大、连续性更强，在对外直接投资流量排名中的领先优势也在不断加强。

此外，虽然江苏的 OND 指数不断增大，但与其他六省市相比，对外直接投资绩效仍然是最低的，对外直接投资规模仍然不能与江苏经济强省的地位相匹配。2013 年，江苏对外直接投资绩效指数为 0.92，低于全国投资绩效的平均水平，距离北京的 2.72、上海的 1.44、广东的 1.40 以及山东的 1.21 仍存在较大的差距，说明江苏在所有权因素和区位因素方面存在较大的潜力，对外直接投资绩效有待提高。

二、江苏对外直接投资的区域内比较

在经济地理上，江苏可以划分为苏北、苏中和苏南三个经济地带。其中，苏北包括徐州、连云港、宿迁、淮安和盐城五个地级市；苏中包括扬州、泰州和南通三个地级市；苏南包括南京、镇江、常州、无锡和苏州五个地级市。从经济总量上看，苏南的 GDP 总量约占江苏全省 GDP 总量的 60%，苏中与苏北相当，各约占全省 GDP 总量的 20%。经济总量在地区间分布的不平衡是否会相应地带来对外直接投资在地区间分布的不平衡？这一问题将在下面的分析中得到解答。

(一) 苏南地区对外直接投资增速最快，苏中地区次之，各地市增速差异显著

2013 年，苏南地区的对外直接投资为 436 849 万美元，较 2012 年增长了 29.83%，占全省对外总投资额的 71.12%；苏中地区的对外直接投资为 108 156 万美元，较 2012 年增长了 14.86%，占全省对外总投资额的 17.61%；苏北地区的对外直接投资为 69 267 万美元，出现了负增长，增长率为－6.28%，占全省对外总投资额的 11.28%（见表 23—4）。三个经济地带中，只有苏南的增长率高于全省 21.75%的平均水平，苏中和苏北均落后于全省平均水平。

在苏南地区内部，对外直接投资的增长并不平衡。其中镇江、常州两地级市增长速度最快，分别达到 110.02%和 70.62%；苏州、无锡两个对外直接投资体量最大的地市增速次之，分别达到 32.49%和 30.55%；省会南京以 9.58%的增速又次之，低于全省平均速度。

苏中地区各地市对外直接投资的增长速度也存在较大的差异。该区域的增长亮点在于扬州，该市的对外直接投资呈现出不断波动的态势。2013 年，扬州实现对外直接投资 15 432 万美元，同比增长了 771.37%；南通出现了投资回落，泰州则维持了较低的增速，这两个地级市对外直接投资的增长速度低于 1%。

在经历 2012 年对外直接投资的一波增长高峰之后，2013 年，苏北地区进入一个回落调整的时期，对外直接投资绝对额为 69 267 万美元，较 2012 年下降了 6.28 个百分点。而在苏北地区内部，对外直接投资的增速差异极大，但最显著的是 2012 年徐州一市单独推动了苏北的增长，形成了 2013 年徐州、连云港、盐城三足鼎立的局面。2013 年，连云港和盐城两个港口城市的对外直接投资分别实现了 1 246.25%和 215.19%的高速增长，年度协议投资额超过了徐州，分别达到了 20 463 万美元和 27 396 万美元；徐州和淮安两市出现了负增长，但这种负增长可以认为是投资高潮之后的合理回落，并非中长期趋势。

表 23—4　　2011—2013 年江苏各地对外直接投资情况

地区	2011		2012		2013	
	流量（万美元）	占比（%）	流量（万美元）	占比（%）	流量（万美元）	占比（%）
全省	350 231	100	504 547	100	614 272	100.00
苏南	240 886	68.78	336 480	66.69	436 849	71.12

续前表

地区	2011		2012		2013	
	流量（万美元）	占比（%）	流量（万美元）	占比（%）	流量（万美元）	占比（%）
苏中	63 707	18.19	94 161	18.66	108 156	17.61
苏北	45 638	13.03	73 906	14.65	69 267	11.28
南京市	58 827	16.80	91 775	18.19	100 663	16.39
无锡市	64 776	18.50	92 036	18.24	12 0157	19.56
徐州市	12 095	3.45	60 860	12.06	20 299	3.30
常州市	44 457	12.69	25 107	4.98	42 838	6.97
苏州市	70 048	20.00	122 163	24.21	161 851	26.35
南通市	45 110	12.88	79 882	15.83	80 135	13.05
连云港市	29 458	8.41	1 520	0.30	20 463	3.33
淮安市	600	0.28	602	0.17	385	0.06
盐城市	671	0.31	2 694	0.77	27 396	4.46
扬州市	3 024	1.41	6 179	1.76	15 432	2.51
镇江市	19 828	9.22	2 778	0.79	11 339	1.85
泰州市	3 955	1.84	12 419	3.55	12 590	2.05
宿迁市	553	0.26	788	0.22	725	0.12

资料来源：历年《江苏统计年鉴》。

（二）苏南地区仍然是江苏对外直接投资的主力

就区域内部构成来看，苏南地区对外直接投资占主导地位，并且其主导地位仍在不断巩固；苏中地区对外直接投资连年维持占比约18%的水平不变；苏北地区对外直接投资比重最小，并且与苏南、苏中地区的差距有所拉大。

2011年，苏南地区对外直接投资为240 886万美元，占江苏省流量的68.78%；2012年对外投资为336 480万美元，占江苏省流量的66.69%；2013年对外投资为436 849万美元，占江苏省流量的71.12%，这反映出苏南地区是江苏对外直接投资不可动摇的主力军。

与此同时，由于2013年苏北地区对外直接投资的增长速度并未超过苏南地区，甚至出现了负增长，因而苏北的对外直接投资占江苏省的比重再次缩水。2012年，来自苏北的对外直接投资占到江苏省全省总流量的14.65%，已经非常接近苏中地区所占的比重；而到了2013年，受全区域负增长的拖累，苏北对外直接投资占江苏省全省的比重只有11.28%。

（三）苏南地区对外直接投资绩效最优，苏北地区对外直接投资绩效改善明显

以下对江苏省内部三大经济地带的比较分析将沿用对外直接投资绩效指数OND的分析框架，值得注意的是，生产总值GDP_w与对外直接投资总流量$OFDI_w$的主体均是江苏全省的水平。因此，江苏对外直接投资绩效指数必然等于1。以此为基准，以下分析不同经济地带和地级市对外直接投资绩效的差异。

通过计算，江苏各地市对外直接投资的绩效指数呈现在表 23—5 中。

表 23—5　　2011—2013 年江苏省各地级市（地区）对外直接投资情况

地区 \ 年份	2011	2012	2013
苏南	1.15	1.11	1.20
苏中	0.99	1.02	0.95
苏北	0.60	0.67	0.51
南京市	1.35	1.41	1.25
无锡市	1.33	1.34	1.48
徐州市	0.48	1.67	0.46
常州市	1.76	0.70	0.98
苏州市	0.92	1.12	1.24
南通市	1.56	1.94	1.59
连云港市	2.95	0.10	1.14
淮安市	0.05	0.13	0.02
盐城市	0.14	0.31	0.79
扬州市	0.33	0.07	0.47
镇江市	0.17	0.23	0.39
泰州市	0.72	0.51	0.42
宿迁市	0.08	0.04	0.04

横向比较的结果表明苏南地区的投资绩效指数最高，苏中次之，苏北最低。2013 年，苏南地区对外直接投资绩效指数为 1.20，高于苏中地区的 0.95，而苏中地区对外直接投资绩效指数又高于苏北地区的 0.51。指数上的差异表明苏南地区对所有权优势和区位优势的利用较为充分，而苏北地区对外直接投资规模与其经济总量严重不相符。

从地级市角度看，对外直接投资绩效指数排名靠前的城市有南通、无锡、南京和苏州，而排名靠后的城市则是宿迁和淮安。

纵向分析的结果表明苏北地区和苏中地区对外直接投资的绩效情况不容乐观。对外直接投资绩效指数排名靠后的宿迁和淮安，近年来对外直接投资绩效指数持续低于 0.50，反映出两市境外直接投资陷入低迷状态。

第二十四章 江苏商务服务业对外直接投资分析

商务服务业是江苏对外直接投资的优势领域，而且商务服务业的主导地位仍在继续得到强化。在经历了持续多年200%左右的高速增长后，2013年，江苏商务服务业对外直接投资流量达到了169 893万美元，保持了27.90%的同比增长速度，开始步入一个平稳增长的时期。

值得一提的是，继2012年登上江苏对外投资行业榜的榜首，这已是商务服务业连续第二年占江苏对外直接投资最大比重（见表24—1），仅对此一行业的投资就达到2013年江苏对外直接投资总流量的27.66%。鉴于商务服务业对外直接投资的重要地位，本章以商务服务业为研究对象详细分析其发展状况、现存问题以及潜力的挖掘空间。

表24—1　　2011—2013年江苏对外直接投资行业分布比重排名

排名	2011	2012	2013
1	批发和零售业	租赁和商务服务业	租赁和商务服务业
2	制造业	批发和零售业	制造业
3	租赁和商务服务业	制造业	批发和零售业
4	电力、燃气及水的生产和供应业	房地产业	电力、燃气及水的生产和供应业
5	采矿业	电力、燃气及水的生产和供应业	房地产业

资料来源：历年《江苏统计年鉴》。

商务服务业又称商业服务业，是生产性服务业的主体组成部分。商务服务业作为WTO划分的12类服务贸易的一个大类，主要指在商业活动中涉及的服务交换活动，具体细分为专业性（包括咨询）服务、计算机及相关服务、研究与开发服务、不动产服务、设备租赁服务、展览管理等其他服务。我国国家标准GB/T 4754-2002《国民经济行业分类及代码》规定的商务服务业包括企业管理服务（企业管理机构、投资与资产管理、其他企业管理服务）、法律服务（律师及相关的法律服务、公证服务、其他法律服务）、咨询与调查（会计、审计及税务服务、市场调查、社会经济咨询、其他专业咨询）、广告、知识产权服务、职业中介服务、市场管理、旅行社、其他商务服务（会议及展览服务、包装服务、保安服务、办公服务、其他未列明的商务服务）。无论商务服务业如何分类，它仍是一个发展中的行业，是人类社会经济文化发展到一定阶段的产物。商务服务业不仅自身在引导生产、促进消费、扩大内需、增加就业、创造产值与效益等方面的作用越来越显著，而且由于它直接为商业活动中的各种交易活动提供服务，直接促进商品流通与服务交换，存在很大的"乘数效应"，对促进商务发展发挥着特殊的作用。

江苏商务服务业对外直接投资不仅得益于江苏快速发展的进出口贸易及制造业等其他行业对外投资的快速发展，而且为外商进入中国进行投资、合作提供专业性的服务。后金融危机时代，商务服务业对外直接投资流量总体上呈快速增长的态势。2013 年江苏商务服务业对外直接投资新增协议金额达到历史最高水平 169 893 万美元，较 2012 年增长了 7.67%（见表 24—2）。虽然增长速度有所减缓，但考虑到商务服务业在经历了连续多年的投资热潮后，仍然保持了非常大的投资规模，并且占江苏对外直接投资总流量的比重开始稳定在 30%左右的水平，我们认为第三产业对外投资稳健增长是足以令人满意的。

表 24—2　　2011—2013 年江苏商务服务业对外直接投资新增项目数及协议金额

项目 \ 年份	2011	2012	2012
新批项目数（个）	98	101	103
年绝对增长量（个）	23	3	2
年增长率	30.67%	3.06%	1.98%
中方协议金额（万美元）	42 575	157 790	169 893
年绝对增长量（万美元）	15 603	115 215	12 103
年增长率	57.85%	270.62%	7.67%

资料来源：历年《江苏统计年鉴》。

一、商务服务业对外直接投资理论回顾

作为对外直接投资的主要力量，服务业跨国公司逐渐成为关注的焦点。大多数对服务业对外直接投资的研究主要是围绕服务业跨国公司理论展开的。

（一）邓宁的国际生产折中理论在服务业跨国公司中的适用性研究

在早期的研究中，许多经济学家相信，用于分析制造业跨国公司的理论通过修正是可以用于分析服务业跨国公司的行为的。基于海默的垄断优势理论以及英国学者巴克莱与卡森等人的内部化理论，1989 年邓宁在《跨国公司与服务业的增长：一些概念与理论的阐述》中指出，国际生产折中理论的基本框架是适用于服务业跨国公司的。按照国际生产折中理论，企业对外直接投资的条件有三点：企业在一定时期内垄断性地拥有某种资源，从而使其拥有相对于其他国家企业的优势，即垄断优势；内部化地使用这些资源比将其出售或者出租给外国公司更加有利，即内部化优势；企业的特有资源与东道国的要素投入相结合，可以产生更加有利的结果，即区位优势。如果只是拥有垄断优势与内部化优势，但是没有区位优势，那么企业会选择出口方式向国外市场进行供应；如果只有垄断优势与区位优势，而不具备内部化优势，那么企业可以采取许可证的方式来转

移其特有的优势。

随着服务业跨国公司的发展，许多服务业跨国公司特有的现象逐渐显露出来，与此相关的研究也更加深入。20世纪80年代末，一些学者开始对邓宁理论的实用性提出了质疑：1989年Boddewyn在使用经典跨国公司理论解释服务业跨国公司的行为时，发现服务产品的特殊性会引发难以区分服务产业特定优势等问题。Enderwick则强调了服务业的许多部门技术复杂性较低，而且服务业跨国公司经营中广泛采用的非股权安排是以市场交换为基础的，这对内部化理论有一定的影响。

20世纪80年代末到90年代，越来越多的学者对邓宁理论在服务业跨国公司中的适用性问题进行了深入研究。首先，传统的对跨国公司的研究集中于分析公司的内部资源与能力，然而最近几十年来，跨国公司的组织机构变得更加分散化，并且频频采用新的业务模式，如外包、特许经营以及其他的网络组织形式，这就使得跨国公司边界模糊，且内部化优势不复存在，而跨国公司在竞争地位上更多地依赖于其他具有互补能力的公司。其次，正如经典跨国公司理论所阐述的，具有特殊资源的地理区位将吸引跨国公司充分利用这些资源。这意味着如果某一区位具有特定的优势，那么该优势对于所有的跨国公司将产生相同的价值。然而，实际中对国家区位的选择往往取决于公司的规模及其生产要素的综合状况。因此，区位优势并不是绝对统一的，而是主要取决于公司本身的特殊性质。

（二）服务业对外直接投资理论的新发展

服务业跨国公司的国际化发展往往不能用邓宁理论中的三类优势来解释，其国际化发展更确切地说是源于服务企业整体跨国经营活动本身的许多特点的。因此，最近的研究认为，服务业跨国公司国际化发展的核心和最终目标就是全球利润源，全球利润获取的多少将直接影响服务业跨国公司关于国际化发展的决策以及各种进入模式的选择。其中，首先被关注的是企业的服务经济协同效应。除了追求服务经济协同效应之外，服务业跨国公司还要考虑服务管理协同效应，借助网络时代的先进科技手段，服务业跨国公司能够更充分地发挥和利用其先进的管理经验、独特的组织架构、科学的营销定价方式、良好的知识管理体系等，增强全球发展的服务管理协同效应。在以全球利润源为中心的前提下，服务经济协同效应与服务管理协同效应两者是并重的。但是，有些时候两者不一定能够兼得；此外，某些时候，出于服务管理协同效应上的考虑，服务业跨国公司也可能会牺牲暂时的服务经济协同利益而进行国际化发展，而所有这些最终都是为了获得更多的全球利润。

二、江苏商务服务业对外直接投资的特征

（一）江苏商务服务业已经成为江苏对外直接投资最大的组成部分

2011—2013年，江苏商务服务业对外直接投资流量从157 790万美元增长到了169 893万美元，占当年总流量的比重略有下降，但开始稳定在30%上下，已经成为行业构成中最大的部分（见表24—3）。随着服务业的快速发展，江苏商务服务业占总对外直接投资的比重还将上升。

表 24—3　　2011—2013 年江苏商贸服务业对外直接投资流量占总流量的比重

项目＼年份	2011	2012	2013
商务服务业投资流量（万美元）	42 575	157 790	169 893
占总流量比例	11.82%	31.27%	27.66%

资料来源：历年《江苏统计年鉴》。

江苏商务服务业对外直接投资的发展与其现在的地位是由其行业的性质所决定的。商务服务业的发展很大程度上是由企业业务外包所促进的。很多企业为了进一步降低成本、提高效率，把原先由自己从事的业务外包出去，专门做自己最擅长的活动，从而推动了现代生产性服务业（很大一部分属于商务服务业）的发展，如策划、广告、人力资源开发、法律、会计、审计、税务服务等。经济全球化、一体化更加加速了资本、劳动和技术在全球范围内的优化配置，将许多服务业务分配给不同的境外企业完成。为了跟上经济全球化的步伐，更加有效地利用国际市场，伴随着中国企业"走出去"的将是大量的商务服务业的对外直接投资。

（二）商务服务业的境内投资者和境外企业数量少，但单体投资规模较大

江苏商务服务业对外投资流量和存量都占江苏对外直接投资总流量和总存量的最大比重，并且这一重要的角色将随着江苏对外直接投资的进一步发展而越来越明显。虽然 2011 年至 2013 年之间商务服务业的中方协议投资额不断膨胀，但是新批项目数却没有得到相应的增加（见表 24—2），近两年分别只增加了 3 个和 2 个。

虽然商务服务业境内主体和境外企业的数量较少，但是项目平均规模正在不断扩大。2011 年项目平均规模为 434.44 万美元，相对于其他行业的单项目规模已经较大，2012 年扩大至 1 562.28 万美元，2013 年则进一步膨胀到平均每项目 1 649.45 万美元，反映出单个投资主体的投资规模相对更大。

三、江苏商务服务业对外直接投资存在的主要问题

（一）江苏商务服务业整体发展缓慢，在国际直接投资中没有明显的竞争力

江苏服务业在国民经济中比重偏低，不仅远远落后于发达国家，而且落后于服务业发达的其他沿海省份。总体上看，突出的问题还是总体规模小、服务水平不高、结构不合理、体制改革和机制创新滞后，与经济社会持续、协调、健康发展的要求还不相适应。近年来，江苏服务业占 GDP 的比重未能实现显著提升。而早在 2003 年，中国香港地区第三产业占其 GDP 的比重就达到了 87.5%，印度为 51.2%，美国在 2001 年这一比重就达到了 75.3%。世界上高收入国家服务业占 GDP 的平均比重为 70%以上，中、低收入国家的服务业占 GDP 的比重也为 50%以上。因此，与国际水平相比，江苏服务业发展滞后的状况并没有得到根本转变。正因为江苏服务业发展还不够充分，造成江苏服务业在国际市场上无法与其他国家服务业相抗衡，从而影响了江苏商务服务业的对外

直接投资。

（二）江苏商务服务业“走出去”的机构较少，龙头企业较少，核心竞争力不强

江苏商务服务业对外直接投资的境内投资者和境外企业数量较少，这不仅是江苏商务服务业对外直接投资的一个特点，而且也是必须要关注的问题，直接反映出该行业真正进入国外市场的江苏企业的数量远远少于其他行业的企业数量。虽然由商务服务业对外直接投资的特点可看出，商务服务业企业规模相对于其他行业规模较大，但是相对于海外市场上来自其他国家的对手而言，江苏商务服务业的行业竞争力仍存在一定的差距。造成该问题的原因，不仅有商务服务企业自身的因素，而且政府政策的支持力度、国际政治经济环境的变化等也对企业业务能否真正走出国门产生着不可忽略的影响。

同时由于江苏服务业的发展还处于较为低级的阶段，因此与发达国家相比还存在明显的差别。在国际竞争市场中，商务服务业缺少江苏大型企业的身影，居于该行业的龙头企业较少。

这一问题可以由中国国内商务服务业的相关数据反映出来。① 在江苏从事商务服务业的企业中，中小企业占了相当大的比重。2012 年，规模以上本土商务服务企业仅占 4%，从业人员不足 60 人的企业占到了约 85%，资源相对分散。由于企业规模较小，服务水平和创新能力较低，在与海外竞争对手的竞争中必然会处于劣势，难以占领高端市场，也难以形成品牌效应。由此可以看出，江苏商务服务业对外直接投资的大多数企业由于资金、人才、经验等方面与其他国家同行业企业存在一定的差距，核心竞争力还不强。目前主要还是向进行对外投资的中国企业和进入中国市场的外国企业提供商务服务，很难形成一个相对独立的产业深入开拓国际市场。

（三）江苏商务服务业行业内部发展不平衡

按照不同的分类标准，商务服务业包含了众多的细分行业，其中包括较为传统的业务，如企业管理服务、租赁服务、会展服务等，还包括新型的行业，如法律服务、知识产权服务、计算机信息服务等。在其众多的细分行业之间存在发展不平衡的问题，随着江苏商务服务业对外投资的不断发展，细分行业发展状况的差距将会越拉越大。目前，江苏的会展业、租赁业、法律服务业的发展较为成熟，其他行业如会计服务业、信息咨询业还相对薄弱。

商务服务业下各细分行业不同的发展状况，成为其进行境外直接投资的基础。由于商务服务业内部发展的不平衡，可能会导致对外直接投资行业结构的不平衡，不仅不利于对外直接投资的结构优化，而且也不利于商务服务业的发展与升级。

（四）商务服务业人才紧缺

人力资源是推动商务服务业发展的重要因素之一，而江苏商务服务业现阶段却缺少高

① 之所以利用国内的数据，一方面是因为该行业相关国际统计数据缺失；另一方面是因为国内行业的发展是对外直接投资的基础，因此，国内数据可以从侧面反映国际状况。

素质专业人才的培养体系。这种困境一方面与中国的教育现实有关，另一方面也是由于实力雄厚的外资公司不断挖掘优秀人才，使得专业的人力资源更加稀缺。人才的缺乏很可能成为限制江苏商务服务业对外直接投资进一步发展的瓶颈。

以会计服务业为例，具有国际视野的新型高素质会计人才的缺乏严重制约了中国会计国际化的进程。例如，目前市场对注册会计师的需求超过35万人，而现有的注册会计师人数仅为预测需求量的1/3，会计服务业存在巨大的人才需求缺口。江苏法律服务行业面临着同样的难题，存在对拥有丰富经验和较高语言水平的法律人才的需求缺口。

四、江苏发展商务服务业对外直接投资的建议

（一）加强政府部门作为，积极支持江苏商务服务企业“走出去”

任何行业的跨越式发展，不可能仅仅依靠企业逐利动机的驱使，少不了政府政策的支持，商务服务业也不例外。有助于江苏商务服务业加快发展和“走出去”步伐的具体支持措施包括强化对外直接投资商务服务企业的政策扶持，以及进一步加强软环境的建设。

为了正确引导江苏的对外直接投资，使江苏商务服务企业海外经营走上健康、协调的发展道路，政府尤其应该采取以下措施：为企业提供海外经营环境的信息服务；成立全国性的海外投资保险机构，为海外投资提供保险；鼓励国内服务企业走集聚经营、规模发展的道路；加强对重点行业、重点区域、重点企业的扶持；鼓励信息技术和人力资源等服务外包企业做大做强，为软件和服务外包等出口开辟出境通关“绿色通道”；等等。

（二）充分利用自身优势，合理选择对外直接投资方式

随着中国进一步参与全球经济分工，越来越多的中国企业选择“走出去”的发展战略，开拓国际市场；与此同时，受到潜力巨大的中国市场的吸引，更多的外国企业正在努力开拓中国市场。在这样的背景下，江苏商务服务企业就具有了更加多元化的服务对象、更加国际化的发展空间，有机会利用各种资源，提高本身的国际竞争力。

江苏商务服务企业应当坚持投资区域选择的多元化导向，结合企业自身的比较优势，根据投资目标和不同国家和地区的区位特点做出判断，使得具体的商务服务对外投资能够找准优势，在不同的市场中都能占有一席之地。

影响对外直接投资方式的因素包括企业、产业和国家三个层次的因素，企业投资动机、投资企业所拥有的竞争优势类型、企业进入国外市场的时间压力、企业拥有的跨国经营经验、投资规模、产业所处的生命周期阶段以及母国与东道国之间的文化差异等因素都对对外直接投资方式产生着影响。由于江苏商务服务业内部发展的不平衡，具体行业的商务服务企业应根据自身市场竞争力和风险承受能力的大小，借鉴国外商务服务业投资经验，并结合东道国的投资环境和投资项目的特点来确定对外投资方式。

（三）加强商务服务人才的培养，增强商务服务企业国际竞争力

中国高端商务服务人才的紧缺是阻碍行业对外直接投资快速发展的瓶颈之一。为此，江苏必须加强商务服务业人才的培养和引进。从人才培养的角度来讲，江苏教育、人事、

科技等部门要积极沟通和配合，引导高等院校加强与商务服务业发展相适应的专业的建设；鼓励高等院校、职业院校、科研院所与有条件的商务服务企业合作，建立实践基地。除了培养方式的改革外，还应努力创造条件，将海内外的精英吸引至江苏商务服务行业。

（四）优化海外营销策略，促进在外商务服务企业的健康发展

江苏商务服务企业海外营销仍应以本地化经营为主。江苏商务服务业对外投资活动尚未进入发达阶段，投资的国别并不多，整个行业对国际市场的情况不够熟悉，加之如上文所述，企业的资金实力和风险承受能力相对较弱。这些因素在营销领域反映为缺乏丰富的营销经验，对不同区域投资活动的协调还存在困难。

本地化经营策略有利于江苏商务服务企业对外投资目标的实现。一方面，本地化营销使得海外企业更易于适应当地的投资环境，有助于提高营销的成功率；另一方面，本地化营销可以强化东道国政府和社会公众对外来企业的认同感，消除其与当地的文化冲突，与当地消费者建立良好的商业服务关系。

参考文献

［1］周升起．加入 WTO 十年来的中国对外直接投资：特征、困扰与思考［J］．世界经济研究，2011（12）：45－50.

［2］蔡锐，刘泉．中国的国际直接投资与贸易是互补的吗？——基于小岛清“边际产业理论”的实证分析［J］．世界经济研究，2004（8）：64－70.

［3］江小娟．中国对外开放进入新阶段：更均衡合理地融入全球经济［J］．经济研究，2006（3）：4－9.

［4］李辉．经济增长与对外投资大国地位的形成［J］．经济研究，2007（2）：38－47.

［5］李梅．人力资本、研发投入与对外直接投资的逆向技术溢出［J］．世界经济研究，2010（10）：34－39.

［6］刘志彪．国际贸易和直接投资：基于产业经济学的分析［J］．南京大学学报（哲学·人文科学·社会科学），2002（3）：45－54.

［7］付凌晖．我国产业结构高级化与经济增长关系的实证研究［J］．统计研究，2010（8）：79－85.

［8］谢光亚，康若冰．北京商务服务业成长机制探析［J］．科技管理研究，2014（2）：185－188.

［9］Adler，M. &G. Stevens. The Trade Effects of Direct investment［J］．Journal of Finance，1974，29（2）：573－658.

［10］Advincula，R.．Foreign Direct Investments，Competitiveness，and Industrial Upgrading：The Case of the Republic of Korea Z. KDL，2000.

［11］Grossman G M，Helpman E.．Innovation and Growth in the Global Economy［M］．Cambridge（USA）：The MIT Press，1991.

［12］Gereffi G.．International Trade and Industrial Upgrading in the Apparel Commodity Chains［J］．Journal of International Economics，1999，48：37－70.

［13］Lucas R. E.．On the mechanisms of economic development［J］．Journal of Monetary Economics，1988，(22)：21－47.

［14］Wang，C.，et al.．Reconceptualizing the spillover effects of foreign direct investment：A process-dependent approach［J］．International Business Review，2011，5（6）：1－13.

电子商务篇

Electronic Commerce Articles

第二十五章 江苏电子商务发展现状

近年来，我国电子商务保持了持续快速增长的势头，2013 年电子商务交易额突破了 10 万亿元，同比增长了 26.8%，其中网络零售额超过了 1.85 万亿元，同比增长了 41.2% 。[①]江苏省作为国内电子商务领先省份之一，其电子商务服务企业占全国的 12.8%[②]，电子商务已成为江苏省战略性新兴产业，对推动江苏省产业转型升级、促进流通现代化发挥了重要的作用。

一、基本概况

根据《江苏省互联网发展状况报告（2013 年度）》，截至 2013 年年底，江苏省网民总数为 4 095 万人，列全国第 3 位；江苏省互联网普及率为 51.7%，列全国第 8 位。2013 年，江苏省手机网民规模持续扩大，达到了 3 349 万人，占总体网民数量的 81.8%；江苏省网上购物用户规模达到了 2 368 万人，占总体网民数量的 57.83%。2013 年年底，江苏省各类市场主体开办的网站已达到了 233 074 个，网络交易规模达到了 4 013.82 亿元。另外，中国电子商务研究中心调研结果显示，江苏省有两座城市入围 2013 年度城市团购交易额 TOP20，分别是南京市和苏州市。

近年来，江苏涌现出了一批电子商务骨干企业，成为行业发展的龙头，其中，苏宁易购、买卖宝、中国制造网、红豆商城、5R 网、宏图三胞、同程网 7 家企业被商务部列入 2013—2014 年度电子商务示范企业名单。南京市建邺区、苏州金枫电子商务产业园被商务部列入首批 34 个国家电子商务示范基地。继 2011 年南京、苏州被列为首批创建国家电子商务示范城市后，2014 年 3 月份，无锡、徐州、常州三市入选第二批创建国家电子商务示范城市。目前，全国 53 个国家电子商务示范城市中，江苏达到 5 个。

二、网站开办主体分析

截至 2013 年年底，江苏省市场主体开办的网站达 233 074 个，涉及市场主体149 607家。

---

① 参见江苏省商务厅：《商务部发布〈中国电子商务发展报告（2013）〉》，见 http://www.jsdoftec.gov.cn/site/dsc/NewsDetail.asp? NewsID=56715。

② 参见《2013 年度中国电子商务市场数据监测报告》。

（一）从主体类型看

网站开办单位为企业的有 137 530 家，占网站开办主体总数的 91.93%，其中内资企业为 6 674 家，私营企业为 124 149 家，外资企业为 6 707 家；开办单位为个体工商户的为 11 793 家，占 7.89%；开办单位为其他类型主体的为 284 家。从总体上看，企业开办网站的数量远远超过个体工商户，是个体工商户数量的 11.7 倍（见图 25—1）。

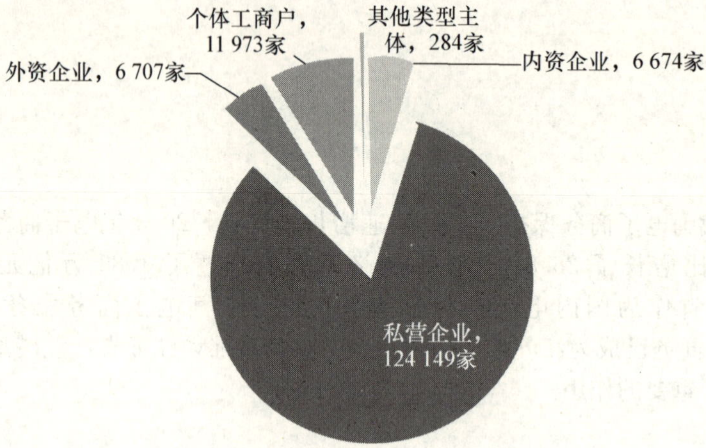

图 25—1　2013 年江苏省各主体开办网站数量

资料来源：《2013 年度江苏省网络交易发展情况报告》。

（二）从注册资本看

在开办网站的企业中，中小型企业居多。其中，注册资本在 100 万元以下的企业为 74 333家，占总数的 54.05%；注册资本在 100 万～500 万元的企业为 30 985 家，占总数的 22.53%；注册资本在 500 万～1 000 万元的企业为 11 988 家，占总数的 8.72%；注册资本在 1 000 万～1 亿元的企业为 17 439 家，占 12.68%；注册资本在 1 亿元以上的企业为 2 785 家，占 2.03%（见图 25—2）。

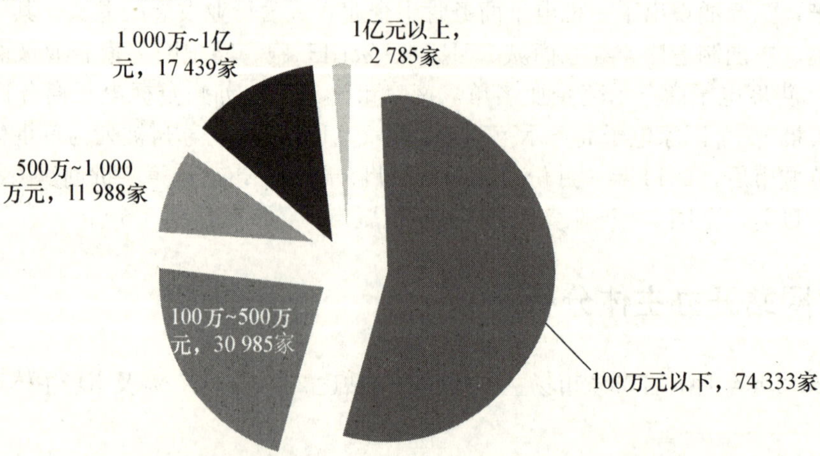

图 25—2　2013 年江苏省开办网站注册资本分类情况

资料来源：《2013 年度江苏省网络交易发展情况报告》。

（三）从产业分布看

在开办网站的企业中，第二产业、第三产业的企业占了大部分。第一产业的企业为976家，第二产业的企业为76 428家，第三产业的企业为60 126家。第一、二、三产业企业数占比分别为0.71%、55.57%、43.72%。三大产业中，分布在第二产业的企业的比例最高（见图25—3）。

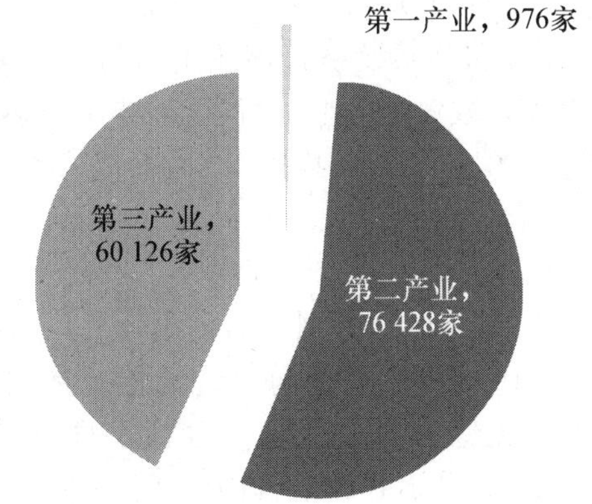

图25—3　2013年江苏省开办网站产业类型分布情况

资料来源：《2013年度江苏省网络交易发展情况报告》。

（四）从行业分布看

从图25—4可知，在开办网站的企业中，制造业以及批发和零售业企业占了大部分。其中，制造业企业为70 087家，占总数的50.96%；批发和零售业企业为29 558家，占总

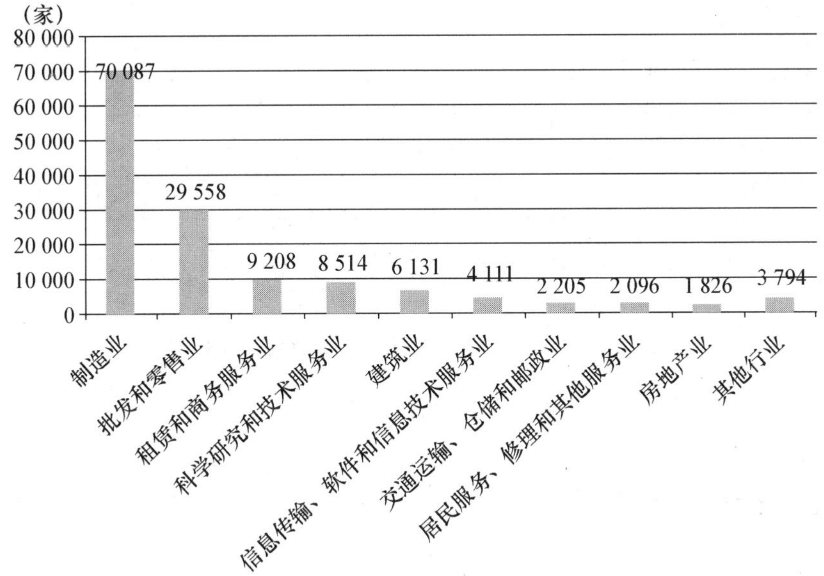

图25—4　2013年江苏省开办网站行业类型情况

资料来源：《2013年度江苏省网络交易发展情况报告》。

数的21.49%；租赁和商务服务业企业为9 208家，占总数的6.70%；科学研究和技术服务业企业为8 514家，占总数的6.19%；建筑业企业为6 131家，占总数的4.46%；信息传输、软件和信息技术服务业企业为4 111家，占总数的2.99%；交通运输、仓储和邮政业企业为2 205家，占总数的1.60%；居民服务、修理和其他服务业企业为2 096家，占总数的1.52%；房地产业企业为1 826家，占总数的1.33%；农、林、牧、渔业企业为976家，占总数的0.71%；住宿和餐饮业企业为893家，占总数的0.65%；还有文化、体育和娱乐业企业为596家，水利、环境和公共设施管理业企业为423家，金融业企业为328家，卫生和社会工作业企业为189家，教育业企业为177家，电力、热力、燃气及水的生产和供应业企业为172家，采矿业企业为38家，公共管理、社会保障和社会组织业企业为2家。

（五）从区域分布看

受区域经济发展状况影响，江苏省开办网站的企业分布并不均衡。首先苏州最多，有37 273家企业，占总数的27.10%。其次是南京、无锡、常州，其中在南京的企业为23 441家，占总数的17.04%；无锡为20 172家，占总数的14.67%；常州为11 649家，占总数的8.47%。再次是南通、泰州、扬州，其中南通为9 132家，占总数的6.64%；泰州为7 738家，占总数的5.63%；扬州为7 731家，占总数的5.62%。接下来是镇江为4 191家，占总数的3.05%；徐州为4 034家，占总数的2.93%；盐城为3 953家，占总数的2.87%。企业数量最少的3个市是连云港、淮安、宿迁，分别为3 354家、2 855家、2 007家，占总数的2.44%、2.08%、1.46%（见图25—5）。

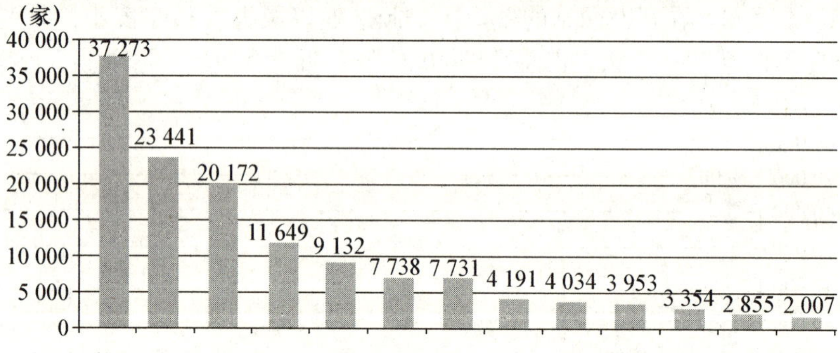

图25—5　2013年江苏省开办网站区域分布情况

资料来源：《2013年度江苏省网络交易发展情况报告》。

三、交易规模分析

（一）总体规模情况

《江苏省互联网发展状况报告（2013年度）》重点针对江苏省13个市的124家网络交易平台展开了调查。从电子商务模式看，B2B平台为33家，占26.6%；B2C平台为51

家，占 41.1%；C2C 平台为 6 家，占 4.8%；团购平台为 13 家，占 10.5%；其他平台为 21 家，占 16.9%。从数量看，B2B、B2C 类型的平台占据主流。

2013 年，江苏省网络交易总额达到了 4 013.82 亿元。其中 B2B 平台的交易额达到了 3 651.7 亿元，占江苏省网络交易总额的 90.98%；B2C 平台的交易额达到了 360.3 亿元，占江苏省网络交易总额的 8.98%；C2C 平台的交易额为 0.02 亿元；团购平台的交易额约为 1.3 亿元，占江苏省网络交易总额的 0.03%；其他交易模式的网络交易总额约为 0.5 亿元，占江苏省网络交易总额的 0.01%（见图 25—6）。

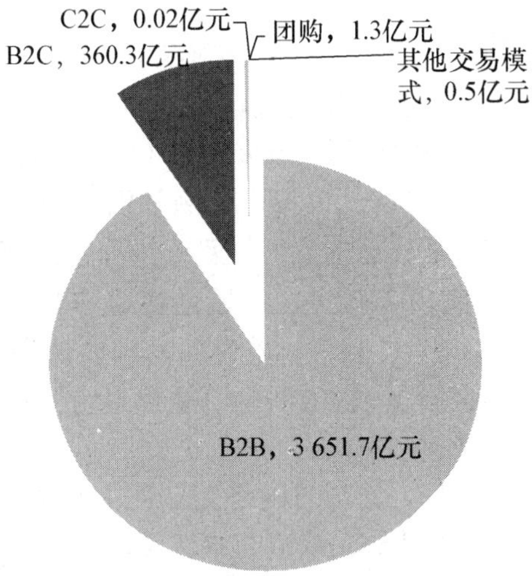

图 25—6　2013 年江苏省电子商务各类交易模式交易额情况

资料来源：《2013 年度江苏省网络交易发展情况报告》。

（二）从区域分布看

各地区网络交易发展水平参差不齐，交易规模存在较大差距。2013 年，南京的网络交易额达到了 3 311.8 亿元，占江苏省网络交易总额的 82%；无锡、苏州的网络交易额分别达到了 517.7 亿元、164.1 亿元，占江苏省网络交易总额的比例分别为 13%、4%。

（三）从 B2B 类型看

在《江苏省互联网发展状况报告（2013 年度）》调查的 33 家 B2B 平台中，中国制造网的交易额最高，达 2 547 亿元，占 B2B 平台交易额的 69.7%。

调查显示，2013 年，行业垂直型 B2B 平台发展迅速，总数达到了 20 家，网络交易额达到了 892.16 亿元。其中，纺织服装类的 B2B 平台数量最多，达到了 5 家；其次是冶金钢材类的 B2B 平台，达到了 4 家。从行业发展看，B2B 平台内各个行业间的交易额差距较大。其中，医疗保健类网络交易额最高，达到了 520 亿元，占垂直型 B2B 平台交易额的 58.28%；冶金钢材类网络交易额为 313.72 亿元，占垂直型 B2B 平台交易额的 35.16%；而食品农业、交通汽车、照明仪表安防等行业网络交易额较少，总额不到 1 亿元。

（四）从 B2C 类型看

在《江苏省互联网发展状况报告（2013 年度）》调查的 51 家 B2C 平台中，从经营品类上来看，主要包括服装箱包、家电数码电子产品、食品等 14 类。其中，家电数码电子产品是江苏省 B2C 交易的主流商品，网络交易额达到了 206.1 亿元，占 B2C 平台总交易额的 57.22%，这主要是由于苏宁易购在家电数码电子产品类中的优势地位。此外，服务类 B2C 交易异军突起，旅游服务类和房地产服务交易类网络交易额分别达 41.2 亿元、35 亿元，占 B2C 平台总交易额的 11.43%、9.72%。

（五）从支撑服务体系看

从现代物流的应用情况上看，据不完全统计，大多数企业以开展现代物流应用为主。以 B2C 平台为例，我们此次重点调查了 30 家大型 B2C 平台的物流应用情况，其中合作物流和自建物流的企业数量分别为 23 家、7 家，比例分别是 76.7%、23.3%。网络交易的快速发展也倒逼企业自建物流配送体系的发展。目前，苏宁云商已经获得了国际快递业务经营许可、全国性快递牌照及国内 150 多个区域性快递牌照，正在建设南京、广州、北京、成都 4 个全国性仓储中心和干线枢纽，成为拥有国内快递业务许可证最多的企业之一。菜鸟、京东、1 号店、唯品会等一批电商物流企业也纷纷在江苏省布局，这对推动江苏省网络交易发展具有重要意义。

从在线支付系统的应用情况看，江苏省网络交易企业主要存在 5 条支付渠道，分别是自建支付平台、银行网关、货到付款、邮局汇款和第三方支付平台，所占比例分别是 5.63%、33.80%、21.13%、4.23%、35.21%（见图 25—7）。统计显示，大部分企业都支持通过第三方支付平台和银行网关进行支付，并且一般支持两到三种支付方式的混合使用。与支付宝、财付通、快钱等第三方支付平台相比，江苏省第三方支付平台还处于发展初期，规模和影响力还有待提升。

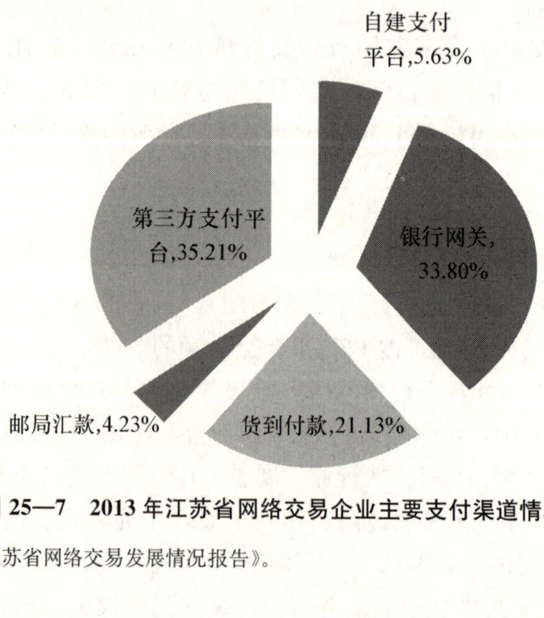

图 25—7　2013 年江苏省网络交易企业主要支付渠道情况

资料来源：《2013 年度江苏省网络交易发展情况报告》。

第二十六章 江苏电子商务发展的特点

一、电子商务交易规模逐年攀升

2012年，江苏网上购物用户规模达到2 102万人，比2011年增长了28.88%，网上购物使用率达到53.2%，比2011年提高了9个百分点。江苏网民的支付宝网上支出额占全国的8.1%[①]，全国网购订单量位居第二。截至2013年年底，江苏农业电子商务平台数量已超过9 000个，开展电子商务的市场主体达到3 856个，通过上网发布信息实现电子商务交易金额325.25亿元，通过第三方平台开设网店实现电子商务交易金额132.25亿元，通过自建营销网站实现电子商务交易金额111.55亿元，合计实现电子商务销售金额569.05亿元。2013年天猫"双11购物狂欢节"期间，江苏省电商的销售总额达到29亿元。[②] 2012年，江苏大型批发和零售业企业电子商务销售金额645.31亿元，同比增长1.25倍，其中，批发业电子商务销售金额461.28亿元，同比增长1倍；零售业电子商务销售金额184.03亿元，同比增长2.29倍。大型批发和零售业中主要行业电子商务销售在快速增长的同时，加大了抢占市场份额的力度，如食品、饮料及烟草制品批发占批发业的比重由2011年的89.28%上升到2012年的97.13%，提高了7.85个百分点。[③] 目前，江苏电子商务销售额已突破千亿元大关，成为商贸流通领域发展最快的增长点。同时，江苏大型企业网上采购和销售的比重逐年攀升，中小企业电子商务应用普及率迅速提高。

二、电子商务骨干企业国内示范效应显著

2013年，江苏的电子商务企业已达3 856家，其电子商务服务的市场规模已占全国的12.8%，仅次于浙江省。近几年，得益于江苏省政府引导、市场培育以及企业自身创新发展，江苏电子商务企业迅速壮大，已涌现出一批行业骨干企业，如江苏苏宁易购电子商务

① 参见陈幼迪：《加快江苏电子商务高效发展的政策选择》，载《唯实》，2014（5），19～22页。

② 参见《2013年度中国电子商务市场数据监测报告》。

③ 参见调俭司、董丕、胡荣华：《江苏电子商务发展研究》，载《中国国情国力》，2013（8），45～47页。

有限公司、无锡买卖宝信息技术有限公司、宏图三胞高科技术有限公司、同程网络科技股份有限公司、焦点科技股份有限公司、江苏红豆实业股份有限公司和江苏仕德伟网络科技股份有限公司进入商务部 2013—2014 年度电子商务示范企业名单；省级电子商务示范企业有好享购物股份有限公司、无锡当家易现代农业科技股份有限公司、南京新与力文化传播有限公司、江苏孩子王实业有限公司等 17 家企业。苏宁易购是苏宁电器旗下新一代 B2C 网上购物平台，现已覆盖传统家电、3C 电器、日用百货等品类。2011 年，苏宁易购大力强化虚拟网络与实体店面的同步发展，不断提升网络市场份额，2013 年苏宁易购跃居全国同行业前三甲，其销售额达 218.9 亿元（含税），同比增长 43.86%，占 2013 年中国 B2C 网络购物交易市场的份额为 4.9%。未来三年，苏宁易购将依托强大的物流、售后服务及信息化支持，继续保持快速的发展步伐。到 2020 年，苏宁易购计划将实现 3 000 亿元的销售规模，成为中国领先的 B2C 平台之一。同程网是中国领先的休闲旅游在线服务商，创立于 2004 年，总部设在中国苏州，员工 2 000 余人，注册资本8 000 万元。目前同程网已经打造成为全国唯一拥有 B2B 旅游企业间平台和 B2C 大众旅游平台的旅游网站，是国家高新技术企业、商务部首批电子商务示范企业，2012 年和 2013 年连续两年入选“中国旅游集团 20 强”，2013 年服务人次达到 2 000 万，年均增长 100%。① 中国制造网领军外贸行业 B2B 发展，其 2013 年占中国 B2B 服务商市场的份额为 2.4%。② 叠石桥家纺、盛泽丝绸、张家港化工三家市场被商务部确定为中国商品指数发布中心。

三、电子商务示范基地集聚度高，具有明显的竞争优势

为更好地发挥电子商务企业的集聚和辐射效应，促进电子商务健康、快速、协调发展，争创国家电子商务示范城市和示范基地工作成为江苏增强城市竞争优势和发展电子商务的新途径。目前，江苏省南京市、苏州市、无锡市、常州市和徐州市被批准为国家电子商务示范城市。南京建邺区电子商务基地和苏州金枫电子商务产业园在 2012 年已被确定为国家级示范基地。另外，南京玄武区电子商务基地、无锡山水城电子商务产业园、睢宁县沙集电子商务产业园、苏州国际科技园、常州市创意产业基地、南通市崇川科技园、江苏省淮安软件园、江苏信息服务产业基地、泰州市新能源产业园和宿迁市电子商务产业园已发展成为江苏省电子商务示范基地。③ 发展电子商务示范基地，可以进一步增强电子商务服务企业的品牌效应与协同优势，促进产、学、研、用协同发展，提高对城市、区域现代流通体系建设的服务能力，加快区域产业结构的转型与升级；可以在聚合电子商务相关服务资源的同时，探索政府公共服务和产业政策环境建设的新模式，增强政府的服务能力；可以充分发挥电子商务跨地域的服务辐射力优势，在增强城市经济活力、放大结构性互补区域协同效应的同时，促进经济实现跨区域发展。

---

① 参见 http://www.ly.com/about/about17u/intro.html。

② 参见《2013 年度中国电子商务市场数据监测报告》。

③ 参见 http://www.jsdoftec.gov.cn/site/dsc/sfjd.asp。

四、电子商务与传统产业融合发展

2013 年度，网络交易与传统产业的融合不断加强，逐步形成了相互促进、协调发展的格局。南通、扬州、连云港、徐州、宿迁等地充分依托本地的特色产业和优势资源，利用第三方交易平台开拓新的销售渠道，探索出了各具特色的网络交易发展模式，促进了产业的转型升级，逐步形成了极具地方特色的网络交易产业。

以入驻天猫商城的江苏企业为例，据统计，截至 2013 年年底，入驻天猫商城的江苏企业为 6 579 家，约占天猫商城企业总数的 8.21%。从区域分布来看，天猫商城上的苏州企业最多，达到 2 044 家，所占比例为 31%；其次是南京，达到 1 203 家，所占比例为 18.2%；这两个城市入驻天猫商城的企业数量达到 3 247 家，占全省入驻天猫商城企业总数的 49.4%。无锡、南通地区入驻天猫商城的企业数量均在 500 家以上，分别为 546 家、625 家，二者之和占全省总量的 17.8%（见图 26—1）。其他地区入驻天猫商城的企业数量均在 500 家以下，数量之和占全省总量的 32.8%，其中淮安地区入驻天猫商城的企业数量最少，仅为 88 家。数量最多的苏州市与数量最少的淮安市之间，相差巨大。

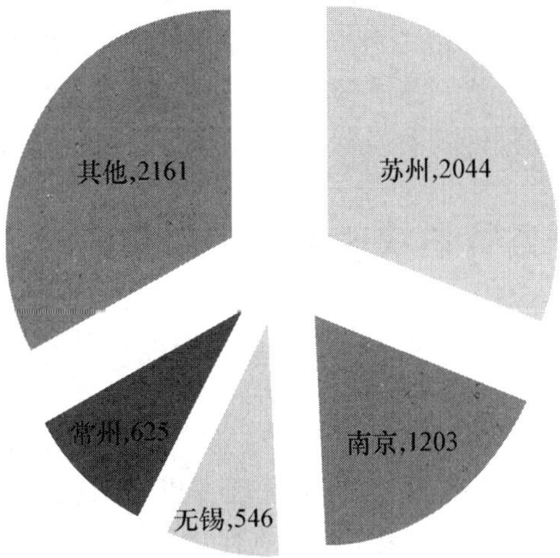

图 26—1　入驻江苏各地区的天猫商城数量（单位：家）

资料来源：《2013 年度江苏省网络交易发展情况报告》。

对天猫商城上企业品类分布的调查显示，南通地区依靠“叠石桥家纺”特色在天猫商城开展销售，家纺类销售企业占南通地区所有入驻天猫平台企业的 71%，同时占全省家纺类销售企业的 49%，排名第一。扬州地区是毛绒玩具生产基地之一，当地母婴玩具类产品销售企业占扬州地区入驻天猫平台企业的 45%，同时占全省母婴玩具类销售企业的 30%，排名第一。连云港东海县有着“水晶之都”的美誉，其利用丰富的水晶资源发展网络交易，珠宝饰品类产品销售企业占当地入驻天猫平台企业的 68%，占全省珠宝饰品类产品销售企业的 58%。

五、传统商业创新线上、线下协同发展商业模式

电子商务与传统商业的协同发展是江苏省发展电子商务的一大特色。江苏省商务厅积极鼓励传统商业企业使用电子商务，推进实体市场和网上市场结合，推动商业企业以线上销售带动线下销售，并鼓励建立中心商区电子商务公共平台，为电子商务发展提供综合的软硬件基础设施和专业化服务。目前江苏省电子商务与传统商业融合发展，传统零售商向互联网转型的步伐明显加快，正逐渐成为网上零售的重要力量，苏宁在这方面已成为很多传统商业企业进入电子商务领域可参考的典范。苏宁率先提出线上线下的O2O融合战略，并超前布局，现已经进入执行阶段。苏宁上下已经对互联网转型做到了思想上的统一，也在自发自觉地探索传统商业和电子商务的融合。电子商务是商业的一种新模式，它不能取代零售本身。苏宁通过集中一切资源，聚焦到提升商品管理能力、物流服务能力、用户经营能力和IT技术应用能力这四大零售核心能力上去，将苏宁的O2O体验、商品品质效率、物流服务三大差异化特色发挥出来，最终把对电子商务的运用融入到传统商业的经营销售之中，以线上营销带动线下销售。苏宁在2014年提出“体验为王”的指导思路后，取得了长足进展，苏宁物流妥投率更是达到了99.02%，消费者服务满意度提升至95%。① 目前其线下拥有近千家连锁门店，100多个物流中心，3 000多个售后服务网点，遍及全国300多个城市，这些线下资源的支持使苏宁易购网在货源、物流配送、售后服务等方面相对领先，免除了顾客的后顾之忧。苏宁多年来的经营使其这种“实体＋网销”的模式已成为传统商业互联网时代的一种创新型经营模式。

六、跨境电子商务贸易快速增长

2012年，中国跨境电子商务交易额超过2万亿美元，保持了年均30%以上的增速（远高于外贸出口增速）。全国通过各类平台开展跨境电子商务业务的外贸企业已超过20万家，平台企业超过5 000家。其中，企业间电子商务是发展主体，企业面向个人消费的电子商务显现出巨大潜力，居民的跨境网购、代购也呈现出迅速增长的态势。2013年，中国跨境电子商务交易规模突破3.1万亿元人民币。② 在全国跨境电子商务交易规模迅速增长的形势下，江苏跨境电子商务也呈现出强劲发展的势头。近年来，江苏积极推动跨境电子商务发展，引导和支持重点单位和龙头企业快速健康发展，在争取国家试点、推进示范引领等方面大力推进。据苏州海关驻邮局办事处统计，2012年，该办事处监管进出境邮件332.33万件，同比增长112.9%，征收行邮税260万元，同比增长40%；2013年1月至7月，共监管进出境邮件287.4万件，同比增长95.8%，征收行邮税291万元，增长91.4%。③ 目

① 参见《苏宁二季度营收环比增23.71%战略转型步入良性增长》，见http://finance.chinanews.com/cj/2014/07-30/6443046.shtml。

② 参见陈幼迪：《加快江苏电子商务高效发展的政策选择》，载《唯实》，2014（5），19～22页。

③ 参见《江苏积极推动跨境电子商务发展》，见http://www.cantonfair.org.cn/html/cantonfair/cn/info/2013-10/28408.shtml。

前，苏州已经具备大力发展跨境贸易电子商务的各项基础条件，凭借开放程度高、产业基础好、市场规模大、信息物流便利等优势，跨境电子商务将成为苏州外贸转型的新优势。另外，跨境电子商务平台建设不断推进。目前苏州工业园区综保区（苏州物流中心）“跨境电子商务一站式服务平台”基础工作已初步完成，成功实现了与海关、国检监管平台的无缝对接。近期，苏州工业园区综保区还将开展全国首例海关特殊监管区外汇监测试点，“保税区域外汇监管电子系统”启动运行，“跨境电子商务一站式服务平台”与外汇监管平台的对接随之打通。苏州龙媒信息科技有限公司国际整合营销及其配套服务的第三方跨境贸易电子商务服务平台、江苏一达通中小企业进出口外包服务平台等已呈现快速成长势头，不断改变着长期以来传统的外贸经营模式。

七、电子商务配套支撑体系不断完善

江苏以电子商务交易服务为龙头，近些年围绕电子商务大力发展相关配套支撑体系，包括企业管理信息化、基础设施、物流配送、网络金融、商务软件研发、交易安全和信用认证等在内的配套体系快速形成。截至“十一五”末，江苏宽带网络和新一代移动通信网络基本覆盖所有村镇和社区，建成了 12 条 155 兆互联网国际通信专用通道，江苏信息化水平居于全国前列。综合信息平台接入江苏省视频信息 800 多路，其中运政服务窗口 64 路，车站场所 442 路，重点路段 27 路，运政执法车载 300 多路。[①] 另外，江苏省 2014 年出台了《关于加快互联网金融产业发展的实施办法》，明确将在加强互联网金融信用体系建设、支持重点项目建设等方面优化互联网金融产业发展环境。其中，从 2014 年起每年将安排不少于 1 000 万元的专项资金，重点支持互联网金融示范区及孵化器建设、互联网金融重点企业引进和培育以及业务创新等。另外，社会信用环境不断改善，为电子商务诚信交易创造了有利的条件。网上支付、移动支付、电话支付等新兴支付服务发展迅猛。现代物流业快速发展，南京、苏州、徐州已成为地区物流配送中心。江苏通信运营商、软硬件及服务提供商等纷纷涉足电子商务，为用户提供相关服务。

2013 年 4 月 19 日，由南京市玄武区检察院、商务局、工商分局、科管办共同发起成立的南京市玄武区电子商务守护者联合会正式成立。该联合会是南京市乃至江苏省首家电子商务守护者联合会，由从事电子商务经营、研发、教育及电子商务支撑体系建设的 30 余家企事业单位自愿组成，注册总资本近 3 亿元人民币，交易总额超过 100 亿元人民币，是实行行业服务和自律管理的地方性非营利社会团体，将按照“公正、团结、服务”的原则开展工作，在政府和从事电子商务的企业单位之间、企业与企业之间发挥纽带和桥梁作用，以市场化、法律化运作手段推动并引领玄武区电子商务行业的发展。该联合会具体业务包括及时向政府有关部门反映会员要求，维护会员合法权益，反对不正当竞争，反对侵害他人知识产权，促进“行业行约”的建立和完善；筹建第三方服务平台，创建国家电子商务示范基地，积极推广电子商务认证培训，协助政府有关部门做好电子商务工程质量监

① 参见《加快信息化建设与应用 提升运输管理效能和服务水平》，见 http://www.jsia.gov.cn/index.php?m=special&c=index&a=show&id=60。

督工作等。

八、商品类交易为主流，服务类交易成为新增长点

《江苏省互联网发展状况报告（2013年度）》显示，全省51家B2C平台中，以商品类交易为主的平台有34家，网络交易额达到272.6亿元，占B2C平台交易额的75.7%；以服务类交易为主的平台有17家，网络交易额达到87.6亿元，占B2C平台交易额的24.3%。从交易额来看，目前商品类交易占B2C平台交易的主流，但服务类交易发展迅速，成为新的增长点。

在网络商品类交易中，家电数码电子产品类的网络交易额最高，达206.1亿元，占B2C平台商品交易额的75.6%。苏宁易购作为我省最大的B2C购物平台，销售商品覆盖传统家电、数码电子产品、日用百货等品类，交易规模位居省内家电数码电子产品类榜首。其次是家居建材类、个护化妆品类、母婴用品类商品，交易额分别达到16.1亿元、9.6亿元、9.0亿元。从B2C平台数量看，服装鞋帽箱包类、食品类平台数量分别达到17家、12家，在B2C平台中数量较多，但交易规模相对不高，分别为5.4亿元、1.8亿元（见图26—2）。

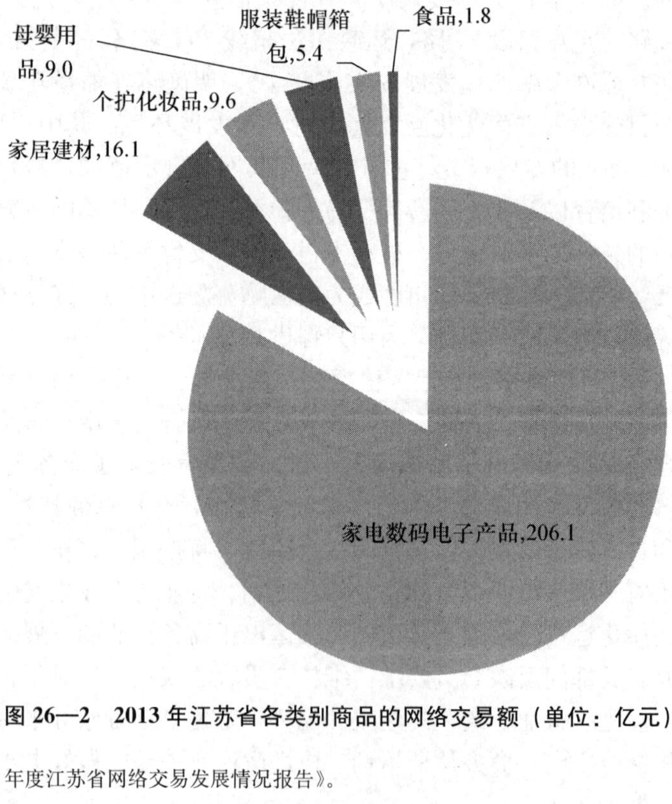

图26—2　2013年江苏省各类别商品的网络交易额（单位：亿元）

资料来源：《2013年度江苏省网络交易发展情况报告》。

在网络服务类交易中，2013年度服务业伴随网络交易的发展得到了高速发展，网络交易与服务业的结合正成为网络交易领域新的增长点，网络旅游服务、房地产服务发展十

分迅速。途牛网、同程网等旅游网站近年来发展迅猛，网络交易额不断提升；江苏省房地产服务平台“365地产家居网”在网络房地产服务领域发展较快，现已在苏州、昆山、无锡、常州、合肥、芜湖、杭州、西安、重庆等国内重点城市开设分站，2013年交易额达到35亿元。

九、政策体系逐步完善，电商创业创新环境总体向好

电子商务作为战略性新兴产业、现代服务业的重要组成部分，其发展关系到社会生产、流通、消费的方方面面。2013年国家商务部和相关部委出台了多项促进我国电子商务快速发展的相关规定，如《商务部关于利用电子商务平台开展对外贸易的若干意见》《商务部关于促进电子商务应用的实施意见》《电子商务模式规范及关于促进电子商务规范发展的意见》《关于开展国家电子商务示范城市创建工作的指导意见》《关于促进电子商务健康快速发展有关工作的通知》。鉴于快递服务与网络零售相互依存、互为支撑，业务合作日趋紧密、关联领域不断拓展，国家邮政局也发布了《商务部关于促进快递服务与网络零售协同发展的指导意见》《国家邮政局关于提升快递末端投递服务水平的指导意见》《快递服务邮政行业标准》等相关意见，提出了多项促进快递服务与网络零售协同发展的政策措施。物联网是新一代信息技术的高度集成和综合运用，具有渗透性强、带动作用大、综合效益好的特点，推进物联网的应用和发展，有利于促进生产生活和社会管理方式向智能化、精细化、网络化方向转变，国务院2013年9月出台了《关于推进物联网有序健康发展的指导意见》，对推进物联网的应用和发展，促进生产生活和社会管理方式向智能化、精细化、网络化方向转变，推动产业结构调整和发展方式转变具有重要意义。另外，2013年也出台了多项有关网络购物和电子支付等配套支撑体系的相关政策，如《关于开展电视购物专项整治工作的通知》《关于加强网络团购经营活动管理的意见》《商务部关于规范网络购物促销行为的通知》《商务部发布关于促进网络购物健康发展的指导意见》《中华人民共和国电子签名法》等。

江苏省商务厅结合本省电子商务产业发展实际，出台了多项促进本省电子商务快速发展的相关指导意见，如《市政府关于鼓励和支持电子商务发展的若干意见》《江苏省政府办公厅关于印发江苏省电子政务建设指导意见的通知》《江苏省政府办公厅关于印发江苏省企业信息化与电子商务实施意见的通知》等。多项相关政策的发布，势必更好地促进电子商务的健康、快速发展，也为电子商务产业营造了更宽松、更有序的创业创新环境。

第二十七章 制约江苏电子商务发展的瓶颈

电子商务的发展涉及商业信用、支付安全、物流配送、相关法律制度等社会经济环境的方方面面，是一项系统工程。江苏省企业在发展电子商务的进程中，存在一些共同的制约因素，它们是阻碍江苏省电子商务发展的主要瓶颈。

一、电子商务区域发展不平衡，行业结构不尽合理

从开展电子商务业务的企业数量上看，苏南地区的电子商务发展和应用水平明显高于苏中和苏北地区。苏州、无锡、常州等地区开办网站的企业数量均超过万家，数量之和约占江苏省总量的67.28%；南通、泰州、扬州等苏中地区开办网站的企业数量在5 000家到1万家之间，数量之和约占江苏省总量的17.89%；徐州、连云港、淮安、盐城、宿迁等地区开办网站的企业数量在5 000家以下，数量之和约为江苏省总量的14.86%。数量最多的苏州市与数量最少的宿迁市之间，相差巨大。开展电子商务的企业数量最少的3个市是连云港、淮安、宿迁，三者分别是3 354家、2 855家、2 007家，分别占总数的2.44%、2.08%、1.46%。

从开办电子商务网站的企业所处的行业来看，属于制造业和批发零售业的企业占总数的72.45%，而属于对电子商务发展起支撑作用的信息传输、计算机服务和软件业的企业仅占总数的2.99%；属于与居民生活服务相关的行业的企业仅占总数的1.52%；而关乎人民生活最基本的保障，与社会的稳定以及经济的发展密切相关的农产品行业的电子商务的发展更是极其滞后。在电子商务的快速发展中，农产品电子商务信息平台，承载着三个由低到高的服务功能：其一是其最基本的功能，即集信息交流、网上支付、物流运输于一体的销售平台；其二是其中级功能，即进行财务分析、市场调研、生产谋划等多项商业活动；其三是高级功能，即推动与农产品销售相关的附属产业（金融、运输、通信等）和服务产业的进步，从而使我国农业产业化整体水平得到较大幅度的提升。相比制造业和服务业来说，江苏省在农产品交易中使用电子商务的比重不高，如江苏省第一产业、第二产业、第三产业开办电子商务的企业的占比分别为0.71%、55.57%、43.72%。在三大产业中，第一产业所占比重过低，这不仅与我国农民、农村自身推广电子商务的基本条件较差有关，而且与农产品质量标准不统一、食品安全问题、物流瓶颈问题有关。

二、网络交易安全是突出障碍，行业立法滞后

保障电子商务在交易过程中的安全性，是电子商务发展的前提。电子商务虽然是虚拟的网络交易，但却涉及实物的交换，网络信息的泄露将极大地影响，甚至破坏人们正常的交易。正是互联网的开放性和共享性，致使“黑客”四处出击、病毒侵害、网上欺骗、网上盗窃等非法现象时有发生。在开放的网络上处理交易、传输数据，其安全性也受到了“黑客”的威胁。

而网络安全防范有两方面，即网站安全和支付安全。网站安全问题即在网站运行中防范黑客攻击的问题。江苏的网站大多是以实用性为发展方向的，往往忽略网络安全，这给网络发展埋下了隐患。关于安全问题，目前有两大难题：一是投资，没有雄厚的资金支持，网络安全只能是一句空话；二是技术，没有强大的技术支持，网络安全不可能取得突破性进展。另外，电子商务行业立法滞后也是当前我国电子商务法律机制建设过程中面临的首要问题之一。对于电子商务来说，法制是非常重要的。新的贸易形式，必定产生利益分配的重新组合，所有参与者都必须在法律允许的范围内，遵循公允的游戏规则。我国关于电子商务的立法比较滞后，现有的法律如《消费者权益保护法》《产品质量法》等是在我国电子商务尚未产生和成形时编写和发布的，虽然对新出现的电子商务交易模式适用，但是却不能适应电子商务虚拟化交易的特征，不能完全满足电子商务领域规范市场秩序、保护消费者权益的需要。电子商务法律的不健全，很容易让一些商家钻法律的空子，让一些不讲诚信的商家得逞，对市场发展和规范造成恶劣影响。

三、在线支付系统创新不足，第三方支付平台处于发展初期

目前网上支付占银行总业务的比重较小，在目前银行业经营不佳的情况下，银行不愿发展和完善网上支付业务。具体来看，网上支付困难主要是由于各银行间的业务系统缺乏统一的业务规范和信息格式标准、跨行支付的验证程序复杂且收费高、支付工具比较落后、缺少电子货币以及网上安全认证机构建设混乱等。江苏省网络交易企业主要存在5种支付渠道，分别是自建支付平台、采用银行网关、货到付款、邮局汇款和通过第三方支付平台，所占比例分别是5.63％、33.80％、21.13％、4.23％、35.21％。统计显示，大部分企业都支持通过第三方支付平台和银行网关进行支付，并且一般支持两到三种支付方式的混合使用。与支付宝、财付通、快钱等第三方支付平台相比，江苏省第三方支付平台还处于发展初期，规模和影响力还有待提升。

四、电子商务信用服务市场落后，信用体系尚未建立

国外电子商务发展起步较早，目前已经形成了较为完善的信用评价服务体系。借助市场化的信用评价和认证服务，众多中小网站以诚信的服务和较低的信用成本赢得了顾客的信赖，逐渐发展壮大。在我国，电子商务信用服务市场处于发展初期，市场中已经出现几

家信用评价和服务机构，但是其操作的规范性和权威性还值得商榷。

由于电子商务信用标准体系尚未建立，众多电子商务运营商，特别是新兴网商的电子商务信用理论和实践水平有限，没有简单易行的信用规范可以遵循，对电子商务运营的信用规律把握不足，在网站宣传和信息披露过程中往往出现失信于顾客的行为。此外，政府部门在电子商务市场监管过程中缺少标准和法律法规等依据，第三方信用评价机构没有完善的从业规范和评价标准，也难以提供满足市场需求的信用服务。

五、物流配送体系发展滞后，倒逼企业自建物流

物流是商务活动的纽带，不仅是本次交易商品配送的承担者，而且是下次商务活动改进的信息提供者。在我国，电子商务的快速发展向物流系统提出了严峻挑战。面对骤增的商品量，现阶段我国的物流企业疲于分流配送，仅以完成商品配送为目标，缺乏信息搜集意识，对物流是电子商务实体支柱的认识肤浅，错失了诸多以商品配送为跳板搜集消费者偏好等相关信息的机会，这严重阻碍了电子商务活动的推进。如淘宝网在 2011—2013 年的“双 11”期间，单日销售额从 52 亿元剧增至 350 亿元，而物流发展水平则与之形成强烈反差。面对电子商务的迅猛发展，物流服务水平明显滞后，在物流量骤增时，“爆仓”问题严重，支付渠道拥堵，甚至引发物流系统瘫痪。同时，由于物流服务人员平均素质较低，暴力分拣、货物丢损、货物检查不严等事件频发，致使物流与电子商务衔接中断，造成电子商务平台需求旺盛、供给不足的假象。我国物流基础设施落后，部分地区道路毁损严重，物流集散点少；先进技术利用率低，分拣商品自动化程度低，易损易腐商品储存空间漏洞多；从业人员素质偏低，随意处理货物的现象时有发生；等等。这些都成为物流发展的软肋，也使物流成为电子商务链条上的薄弱环节。

六、企业自身信息化基础薄弱，对电子商务的认知程度较低

《江苏省互联网发展状况报告（2013 年度）》显示，江苏省 66.07%的企业认为“信息化基础薄弱”是企业发展电子商务的内部瓶颈。信息化基础薄弱主要体现在企业未建设内部网络，没有实施 ERP、CIMS 等方面，这主要是因为：第一，江苏省大量的传统企业对信息技术还缺乏必要的了解；第二，受计划经济习惯的影响，企业对利用信息技术缺乏主动性；第三，不少企业缺乏足够的经济实力。调查中 58.04%的企业认为“对电子商务缺乏了解”阻碍了其开展电子商务。通过进一步访谈我们发现，部分企业领导认为电子商务有很大的泡沫成分，不适合企业的实际经营；部分领导看好电子商务的前景，但认为现在没有必要开展，或者不知道该如何开展，对开展的方式还存在严重分歧。总的说来，大部分企业对开展电子商务没有明确的战略计划，企业的信息化建设也就搁置了。实施企业信息化，有利于增强企业的核心竞争力，适应市场化竞争的要求；有利于提高产品设计效率，缩短设计周期，保证设计质量；有利于降低企业的库存，节约占用资金；有利于节约生产材料，降低生产成本；有利于加速资金在企业内部和企业间的流动速率，实现资金的快速重复有效的利用；有利于加速信息在企业内部和企业间的流动

速率，实现信息的有效整合和利用；有利于加速知识在企业中的传播，实现现有知识的及时更新和应用。目前，很多国际知名公司的信息化已进入云计算、虚拟技术、通信5G技术、生物识别技术等阶段，这与我省中小企业对信息化建设推动电子商务的作用认识不足形成了很大的反差。

第二十八章 江苏电子商务发展趋势及对策

一、江苏电子商务发展趋势

（一）产业融合成为电子商务发展的新方向

随着电子商务的迅猛发展，越来越多的传统产业涉足电子商务，在工农业生产、商贸流通、旅游等领域中，电子商务的应用不断拓展和深化。例如，农业应用电子商务探索农产品信息追溯；制造业开展供应链信息化提升；线上营销线下成交或线下体验线上购买的商业模式更是推动了传统商业与电子商务的融合发展。随着一批龙头电子商务平台企业做大做强做长，电子商务深度融合商流、物流、金流和人流，有效地把商业渠道、物流渠道以及信息渠道捆绑在一起，电子商务服务业能否健康有序发展成为决定电子商务成败的关键点。全国著名电子商务企业家马云继成功创办阿里巴巴网站（全球最大的B2B电子商务平台）、第三方电子支付平台（中国市场位居第一）后，正式启动了“中国智能骨干网”项目，计划在5～8年内打造一个遍布全国的物流基础设施网络，实现24小时送货必达。

（二）网络消费成为社会零售业的新增长点

从全球看，发达国家网络购物用户数量持续快速增长，2012年，美国和日本的网购渗透率分别达到71%和70%，中国2012年网络购物交易规模超过1.3万亿元人民币，同比增长67.5%，增速约为当年社会消费品零售总额增长率14.3%的4.7倍。2013年，在全国零售业增长放缓的形势下，网络零售一枝独秀，交易总额超过8 800亿元人民币，同比增长70%。未来几年，随着传统企业大规模进入电商行业，移动互联网快速发展促使移动网购日益便捷，中国网络购物市场整体还将保持较快的增长速度，预计到2016年，中国网络购物市场交易规模将超过3万亿元人民币。

（三）跨境电子商务成为国际贸易的新动态

在全国外贸出口增速逐渐趋缓的形势下，跨境电子商务呈现出强劲的发展势头。2012年，中国跨境电子商务交易额超过2万亿美元，保持了年均30%以上的增速，远高于外贸出口增速。全国通过各类平台开展跨境电子商务业务的外贸企业已超过20万家，平台企业超过5 000家。其中，企业间电子商务是发展主体，企业面向个人消费的电子商务显现出巨大潜力，居民的跨境网购、代购也呈现出迅速增长的态势。2013 年，中国跨境电子商务交易规模突破 3.1 万亿元人民币。电子商务降低了跨境贸易的门槛，企业特别是广大中小企业可以建立直接面向国外的营销渠道，降低交易成本、缩短运营周期，也弥补了自身资金缺乏、订单较少的不足，跨境电子商务已经成为外贸增长的新形式和新手段。

（四）移动电子商务成为电子商务发展的新动力

移动电子商务是通过移动设备（如手机、掌上电脑等）进行商品交易的服务过程。著名电商 eBay 认为今后全球电子商务都是移动商务。该公司自从 2008 年推出移动商务业务后，移动应用被下载了 1.6 亿多次，2012 年实现了 130 亿元的移动电子商务交易额。据测算，2012 年我国移动购物市场规模同比增长 328.6%，远远高于其他细分行业。移动商务成为电子商务发展方向有两方面的原因：一方面，人们的消费习惯和消费需求推动了移动商务的发展；另一方面，图片技术、地图技术、搜索技术等技术日益完善，为电子商务移动化提供了保证。应用移动电子商务，人们可以在任何时间、任何地点进行各种商贸活动。

二、江苏电子商务发展对策

充分发挥市场配置资源的决定性作用，以打造电子商务强省、大力发展平台经济为目标，以提升江苏省产业竞争力、转变流通发展方式为主线，以政策扶持和环境营造为支撑，以大企业大平台引领、商业模式与业态创新、电子商务服务业发展、农村电子商务推广应用为路径，支持新型电子商务企业跨越式发展，鼓励传统企业加快转型升级，以推动江苏省经济又好又快发展。

（一）加强对电子商务的组织领导，营造信用交易环境

1. 加强对电子商务发展的组织领导

充分发挥省电子商务工作领导小组的组织协调作用，统筹全省电子商务发展，制定全省电子商务发展规划，研究部署重点工作，审议决定重大事项，协调解决重要问题。省商务厅承担领导小组办公室职能，具体负责协调推进工作。各相关部门要结合自身职能，各司其职，分工合作，形成工作合力。各市、县（市、区）人民政府要明确牵头部门，健全管理机构，加强人员配备，强化部门协调，共同推进电子商务发展。

2. 建立电子商务统计评价机制

建立全省电子商务统计报表制度，健全统计指标体系和发展评价体系。对各地、各部门工作推进、政策配套及落实情况进行督查，推动制定切实可行的支持政策，打通产业发展的关键支撑环节，建立相应的工作体系，加大工作推进力度。对各地企业电子商务应用率、电子商务交易额、电子商务平台建设、电子商务服务业发展等作出客观科学的评价，促进全省电子商务协调发展。

3. 营造良好的市场秩序

推进电子商务地方性立法。研究制定电子商务地方标准，积极开展标准化试点和应用。完善安全认证体系，强化电子商务数据安全保障，推动数字证书互认兼容。建立健全电子商务平台经营产品质量安全监督体系，加大对在线交易产品的监管力度，提升消费安全感和满意度。推进电子商务信用体系建设，并实现社会化对接和共享，构建可信交易环境。积极推广使用电子签名、电子营业执照和电子发票，维护电子商务交易秩序。推动成立电子商务协会、电子商务专家咨询委员会等行业中介组织。培育发展具有社会公信力的电子商务认证、信用、安全等中介服务机构，建立商品质量信息追溯系统，完善电子商务纠纷处理、争议调解、法律咨询等综合服务体系。

（二）大力发展电子商务平台，以平台经济促进经济转型

1. 积极发展电子商务平台经济

依托电子信息产业基础，大力发展互联网平台。支持有条件的企业向平台化转型，加快电子商务支付类、应用及平台建设类、营销服务类、物流服务类等平台型、功能型企业发展，着力培育一批信誉好、实力强的平台龙头企业。支持有条件的地区面向重点行业领域，发展专业特色平台。支持电子商务平台不断丰富商品和服务种类，推动产业链延伸，逐步形成不同类型平台企业配套发展、协同联动、服务共赢的“平台集聚经济”。优化配套环境，推动信息技术、信用、物流、检测、认证等服务体系发展，促进贸易、服务、金融和物流效率不断提升，使平台经济成为全省实施转型升级战略的重要推动力。

2. 重点建设综合类平台

结合我省产业结构和特点，培育一批集交易支付、商品体验、在线物流、售后服务等于一体的商品销售服务类综合平台，以餐饮、住宿、家政、旅游、家电维修等生活服务为主的消费服务类综合平台，以及提供融资、通关、结汇、退税、物流、保险等一站式服务的跨境服务类综合平台。推动各类综合性平台提升服务功能和水平，不断丰富实体产品、内容产品和服务产品，扩大经营规模，提高平台实力，增强对线下企业的吸引力和辐射力。

3. 鼓励发展专业性平台

推动建材、纺织、家具、农产品、会展等垂直类电子商务平台建设，带动相关产业发展。支持二手车、二手设备、再生资源等专业交易平台建设，满足不同类型的消费需求。发展以撮合货源和运力配对为主的第四方物流平台，提高物流效率，降低物流成本。培育钢铁、化工、船舶、医药、纸浆、有色金属、纺织面料、工程机械等大宗产品电子商务交易平台。通过发展专业化平台，增强实体产业发展活力和市场竞争力。

4. 着力培育特色化平台

探索建设以商业中心区为主体的网上商圈，促进圈内企业线上与线下一体化经营。支持发展以本地生活为主的票务订购、网上订餐、房产交易、文化旅游、生鲜农产品销售等区域性服务平台，提高居民生活的便利化程度。支持有条件的地区自建平台或入驻第三方平台，推介特色资源，销售名优产品。积极推动各类服务性平台特色发展、差异发展。

（三）推动电子商务应用和集约发展，增强示范引领作用

1. 深入开展示范工程建设

积极创建国家电子商务示范城市、示范基地和示范企业，认真开展信息消费示范平台

和省级电子商务示范工程建设。鼓励示范城市先行先试，在营造发展环境、加强制度建设、完善服务体系等方面发挥示范作用。推动示范基地发挥产业集聚优势，在中小企业孵化、服务模式创新、公共平台建设、产业链条搭建等方面发挥带动作用。支持示范企业建设一批骨干性平台，在创新经营模式、整合市场资源、带动关联企业发展等方面发挥引领作用。

2. 积极培育电子商务经营主体

鼓励建设电子商务公共服务平台，销售当地土特产品和名优产品，并为中小微企业开展电子商务提供服务。支持个体工商户、有一定专业技能的群体借助电子商务自主创业，不断发展壮大网商队伍。支持有条件的电子商务企业通过兼并重组、战略合作等方式扩大规模，成为辐射范围广、带动作用大的标杆企业。推动中小企业应用电子商务，积极支持成长性好、发展潜力大的中小电子商务平台加快发展，培育一批电子商务品牌企业。

3. 努力推动企业转型升级

推动生产企业利用电子商务强化供应链管理，整合上下游资源，融合业务流程，提高专业化生产制造能力，发展网络定制产品。支持有条件的大型商贸企业自建电子商务平台，实行线上线下一体化经营，实现线下看样、体验与线上询价、交易、支付的优势互补。鼓励商贸企业依托电子商务平台开展电子商务，依托线下资源开展物流配送。鼓励有条件的大型交易市场发展电子商务，通过集聚商户资源、商品资源、客户资源和流量资源，培育线上竞争优势。以省内电子商务企业为主体，组织平台、商城、网店与线下企业全面对接，开辟江苏地域频道、苏货销售专区，扩大苏货网上销售规模。推进电子商务在市政、交通、医疗、教育、文化、旅游等领域的广泛应用。

4. 扶持农村电子商务加快发展

统筹建设农村综合信息服务平台，开展农民用网培训，推动电子商务向农村延伸。支持农业经营主体应用电子商务，采购农业生产资料，销售农特产品，提高生产经营与市场需求的对接度。扶持有条件的农业企业建立网络营销平台，开展农产品同城配送业务。扩大全国农村商务信息服务试点范围，积极开展农产品网上购销对接。推动电子商务企业与“万村千乡”市场工程合作，对全省农家店进行信息化提升，在中心镇和行政村建立网购商品自提点。依托大学生村官、回乡创业青年建立服务点，开展网上代购代销服务，支持快递企业扩大农产品代购代销业务，促进农村地区电子商务发展。

5. 支持电子商务产业集聚发展

发挥基础设施的规模效益，打造电子商务平台经济集聚区载体，带动功能性企业的引入和上下游产业链的延伸。鼓励不同地区差异化发展，建设以仓储分拨、物流配送、快递服务为主导的电子商务物流园区，以平台运营、软件开发、营销推广等为主导的电子商务服务园区，以技术孵化、人才培训、方案设计为主导的电子商务特色园区，形成覆盖电子商务各环节，承担平台运营、物流配送、融资支持等业务，多功能、多业态的电子商务园区。引进国内外知名电子商务企业设立总部或区域性总部、功能性总部，享受相应的政策和奖励。

（四）推动关键技术与电子商务融合发展，促进电商服务模式创新

1. 鼓励电子商务模式创新

推动关键技术与电子商务融合发展，引导电子商务企业积极应用云计算、大数据、移

动互联网等新一代信息技术，加强数据分析和价值挖掘，推进电子商务经营模式创新。加快普及无线网络，以物联网、基于位置的服务（LBS）、实时通信等技术为核心，实现服务流程智能化、精准化和实时化，推动电子商务服务模式创新。推进电子商务领域信息技术科研成果和商业模式创新相结合，加快科技成果转化，培育电子商务创新企业与创业创新基地。

2. 大力发展移动电子商务

紧跟移动通信技术发展和智能终端普及的趋势，鼓励生产制造企业、信息服务企业、电子商务企业、物流服务企业、电信运营商、接入服务供应商等加强合作，推动电子商务由 PC 端向移动端延伸发展。支持移动电子商务企业创新业务模式，运用互联网的即时通信工具、社交工具和移动应用程序，提供个性化、实时化、社交化、精准化的商品销售和服务推送，不断拓展移动电子商务在生活服务和公共服务领域的应用。

3. 规范发展互联网金融

鼓励省内优秀电子商务企业积极争取第三方支付牌照，加快建设安全、兼容、快捷的第三方支付平台。支持省内有条件的电子商务企业和金融机构发展互联网金融业务，加强个人理财、小微企业融资、保险等领域的产品创新。鼓励商业银行与电子商务企业合作，构建移动支付、在线支付、跨境支付等多元化电子支付体系，打造集网络销售、在线支付、融资服务于一体的综合平台。支持行业龙头企业设立服务于实体经济的交易场所，依托互联网规范开展标准化合约交易。

4. 加快发展跨境电子商务

对跨境电商来说，2013 年注定不平常。自 2012 年 3 月起，商务部多次下发相关文件提出要促进跨境外贸电商发展，到了 2013 年下半年动作尤为频繁。在十八届三中全会通过的《中共中央关于全面深化改革若干重大问题的决定》中，明确“将放开商贸物流、电子商务等服务业领域外资准入限制，加快电子商务新议题谈判”。随后不久，商务部发布《关于促进电子商务应用的实施意见》，力推跨境电商创新运用。2013 年 8 月，商务部等部门出台《关于实施支持跨境电子商务零售出口有关政策意见的通知》，提出了 6 项具体的扶持措施，其中包括建立电子商务出口新型海关监管模式并进行专项统计，解决了目前零售出口无法办理海关监管统计的问题。与此同时，跨境电商五个试点城市（上海、重庆、杭州、宁波、郑州）中除郑州之外，都已开始建设跨境电商平台。

积极争取开展跨境电子商务进出口试点，探索政策突破和业务模式创新，支持有条件的城市先行先试。鼓励跨境电子商务平台开发多语种系统、支付结算系统等，加大境外电子商务市场拓展力度，提升外贸业务一站式服务水平。加强国际国内电子商务交流融合，支持电子商务企业“走出去”或与境外电子商务服务企业开展战略合作，建立海外营销渠道，完善仓储物流，加强快递服务支撑，创立自有品牌。

（五）加强电商基础设施建设，完善电子商务服务和支撑体系

1. 促进电子商务与物流快递业协同发展

结合电子商务发展的需要，吸引知名仓储、物流、快递企业落户江苏，科学布局、合理建设区域性总部或转运分拨中心。建设货物集中配送综合服务平台，应用物联网、智能

快件箱等技术手段，提高物流的信息化水平。积极发展共同配送，鼓励有条件的电子商务企业自建物流或与物流企业、快递企业合作，构建城际、城乡一体的综合配送体系。推动出台城市配送仓储用地、配送车辆管理等政策，在社区、高校等区域推广建设快递投送点，加快构建城市“最后一公里”的终端配送网络。统一电子商务与快递企业信息交换标准，加强电子商务与物流快递信息对接。

2. 推动电子商务服务业发展

培育和引进一批知名电子商务服务企业，为电子商务企业提供软件开发、业务培训、专业咨询、数据分析、会展推介、平台代运营等专业服务。鼓励电子商务业务流程和信息技术外包服务。加强电子商务交易、技术、中介等服务平台建设。不断完善电子商务服务业的产业链条，注重技术和服务模式创新，加强高附加值的电子商务延伸服务和衍生产品的开发。开展省级电子商务服务示范企业认定。

3. 加快建设电子商务基础设施

推进宽带网络升级改造和光纤入户，提升骨干网的数据传输和交换能力，提高城乡普及水平和接入能力。加快第四代移动通信技术（4G）网络建设和商用步伐，统筹互联网数据中心（IDC）、公共信息服务中心等云计算基础设施布局。发展大数据分析处理技术，支持重点企业为电子商务企业提供大数据服务，挖掘行业数据价值。全面推进“三网融合”，加速推进电信基础设施共建共享，为电子商务提供高性能、低成本的基础设施服务。

（六）切实加大政策支持力度，促进电子商务快速发展

1. 加大财政支持力度

调整优化省级工业和信息产业转型升级引导资金、商务发展专项资金、现代服务业专项资金的支出结构，加大对电子商务的扶持力度，重点支持平台经济发展、构建苏货网络销售体系、发展大型电子商务企业和重点平台、建设电子商务特色产业园、打造中小企业公共服务平台、推动企业转型升级、开展人才培训、推进农村电子商务、鼓励电子商务创新、创建电子商务示范工程和实施试点项目等。同时，加大电子商务宣传推广力度，对相关展会、活动等给予支持。省有关部门统筹安排专项资金，协同支持电子商务发展。鼓励各级政府安排资金，出台奖励措施，扶持电子商务发展。

2. 加大税收支持力度

鼓励电子商务及相关服务企业参加各类资格条件、企业类别认定，符合条件的同等享受相关税收优惠政策。对电子商务企业发生的符合规定的研发费用，未形成无形资产计入当期损益的，在按规定据实扣除的基础上，按研发费用的50%加计扣除；形成无形资产的，按照无形资产成本的150%摊销。对缴纳房产税、城镇土地使用税确有困难的电子商务企业，经有关部门批准后，可按规定减免相关税收。

3. 加大用地支持力度

按照土地利用总体规划和建设项目用地标准，在土地利用年度计划和土地供应计划中统筹安排电子商务产业用地。鼓励利用旧厂房、闲置仓库等建设符合规划的电子商务产业。鼓励各地以租赁方式供应电子商务产业用地。按照节约集约用地的要求，统筹电子商务产业园用地空间布局，优先保障国内外龙头企业落户和重大项目实施用地。

4. 加大金融支持力度

推动省重点电子商务企业直接融资，鼓励电子商务企业以各种方式引入风险投资、战略投资，发行中小微企业债券，加快企业发展。鼓励电子商务企业通过境内外证券市场上市或到新三板及区域性股权市场挂牌交易。鼓励金融机构积极探索无形资产和动产质押融资方式，扩大电子商务企业贷款抵（质）押品范围。充分运用现有政策支持大学生电子商务创业，对创业启动资金提供优惠贷款，对符合条件的创业项目给予贷款贴息。

5. 加大人才政策的支持力度

支持电子商务企业引进国内外高端人才，产生的有关费用可按规定在所得税前列支。对符合条件的电子商务人才和团队，优先纳入各类人才计划项目，享受国家和省市规定的优惠政策。支持高端人才在住房、交通、生活配套设施、家庭成员就业、子女入学等方面享受现有优惠政策。加快发展新型服务业态，疏通业内交流和沟通渠道，积极营造电子商务产业和文化氛围，满足电子商务人才的物质和精神需求。鼓励省内高校设立电子商务专业，并与电子商务企业建立产学研用合作机制。依托省内电子商务知名研究机构、专业培训机构、大型电子商务企业和其他社会力量，认定一批电子商务培训和实践基地，开展形式多样的高级人才、运营人才、技能人才培训活动。

参考文献

[1] 寇林娟. 我国电子商务网上交易安全评价方法研究 [D]. 西安：西安科技大学，2012.

[2] 王娟娟. 电子商务时代的物流发展分析 [J]. 中国流通经济，2014 (3)：54-59.

[3] 马晓鸥. 我国电子商务法律机制的建设 [J]. 法制博览（中旬刊），2014 (5)：233.

[4] 齐志. 基于电子商务信用信息服务体系建设与运行机制研究 [D]. 长春：吉林大学，2008.

[5] 周旭. 电子商务中第三方支付平台研究 [D]. 大连：东北财经大学，2011.

[6] 欧阳俊. 我国 B2C 电子商务企业物流配送问题研究 [D]. 重庆：重庆交通大学，2012.

[7] 叶如意，胡忠新，杨翠莲. 我国电子商务信用体系构成研究 [J]. 标准科学，2014 (1)：19-21.

[8] 刘静. 我国农产品电子商务发展现状及其对策研究 [D]. 武汉：华中师范大学，2014.

[9] 陈幼迪. 加快江苏电子商务高效发展的政策选择 [J]. 唯实，2014 (5)：19-22.

政策篇

Policy Articles

- 国务院办公厅关于促进内贸流通健康发展的若干意见
- 商务部关于促进商贸物流发展的实施意见
- 商务部等 13 部门关于进一步加强农产品市场体系建设的指导意见
- 商务部公告 2015 年第 12 号 自由贸易试验区外商投资备案管理办法（试行）
- 商务部关于改进外资审核管理工作的通知
- 商务部关于做好取消鼓励类外商投资企业项目确认审批后续工作的通知
- 省发展改革委关于进一步简化和规范境外投资项目管理的通知
- 商务部关于促进电子商务应用的实施意见
- 商务部令 2014 年第 7 号《网络零售第三方平台交易规则制定程序规定（试行）》
- 省政府办公厅关于加快电子商务发展的意见

国务院办公厅关于促进内贸流通健康发展的若干意见

国办发〔2014〕51号

各省、自治区、直辖市人民政府，国务院各部委、各直属机构：

近年来，我国国内贸易稳定发展，现代流通方式快速推进，流通产业的基础性和先导性作用不断增强。在当前稳增长促改革调结构惠民生防风险的关键时期，加快发展内贸流通，对于引导生产、扩大消费、吸纳就业、改善民生，进一步拉动经济增长具有重要意义，经国务院批准，现提出如下意见：

一、推进现代流通方式发展

（一）规范促进电子商务发展。进一步拓展网络消费领域，加快推进中小城市电子商务发展，支持电子商务企业向农村延伸业务，推动居民生活服务、休闲娱乐、旅游、金融等领域电子商务应用。在保障数据管理安全的基础上，推进商务领域大数据公共信息服务平台建设。促进线上线下融合发展，推广"网订店取"、"网订店送"等新型配送模式。加快推进电子发票应用，完善电子会计凭证报销、登记入账及归档保管等配套措施。落实《注册资本登记制度改革方案》，完善市场主体住所（经营场所）管理。在控制风险基础上鼓励支付产品创新，营造商业银行和支付机构等支付服务主体平等竞争环境，促进网络支付健康发展。

（二）加快发展物流配送。加强物流标准化建设，加快推进以托盘标准化为突破口的物流标准化试点；加强物流信息化建设，打造一批跨区域物流综合信息服务平台；提高物流社会化水平，支持大型连锁零售企业向社会提供第三方物流服务，开展商贸物流城市共同配送试点，推广统一配送、共同配送等模式；提高物流专业化水平，支持电子商务与物流快递协同发展，大力发展冷链物流，支持农产品预冷、加工、储存、运输、配送等设施建设，形成若干重要农产品冷链物流集散中心。推动城市配送车辆统一标识管理，保障运送生鲜食品、主食制品、药品等车辆便利通行。允许符合标准的非机动快递车辆从事社区配送。支持商贸物流园区、仓储企业转型升级，经认定为高新技术企业的第三方物流和物流信息平台企业，依法享受高新技术企业相关优惠政策。

（三）大力发展连锁经营。以电子商务、信息化及物流配送为依托，推进发展直营连锁，规范发展特许连锁，引导发展自愿连锁。支持连锁经营企业建设直采基地和信息系统，提升自愿连锁服务机构联合采购、统一分销、共同配送能力，引导便利店等业态进社区、进农村，规范和拓展其代收费、代收货等便民服务功能。鼓励超市、便利店、机场等相关场所依法依规发展便民餐点。

二、加强流通基础设施建设

（四）推进商品市场转型升级。加快商品批发市场转型升级，推动专业化提升和精细化改进，拓展商品展示、研发设计、品牌孵化、回收处理等功能，带动产业集群发展。制订全国公益性批发市场发展规划，统筹公益性市场建设，加快形成不同层级、布局合理、便民惠民的公益性市场体系。探索采取设立农产品流通产业发展基金等模式，培育一批全国和区域公益性农产品批发市场。支持全国农产品跨区域流通骨干网络建设，完善产销衔接体系。落实和完善农产品批发市场、农贸市场城镇土地使用税和房产税政策。城区商品批发市场异地搬迁改造，政府收回原国有建设用地使用权后，可采取协议出让方式安排商品批发市场用地。通过加强市场周边道路、停车位、公交停靠站点等交通基础设施规划建设，优化客货运交通组织等有效措施，切实解决城市物流配送存在的通行难、停车难、卸货难等问题。

（五）增加居民生活服务设施投入。优化社区商业网点、公共服务设施的规划布局和业态配置，鼓励建设集社区菜市场、便利店、快餐店、配送站、再生资源回收点及健康、养老、看护等大众化服务网点于一体的社区综合服务中心。将农村市场流通体系建设纳入城镇化规划，培育一批集零售、餐饮、文化、生活、配送等于一体的多功能乡镇商贸中心。整合各类社会资源，建设公益性家政服务网络中心和服务人员供给基地，培育一批员工制家政服务企业，健全养老护小型家政服务人员培训体系，扩大家政服务供给。加快生活性服务业营改增步伐，合理设置生活性服务业增值税税率，加大小微企业增值税和营业税的政策支持力度，进一步促进生活性服务业小微企业发展。尽快完善银行卡刷卡手续费定价机制，取消刷卡手续费行业分类，进一步从总体上降低餐饮业刷卡手续费支出。落实好新建社区商业和综合服务设施面积占社区总建筑面积比例不低于10%的政策。

（六）推进绿色循环消费设施建设。大力推广绿色低碳节能设备设施，推动节能技术改造，在具备条件的企业推广分布式光伏发电，试点夹层玻璃光伏组件等新材料产品应用，培育一批集节能改造、节能产品销售和废弃物回收于一体的绿色市场、商场和饭店。推广绿色低碳采购，支持流通企业与绿色低碳商品生产企业（基地）对接，打造绿色低碳供应链。支持淘汰老旧汽车，加大黄标车淘汰力度，促进报废汽车回收拆解体系建设，推进报废汽车资源综合利用。

三、深化流通领域改革创新

（七）支持流通企业做大做强。推动优势流通企业利用参股、控股、联合、兼并、合资、合作等方式，做大做强，形成若干具有国际竞争力的大型零售商、批发商、物流服务商。加快推进流通企业兼并重组审批制度改革，依法做好流通企业经营者集中反垄断审查工作。鼓励和引导金融机构加大对流通企业兼并重组的金融支持力度，支持商业银行扩大对兼并重组商贸企业综合授信额度。推进流通企业股权多元化改革，鼓励各类投资者参与国有流通企业改制重组，鼓励和吸引民间资本进入，进一步提高利用外资的质量和水平，推进混合所有制发展。

（八）增强中小商贸流通企业发展活力。加快推进中小商贸流通企业公共服务平台建设，整合利用社会服务力量，为中小商贸流通企业提供质优价惠的信息咨询、创业辅导、市场拓展、电子商务应用、特许经营推广、企业融资、品牌建设等服务，力争用三年时间初步形成覆盖全国的服务网络。落实小微企业融资支持政策，推动商业银行开发符合商贸流通行业特点的融资产品，在充分把控行业和产业链风险的基础上，发展商圈融资、供应链融资，完善小微商贸流通企业融资环境。

（九）推进内外贸融合发展。拓展国内商品市场对外贸易功能，借鉴国际贸易通行标准、规则和方式，在总结试点经验的基础上，适当扩大市场采购贸易方式的试点范围，打造一批布局合理、功能完善、管理规范、辐射面广的内外贸结合市场。鼓励具备条件的流通企业“走出去”，建立海外营销、物流及售后服务网络，鼓励外贸企业建立国内营销渠道，拓展国内市场，打造一批实力雄厚、竞争力强、内外贸一体化经营的跨国企业。

四、着力改善营商环境

（十）减少行政审批，减轻企业税费负担。加快推进行政审批制度改革，系统评估和清理涉及内贸流通领域的行政审批、备案等事项，最大限度取消和下放。对按照法律、行政法规和国家有关政策规定设立的涉企行政事业性收费、政府性基金和实施政府定价或指导价的经营服务性收费，实行目录清单管理，不断完善公示制度。加大对违规设立行政事业性收费的查处力度，坚决制止各类乱收费、乱罚款和摊派等行为。进一步推进工商用电同价。鼓励大型商贸企业参与电力直接交易。在有条件的地区开展试点，允许商业用户选择执行行业平均电价或峰谷分时电价。

（十一）创造公平竞争的市场环境。着力破除各类市场壁垒，不得滥用行政权力制定含有排除、限定竞争内容的规定，不得限定或者变相限定单位或者个人经营、购买、使用行政机关指定的经营者提供的商品，取消针对外地企业、产品和服务设定歧视性收费项目、实行歧视性收费标准或者规定歧视性价格等歧视性政策，落实跨地区经营企业总分支机构汇总纳税政策。抓紧研究完善零售商、供应商公平交易行为规范及相关制度，强化日常监管，健全举报投诉办理和违法行为曝光机制，严肃查处违法违规行为。充分发挥市场机制作用，建立和完善符合我国国情和现阶段发展要求的农产品价格和市场调控机制。建立维护全国市场统一开放、竞争有序的长效机制，推进法治化营商环境建设。

（十二）加大市场整治力度。集中开展重点商品、重点领域专项整治行动，完善网络商品的监督抽查、风险监测、源头追溯、质量担保、损害赔偿、联合办案等制度，依法惩治侵权假冒违法行为，促进电子商务健康发展，切实保护消费者合法权益。积极推进侵权假冒行政处罚案件信息公开，建立案件曝光平台。强化对农村市场和网络商品交易的监管。加强行政执法与刑事司法衔接，建立部门间、区域间信息共享和执法协作机制。

（十三）加快推进商务信用建设。建立和完善国内贸易企业信用信息记录和披露制度，依法发布失信企业“黑名单”，营造诚信文化氛围。推动建立健全覆盖线上网络和线下实体店消费的信用评价机制。支持第三方机构开展具有信誉搜索、同类对比等功能的综合评价；鼓励行业组织开展以信用记录为基础的第三方专业评价；引导企业开展商品质量、服务水平、购物环境等内容的消费体验评价。

五、加强组织领导

（十四）加快推进政策落实。各部门要加强协调配合，按照分工要求，切实负起责任，根据本意见抓紧制定贯彻落实工作方案，明确时限要求，确保政策落实到位。地方各级人民政府要根据形势需要和本地实际，统筹协调，落实责任，出台有针对性的配套措施，加大保障力度，形成政策合力。

附件：重点任务分工及进度安排

国务院办公厅

2014 年 10 月 24 日

（此件公开发布）

附件

重点任务分工进度安排

序号	工作任务	负责部门	时间进度
1	进一步拓展网络消费领域，加快推进中小城市电子商务发展，支持电子商务企业向农村延伸业务，推动居民生活服务、休闲娱乐、旅游、金融等领域电子商务应用。在保障数据管理安全的基础上，推进商务领域大数据公共信息服务平台建设。促进线上线下融合发展，推广“网订店取”、“网订店送”等新型配送模式	商务部、发展改革委、工业和信息化部、农业部、供销合作总社等（列第一位者为牵头部门，下同）	持续实施
2	加快推进电子发票应用，完善电子会计凭证报销、登记入账及归档保管等配套措施	财政部、发展改革委、税务总局等	持续实施
3	加强物流标准化、信息化建设，提高物流社会化、专业化水平。允许符合标准的非机动快递车辆从事社区配送。鼓励超市、便利店、机场等相关场所依法依规发展便民餐点	商务部、发展改革委、公安部、财政部、住房城乡建设部、交通运输部、邮政局、食品药品监管总局等	持续实施
4	支持商贸物流园区、仓储企业转型升级，经认定为高新技术企业的第三方物流和物流信息平台企业，依法享受高新技术企业相关优惠政策	科技部、发展改革委、财政部、商务部、税务总局等	持续实施
5	推动城市配送车辆统一标识管理，保障运送生鲜食品、主食制品、药品等车辆便利通行	交通运输部、工业和信息化部、商务部、邮政局等	2014 年底前启动

续前表

序号	工作任务	负责部门	时间进度
6	制订全国公益性批发市场发展规划，统筹公益性市场建设，加快形成不同层级、布局合理、便民惠民的公益性市场体系	商务部、财政部、发展改革委、国土资源部、住房城乡建设部、环境保护部等	持续实施
7	探索采取设立农产品流通产业发展基金等模式，培育一批全国和区域公益性农产品批发市场。支持全国农产品跨区域流通骨干网络建设，完善产销衔接体系。落实和完善农产品批发市场、农贸市场城镇土地使用税和房产税政策	财政部、发展改革委、商务部、农业部、税务总局、供销合作总社等	2014年底前启动
8	城区商品批发市场异地搬迁改造，政府收回原国有建设用地使用权后，可采取协议出让方式安排商品批发市场用地	国土资源部、商务部、住房城乡建设部等	持续实施
9	通过加强市场周边道路、停车位、公交停靠站点等交通基础设施规划建设，优化客货运交通组织等有效措施，切实解决城市物流配送存在的通行难、停车难、卸货难等问题	住房城乡建设部、公安部、交通运输部等	持续实施
10	加快生活性服务业营改增步伐，合理设置生活性服务业增值税税率，加大小微企业增值税和营业税的政策支持力度，进一步促进生活性服务业小微企业发展	财政部、税务总局	2014年底前启动
11	尽快完善银行卡刷卡手续费定价机制，取消刷卡手续费行业分类，进一步从总体上降低餐饮业刷卡手续费支出	发展改革委、人民银行	2014年底前启动
12	拓展国内商品市场对外贸易功能，借鉴国际贸易通行标准、规则和方式，在总结试点经验的基础上，适当扩大市场采购贸易方式的试点范围，打造一批布局合理、功能完善、管理规范、辐射面广的内外贸结合市场	商务部、发展改革委、财政部、人民银行、海关总署、税务总局、工商总局、质检总局、外汇局等	2014年底前启动
13	进一步推进工商用电同价。鼓励大型商贸企业参与电力直接交易。在有条件的地区开展试点，允许商业用户选择执行行业平均电价或峰谷分时电价	发展改革委、商务部等	2014年底前启动
14	着力破除各类市场壁垒，不得滥用行政权力制定含有排除、限定竞争内容的规定，不得限定或者变相限定单位或者个人经营、购买、使用行政机关指定的经营者提供的商品，取消针对外地企业、产品和服务设定歧视性收费项目、实行歧视性收费标准或者规定歧视性价格等歧视性政策，落实跨地区经营企业总分支机构汇总纳税政策	发展改革委、财政部、商务部、税务总局、工商总局等	持续实施
15	抓紧研究完善零售商、供应商公平交易行为规范及相关制度，强化日常监管，健全举报投诉办理和违法行为曝光机制，严肃查处违法违规行为。集中开展重点商品、重点领域专项整治行动。强化对农村市场和网络商品交易的监管。加强行政执法与刑事司法衔接	商务部、法制办、工商总局、质检总局等	持续实施
16	推动建立健全覆盖线上网络和线下实体店消费的信用评价机制	商务部等	2014年底前启动

商务部关于促进商贸物流发展的实施意见

商流通函〔2014〕790号

为贯彻落实2013年国务院召开的部分城市物流工作座谈会和2014年6月国务院常务会通过的《物流业发展中长期规划》精神，促进商贸物流发展，降低物流成本，引导企业做大做强，完善服务体系，更好地保障供给，支撑国民经济稳步增长，现提出如下意见：

一、高度重视商贸物流工作

商贸物流是指与批发、零售、住宿、餐饮、居民服务等商贸服务业及进出口贸易相关的物流服务活动，是整个物流过程中对成本影响比较大的环节，新技术应用和商业模式创新最为集中，作为现代物流的重要组成部分，直接关系到生产资料流通和生活资料流通的顺利运行。促进商贸物流发展，有利于降低物流成本、提高物流效率；有利于货畅其流，繁荣市场；有利于改善交通和环境状况，促进城市化健康发展；有利于提升流通产业竞争力，更好地发挥其在国民经济中的基础性、先导性作用。

近年来，在各级商务主管部门的共同努力下，商贸物流体系逐步形成，信息化、现代化水平显著提高，服务功能不断拓展，涌现出一批商业模式先进、供应链整合能力强的商贸物流企业。但从整体上看，商贸物流小、散、乱，专业化、社会化、标准化程度低，运作成本高、效率低等问题没有根本扭转，与国际先进水平还存在较大差距。各级商务主管部门要高度重视商贸物流发展，认真贯彻落实国务院部分城市物流工作座谈会精神，深入扎实开展工作，努力使商贸物流成为内贸工作"上台阶"的突破口。

二、提高社会化水平

引导生产和商贸流通企业改变"大而全"、"小而全"的运作模式，剥离或外包物流功能，实行主辅业分离。支持商贸物流企业开展供应商管理库存（VMI）、准时配送（JIT）等高端智能化服务，提升第三方物流服务水平。有条件的企业可以向提供一体化解决方案和供应链集成服务的第四方物流发展。支持传统仓储企业转型升级，向配送运营中心和专业化、规模化第三方物流发展，鼓励仓储、配送一体化，引导仓储企业规范开展担保存货第三方管理。支持货代物流企业发展壮大，为各类企业开拓国内和国际市场提供支撑。

大力发展共同配送，继续做好城市共同配送试点工作，鼓励推广共同配送、统一配送、集中配送等先进模式。依托专业化第三方物流或供应商为多个商贸企业、社区门店、市场入驻商户等共同配送；依托物流园区推广配送班车，开展干线与支线结合的城区集中配送；支持大型连锁零售企业通过集中采购提高统一配送率，利用其物流系统为所属门店和社会企业统一配送；整合存量配送资源，在学校、社区、地铁等周边设立末端配送站或建设公共自助提货柜等。

三、提高专业化水平

（一）大力发展电子商务物流。推进商贸物流和电子商务的协同发展及业务流程再造。鼓励电子商务企业加强与商贸物流企业的合作，合理选择物流网络节点，完善信息共享和利益分配机制。支持电子商务企业与社区便利店合作开展“网订店取（送）”。支持商贸物流企业扩展服务功能，提升服务能力，在配送中心建设、网点开发、车辆保障等方面加大投资和改造力度，有条件的企业要“走出去”，布设集散中心和网络，满足跨境电子商务的快速发展要求。

（二）加强冷链物流建设。鼓励各类农产品生产加工、冷链物流、商贸服务企业改造、新建一批适应现代流通和消费需求的冷链物流基础设施。引导使用各种新型冷链物流装备与技术，推广全程温度监控设备，完善产地预冷、销地冷藏和保鲜运输、保鲜加工的流程管理和标准对接，逐步实现产地到销地市场冷链物流的无缝衔接，降低损耗，保障商品质量安全。

（三）加快生产资料物流转型升级。鼓励生产资料物流企业充分利用新技术和新的商业模式整合内外资源，延长产业链，跨行业、跨领域融合发展，增强信息、交易、加工、配送、融资、担保等一体化综合服务能力，由单纯的贸易商、物流商，向供应链集成服务商转型。支持生产资料生产、流通企业在中心城市、交通枢纽、经济开发区和工业园区有序建设大宗生产资料物流基地和物流园区，促进产业适度集聚。整合农村农资流通和配送网点资源，建立健全覆盖县级区域和中心乡镇的农资物流配送网络。

（四）鼓励绿色物流发展。引导一批商贸物流园区向绿色物流功能区转型，加大绿色物流装备、技术、仓储等设施的推广使用力度。完善再生资源回收体系，建立服务于生产和消费的逆向物流网络，促进资源的循环利用。

四、提高标准化水平

创新商贸物流标准宣传贯彻和实施促进的工作机制，提高标准的通用性和统一性。根据社会需求与工作重点，利用各种形式，加强商贸物流标准化理念推广与知识普及。支持各类企业、社会团体积极参与商贸物流标准的制修订。加快商贸物流管理、技术和服务标准的推广，鼓励有关企业采用标准化的物流计量、货物分类、物品标识、物流装备设施、工具器具、信息系统和作业流程等。以标准化托盘循环共用试点工作为切入点，逐步提高全社会标准托盘普及率，促进相关配套设施设备的标准化改造。

选择基础较好、积极性高的地区、园区和企业开展商贸物流标准化应用推广工作，鼓励和指导上述单位加大基础设施、装备技术、服务流程、内部管理等领域的标准化实施力度，培育商贸物流标准化服务和管理品牌；加强行业与行业、企业与企业之间的标准衔接和统一，引导全行业提高标准应用水平、经营管理水平、产品质量水平和从业人员资质水平。

五、提高信息化水平

支持商贸物流企业与生产企业、批发零售等企业通过共用信息系统，实现数据共用、资源共享、信息互通。通过中央和地方两级示范，支持以企业为主体的物流综合信息服务平台发展，发挥平台整合调配物流资源，解决物流信息不对称、接口标准不统一等矛盾，实现精准化、可视化管理等功能，并搭载企业诚信、托盘循环共用、物流金融、跨境电子商务、商品溯源、通关便利化、多式联运等各种增值服务，为广大商贸物流企业特别是中小企业提升组织化和信息化水平，降低交易成本提供有利条件。有条件的地区还可协调相关部门，开展政府物流信息共享平台建设，将现有交通、工商、税务、海关等部门可公开的电子政务信息进行整合后，向社会公开，实现便民利企的物流政务资源共享。

六、提高组织化水平

鼓励物流企业通过参股控股、兼并重组、协作联盟等方式做大做强，形成一批技术水平先进、主营业务突出、核心竞争力强的大型现代物流企业集团，通过规模化、集约化经营提高物流服务的一体化、网络化水平。鼓励运输、仓储等传统物流企业向上下游延伸服务，推进物流业与其他产业融合、协同发展。引导物流企业共同投资建设重要物流节点的仓储设施，合理布局物流园区（中心、基地），增强服务功能，提高服务能力和集约化发展水平。鼓励商贸物流企业提高配送的规模化和协同化水平，依托商业、邮政等网点，形成覆盖城乡的物流配送网络。支持服务中小企业的物流信息服务平台建设，引导企业集聚规范发展。

七、提高国际化水平

进一步完善外商投资商贸物流领域的法律法规，提高利用外资的质量和水平。除涉及国家安全和重大公共利益外，放开外资准入限制，加快构建统一公平、竞争有序的大市场。继续深化落实第三方物流、物流配送中心、专业批发市场、仓储设施等领域的对外开放政策。鼓励外资参与城市内交通物流体系建设。推进国内物流企业同国际先进物流企业的合作，引进和吸收国外促进商贸物流发展的先进理念和商业模式。

以“丝绸之路经济带”和“海上丝绸之路”沿线区域物流合作为重点，在“一带一路”国内外沿线主要交通节点和港口建设一批物流中心。积极开展务实、高效的国际区域物流合作，推进国际物流大通道建设。支持建设商贸物流型境外经济贸易合作区，鼓励有条件的商贸物流企业“走出去”和开展全球业务。

以国际商品交易中心、重点进出口口岸为依托，通过完善货物储存、配送功能，提高进出口货物集散能力，探索建立海外仓库、物流基地和分拨中心。充分利用《内地与香港关于建立更紧密经贸关系的安排》（CEPA）、《内地与澳门关于建立更紧密经贸关系的安排》（CEPA）、《海峡两岸经济合作框架协议》（ECFA）、自由贸易试验区及地方对外开放先行先试平台和载体，促进商贸物流率先发展。

八、加强组织领导，完善保障措施

（一）建立健全工作机制，做好协调服务。做好部门间的政策协调和工作配合，加强各级商务主管部门联动。完善各级商贸物流工作机制，为加快商贸物流发展提供组织保障和服务支撑。各级商务主管部门要把商贸物流工作作为内贸流通工作重点，明确分管领导和专门处室，加强人员配备，保障工作开展。有条件的地方，可依据商务部、财政部有关城市共同配送的业务指导文件，自行组织城市共同配送试点。

（二）优化物流发展环境，加强诚信建设。发挥商务主管部门在整顿和规范市场秩序中的牵头作用，反对地方保护、消除区域封锁，查处价格欺诈、以次充好、虚假仓单、重复质押等违法违规行为。注重发挥行业组织作用，建立物流信息披露管理制度和激励惩戒机制，增强企业诚信意识和风险防范意识。利用社会化物流信息平台，获取诚信大数据，对诚实守信、合法经营、社会责任强的企业予以支持、鼓励和宣传，对破坏市场秩序、诚信缺失的企业将其列入“黑名单”并向社会公布，提高其失信成本。积极为“走出去”的物流企业提供政策、法律、咨询、市场信息等配套服务。

（三）落实财税土地政策，加大扶持力度。根据各地实际情况，统一规划、合理安排政策和资金支持商贸物流发展。对工业、商贸流通企业实行主辅分离，辅业改制兴办第三方物流企业，或通过优化资源配置整合、重组成立的物流企业，或在企业内部重组涉及企业资产、股权变动的，可商有关部门研究减免行政事业性收费。抓紧落实现有的物流企业大宗商品仓储设施用地税收减半政策。积极争取将物流企业配送中心、连锁企业配送中心项目内用于建设仓储设施、堆场、货车通道、回转场地及停车场（库）等物流生产性设施用地列入工业、仓储用地范畴，并研究降低公共性、公益性商贸物流用地的投资强度要求。

积极推动解决城市配送车辆通行难、停靠难、卸货难，罚款多、收费多“三难两多”等问题，商有关部门出台便于配送车辆通行及停靠的具体措施，降低道路通行费用。积极研究和协调将配送生鲜食品和药品的车辆视同公共交通车辆优先通行的政策和措施。引导标准化的非机动三轮车依法依规经营快递物流业务。

（四）夯实统计基础，加强人才培养。完善商贸物流统计调查方法和指标体系。加强对商贸物流需求、费用、市场规模、投资、价格等指标的统计分析，及时反映商贸物流的发展规模和运行效率。通过学历教育、继续教育等多种方式培养市场急需的经营管理和专业技术人才，提高实践能力。推动产学研结合，鼓励商贸物流理论研究，引导工商企业树立现代物流理念，加大宣传力度，营造全社会重视和支持商贸物流发展的舆论氛围。

商务部将根据各地实际情况，结合现有政策，围绕提高商贸物流社会化、专业化、标准化、信息化、组织化、国际化水平等主要工作，分别选择重点地区、重点企业，重点推进，促进商贸物流健康发展。工作中的有关情况和问题请及时与商务部（流通发展司）联系。

商务部
2014 年 9 月 22 日

商务部等13部门关于进一步加强农产品市场体系建设的指导意见

商建发〔2014〕60号

各省、自治区、直辖市、计划单列市及新疆生产建设兵团商务、发展改革、财政、国土资源、住房城乡建设、交通运输、农业、人民银行、国资、银监、保监、质监部门：

近年来，我国农产品市场体系建设取得长足发展，在服务“三农”、保障和改善民生方面发挥了重要作用。但总体上看，我国农产品市场体系依然薄弱，流通成本高、流通效率低的问题仍然突出。为加快建设高效畅通、安全规范、竞争有序的农产品市场体系，现提出如下意见：

一、指导思想、基本原则和发展目标

（一）指导思想。深入贯彻党的十八届三中全会和中央农村工作会议精神，落实中央1号文件部署，处理好政府和市场的关系，厘清中央与地方事权。把增强公益性、高效性和稳定性作为农产品市场体系建设的主线，加快完善促进市场公平交易和提高流通效率的制度建设，着力健全符合统一大市场要求的体系架构和内在机制，集成流通科技进步的新型驱动力，切实发挥市场配置资源的决定性作用并更好地发挥政府作用。

（二）基本原则。

——加强规划。坚持立足当前和着眼长远相结合，综合考虑人口布局、交通和用地条件、流通设施基础，统筹规划农产品集散地、销地、产地批发市场建设，完善各具特色的区域农产品市场网络，优化农产品市场结构和布局。

——推动创新。立足实际，借鉴发达国家经验，不断创新发展理念，集聚技术、项目和要素，推进农产品流通方式创新、管理创新和组织制度创新。

——体现公益。在市场化运作基础上，加大政府投入力度，建立公益性保障机制，增强农产品市场公益性功能，发挥市场服务宏观调控的积极作用。

——协调发展。坚持以批发市场为中心，促进各类农产品市场协调有序发展。健全产销衔接机制，促进农产品市场与农业生产、城镇化建设的统筹协调发展。

（三）发展目标。利用5～10年时间，健全统一大市场基础机制，优化农产品市场体系架构，提升农产品市场功能，规范农产品市场秩序，初步建立起以功能集聚的农产品批发市场为中心，以绿色便捷的农产品零售市场为基础，以高效规范的电子商务等新型市场为重要补充，有形和无形市场相结合、产地和销地市场相匹配的，统一开放、竞争有序、制度完备、业态多元、互动高效的中国特色农产品市场体系。

二、加强农产品市场规制

（四）加强立法工作。出台《农产品市场管理条例》，明确农产品批发市场基础性公共设施地位，规范农产品市场投资主体资格和市场交易行为，为农产品市场运营管理和公益化发展提供法律保障。鼓励地方加快出台地方性农产品市场法规，将农产品零售市场作为新建小区的公益配套建设纳入城市控制性详规，将农产品产地集配中心和田头市场纳入村镇规划。

（五）加强规划指导。加快制订全国农产品市场发展规划，建立商务、发改、农业、国土、住建等多部门联动的规划协调落实机制。地方要加快制订与国家规划相衔接的本地区农产品市场规划。坚持优化整合存量、适度控制增量的原则，结合本地区人口规模和布局、既有农产品市场基础、服务半径、资源禀赋、产业结构、产销区分布和交通条件等因素，合理布局流通设施。在我国优势农产品产业带和集中生产基地，规划建设一批全国性、区域性和农村田头等产地市场。鼓励按照特大城市双核或一主一副，大中型城市确保一个的标准，培育一批全国性批发市场，根据市场规模和发展需求辅以适量区域性批发市场。

三、优化农产品市场体系架构

（六）完善农产品市场骨干网络。在全国重要流通节点和优势农产品区域，推动农产品批发市场或物流中心升级改造，提升市场功能，加快打造一批具有国内外影响力的农产品集散中心、价格形成中心、物流加工配送中心和国际农产品展销中心。重点加强综合集配中心、冷藏储运、废弃物处理和信息化等流通基础设施建设。建设销地综合性加工配送中心、产地集配中心和田头市场，提升农产品流通“最后一公里”和上市“最初一公里”组织化水平。

（七）推动零售市场多元化发展。硬化细化“菜篮子”市长负责制，将农产品市场规划建设落实情况纳入考核机制。鼓励城市建立与市场发展相适应的菜市场管理机构。改进产销区域联动制度，以区域保障为主，搞活品种调剂流通，优化“菜篮子”供应保障模式。积极发展菜市场、便民菜店、平价商店、社区电商直通车等多种零售业态，推动连锁经营。鼓励将新建小区的菜市场作为公益性配套设施纳入建设规划。

（八）积极稳妥推进公益性农产品市场建设。建设改造一批长期稳定提供成本价或微利公共服务，具有稳定市场价格、保障市场供应和食品安全等功能的公益性农产品市场。推进农产品市场公益性功能建设，对享受政策扶持的农产品市场，逐步建立农产品市场发挥公益性功能的刚性约束机制。完善国有企业业绩考核机制，支持国有企业参与公益性农产品市场建设。以竞争性择优方式支持有条件的城市开展公益性农产品市场试点，在体制机制、法规政策、规划建设、市场监管等方面先行先试，总结成功经验，逐步向全国推广。

四、培育农产品现代流通主体

（九）增强市场培育现代流通企业能力。创新农产品批发市场服务模式，搭建多层次的生产性及生活性服务平台，增强市场服务及培育现代批发商及相关企业的能力，促进各类流通主体协同发展。加快培育农产品综合加工配送企业和第三方冷链物流企业。鼓励市场与批发商合作共建农产品流通产业链，建立市场培育和稳定现代批发商的长效机制。鼓励有条件的农产品批发市场积极培育农产品批发商联合体，提高流通组织化程度。

（十）促进新型流通主体发展。鼓励有条件的主产区省份探索推行农产品委托交易，通过地方立法或政策引导，建立发展委托交易的体制和机制，促进农民合理分享流通增值收益。加快培育专业大户、家庭农场、农民合作社、农民经纪人队伍、经销商、农产品批发市场经营管理者、农产品流通企业及市场流通服务企业在内的流通主体队伍，支持新型流通主体充分利用农产品批发市场平台，拓宽委托交易的渠道，提高主体在市场中的竞争地位与竞争能力。鼓励主销区省份建立产销合作基金，支持批发商与农民合作社加强合作，发展订单农业。

五、推动农产品流通创新

（十一）大力发展农产品电子商务。把农产品电子商务作为重要战略制高点，积极开展农产品电子商务示范培育工作。积极发展县域服务驱动型、特色品牌营销型等多元化的农产品电子商务模式。支持农产品批发市场依托场内加工配送中心或依托产地集配中心和田头市场，开展线上线下相结合的产销一体化经营。加强农产品电子商务服务平台建设，深入推进农村商务信息服务，力争在重点地区、重点品种和重点环节率先突破。

（十二）建设互联互通的信息化体系。开展农产品批发市场信息化提升工程，完善信息化管理系统，推广电子结算系统。依托农产品批发市场及多种类型农产品流通主体，整合各类涉农信息服务资源，构建覆盖生产、流通、消费的全国公共信息服务平台和多层次的区域性信息服务平台，促进农产品流通节点交易数据的互联互通和信息共享。建立、编制、发布农产品交易指数、价格指数和统计数据。支持引导农产品市场积极参与农产品流通追溯体系建设，实现来源可追、去向可查、责任可究。

（十三）提高农产品冷链流通率。支持农产品产地预冷、初加工、储存设施建设，将具有公益性质的农产品冷链设施列入流通基础设施指导目录。培育重点品种农产品冷链物流集散中心，形成一批具有集中采购和跨区域配送能力的农产品低温配送和处理中心。开展农产品冷链示范工程，支持流通企业整合上游生产和下游营销资源，促进农产品冷链与供应链、物联网、互联网的协同发展。

（十四）提升流通标准化水平。强化农产品流通标准体系建设，重点推进等级及包装标识标准化。支持龙头企业结合品牌建设推进产品标准化。鼓励农产品批发市场设立标准化销售专区。支持农产品仓储、转运设施和运输工具标准化改造。鼓励应用射频、卫星定位系统等现代信息技术，提高市场装备水平。推动绿色循环技术标准化应用，提升农产品市场节能减排水平。支持农产品批发市场开展环境及质量体系认证。

六、加强农产品市场监督管理

（十五）建立农产品市场信用体系。加强农产品批发市场信用体系建设，提供农产品市场信用认证和信用信息查询服务，实现全国性农产品批发市场信用信息共享。依法征集市场主体开展交易、经营产品质量、违法违规处理情况及其他信用信息，形成“黑名单”和“红名单”制度，引导经销商诚信守法经营。

（十六）完善农产品市场监管体系。将农产品市场体系建设作为发展现代农业、促农增收的重要领域，综合运用自律、经济、行政、法律等手段建立多部门联动的市场监管工作机制，着力清除农产品市场壁垒，重点打击通过不正当竞争抢占市场和垄断、控制市场交易等行为。对在农产品市场体系建设方面有显著成绩的单位和个人，按照国家有关规定给予奖励。建立农产品批发市场信息披露制度，加大安全审查和跟踪力度。建立完善投诉举报机制，充分发挥媒体、群众等社会力量的监督作用，打造“社会防火墙”。

（十七）发挥行业协会作用。将行业协会作为加强和改善农产品市场行业管理的重要支撑，指导行业协会健全各项自律性管理制度。加大政府向行业协会购买公共服务力度，支持行业协会参与行业调查统计、公共信息服务、产销衔接促进和标准化推进等工作。发挥行业协会优势，推进农产品市场国际交流与合作。

七、完善政策支持体系

（十八）创新财政投入方式。有条件的地方要整合财政涉农资金，探索采取政府回购、政府股权投资、建立基金等方式，支持公益性农产品市场建设，引导带动银行、保险等社会资本加大对公益性农产品市场建设的投入力度。鼓励将公建配套等多种国家投入作价入股。

（十九）落实完善税收政策。落实完善有利于农产品市场和批发商发展的税收政策。对于专门经营农产品的批发市场、农贸市场使用的房产、土地，按规定享受税收支持政策。对于使用电子结算的农产品批发市场及批发商，符合税法规定小型微利企业条件的，享受相关企业所得税优惠政策。

（二十）加大金融支持力度。加强宏观信贷政策指导，鼓励银行业金融机构创新开展农产品仓储设施抵押、订单、仓单质押贷款等多种信贷产品和“农产品流通企业＋农产品批发市场＋专业大户”等供应链融资模式，拓宽农产品市场抵押担保范围。支持大型银行业金融机构通过银团融资等方式促进农产品市场建设和农产品流通企业发展。积极支持融资担保公司对农产品批发市场及商户提供担保增信服务，培育优质农产品流通主体。联通农产品批发市场电子结算系统与银行结算系统，并鼓励对农产品批发市场商户银行卡刷卡手续费采取优惠措施。

（二十一）加大用地保障力度。在土地利用总体规划和城乡规划中统筹安排农产品批发市场用地规模、布局，优先保障符合农产品市场发展规划的市场用地供应。支持利用工业企业旧厂房、仓库和存量土地资源兴办农产品市场。在符合规划和用途管制前提下，鼓励农村集体经济组织依法以集体经营性建设用地使用权入股、联营等形式与其他单位、个人共同兴办农产品市场。

（二十二）加大运输保障力度。保障农产品运输的便利性，继续执行对整车合法装载运输鲜活农产品车辆免收车辆通行费的政策。利用科技手段提高鲜活农产品运输车辆检测效率，严厉打击假冒等违法行为，确保绿色通道的高效便捷通行。保障鲜活农产品配送车辆在城区便利通行和停靠。鼓励使用专用运输车辆进行鲜活农产品运输。

商务部　发展改革委　财政部　国土资源部
住房城乡建设部　交通运输部　农业部　人民银行
国资委　税务总局　银监会　保监会　国家标准委
2014 年 2 月 27 日

商务部公告2015年第12号 自由贸易试验区外商投资备案管理办法（试行）

为进一步扩大对外开放，推进外商投资管理制度改革，在自由贸易试验区（以下称自贸试验区）营造国际化、法治化、市场化的营商环境，经全国人大常委会授权，国务院决定在自贸试验区对外商投资实行准入前国民待遇加负面清单的管理模式。为落实改革外商投资管理模式的相关要求，规范自贸试验区外商投资备案管理工作，现公布《自由贸易试验区外商投资备案管理办法（试行）》，自发布之日起30日后实施。

商务部

2015年4月8日

自由贸易试验区外商投资备案管理办法（试行）

第一条 为进一步扩大对外开放，推进外商投资管理制度改革，在中国（广东）自由贸易试验区、中国（天津）自由贸易试验区、中国（福建）自由贸易试验区、中国（上海）自由贸易试验区（以下简称自贸试验区）营造国际化、法治化、市场化的营商环境，根据《全国人大常委会关于授权国务院在中国（上海）自由贸易试验区暂时调整有关法律规定的行政审批的决定》、《全国人大常委会关于授权国务院在中国（广东）、中国（天津）、中国（福建）自由贸易试验区以及中国（上海）自由贸易试验区扩展区域暂时调整有关法律规定的行政审批的决定》、相关法律、行政法规及国务院决定，制定本办法。

第二条 外国投资者在自贸试验区投资《自由贸易试验区外商投资准入特别管理措施（负面清单）》以外领域，外商投资企业设立、变更（以下统称投资实施）及合同章程备案，适用本办法。法律、行政法规和国务院决定另有规定的，从其规定。

投资实施的时间对外商投资企业设立而言，为企业营业执照签发时间；对外商投资企业变更而言，涉及换发企业营业执照的，投资实施时间为企业营业执照换发时间，不涉及换发企业营业执照的，投资实施时间为变更事项发生时间。

第三条 自贸试验区管理机构（以下简称备案机构）负责自贸试验区外商投资事项的备案管理。

备案机构通过商务部外商（港澳台侨）投资备案信息系统（以下简称备案系统），开展自贸试验区外商投资事项的备案工作。

第四条　外国投资者在自贸试验区投资设立企业，属于本办法规定的备案范围的，外国投资者在取得企业名称预核准通知书后，可在投资实施前，或投资实施之日起 30 日内，登录自贸试验区一口受理平台（以下简称受理平台），在线填报和提交《自贸试验区外商投资企业设立备案申报表》（以下简称《设立申报表》）。

第五条　属于本办法规定的备案范围的外商投资企业，发生以下变更事项的，可在投资实施前，或投资实施之日起 30 日内，在线填报和提交《自贸试验区外商投资企业变更事项备案申报表》（以下简称《变更申报表》），办理变更备案手续：

（一）投资总额变更；

（二）注册资本变更；

（三）股权、合作权益变更或转让；

（四）股权质押；

（五）合并、分立；

（六）经营范围变更；

（七）经营期限变更；

（八）提前终止；

（九）出资方式、出资期限变更；

（十）中外合作企业外国合作者先行回收投资；

（十一）企业名称变更；

（十二）注册地址变更。

其中，依照相关法律法规规定应当公告的，应当在办理变更备案手续时说明依法办理公告手续情况。

第六条　备案管理的外商投资企业发生需审批的变更事项，应按照外商投资管理的相关规定办理审批手续。

第七条　自贸试验区内于本办法实施前已设立的外商投资企业发生变更，或自贸试验区外的外商投资企业迁入，且属于本办法规定的备案范围的，应办理变更备案手续，并缴销《外商（港澳台侨）投资企业批准证书》。

第八条　外国投资者或外商投资企业在提交《设立申报表》或《变更申报表》时承诺，申报内容真实、完整、有效，申报的投资事项符合相关法律法规的规定。

第九条　外国投资者或外商投资企业在线提交《设立申报表》或《变更申报表》后，备案机构对申报事项是否属于备案范围进行甄别。属于本办法规定的备案范围的，备案机构应在 3 个工作日内完成备案，通知外国投资者或外商投资企业。不属于备案范围的，通知外国投资者或外商投资企业按有关规定办理审批手续。

第十条　备案机构应即时在备案系统发布备案结果，并向受理平台共享备案结果信息。

第十一条　收到备案完成通知后，外国投资者或外商投资企业可向备案机构领取《外商投资企业备案证明》（以下简称《备案证明》）。领取时需提交以下文件：

（一）企业名称预先核准通知书（复印件）；

（二）外国投资者或其授权代表签章的《设立申报表》，或外商投资企业或其授权代表签章的《变更申报表》；

（三）外国投资者、实际控制人主体资格证明或身份证明（复印件）。

第十二条　自贸试验区外商投资企业应在每年6月30日前登录备案系统，填报《外商投资企业投资经营情况年度报告表》。

第十三条　备案机构对自贸试验区外国投资者及外商投资企业遵守外商投资法律法规规定情况实施监督检查。

备案机构可采取定期抽查、根据举报进行检查、根据有关部门或司法机关的建议和反映进行检查，以及依法定职权启动检查等方式开展监督检查。

第十四条　备案机构的监督检查内容包括：外国投资者或外商投资企业是否按本办法规定履行备案程序；外商投资企业投资经营活动是否与填报的备案信息一致；是否按本办法规定填报年度报告；是否存在违反外商投资法律法规规定的其他情形。

第十五条　经监督检查发现外国投资者或外商投资企业存在违反外商投资法律法规规定的情形的，备案机构应以书面通知责成其说明情况，并依法开展调查。经调查确认存在违法行为的，责令其限期整改；情节严重的，备案机构应取消备案，并提请相关部门依法予以处罚。

第十六条　外国投资者、外商投资企业在备案、登记及投资经营等活动中所形成的信息，以及备案机构和其他主管部门在监督检查中掌握的反映其诚信状况的信息，将纳入商务部外商（港澳台侨）投资诚信档案系统。

商务部与相关部门共享外国投资者及外商投资企业的诚信信息。对于备案信息不实，或未按本办法规定填报年度报告的，备案机构将把相关信息记入诚信档案，并采取适当方式予以公示。

诚信信息共享与公示不得含有外国投资者、外商投资企业的商业秘密、个人隐私。

第十七条　自贸试验区外商投资事项涉及国家安全审查、反垄断审查的，按相关规定办理。

第十八条　外商投资的投资性公司、创业投资企业在自贸试验区投资，视同外国投资者，适用本办法。

自贸试验区内的外资并购、外国投资者对上市公司战略投资、外国投资者以其持有的中国境内企业股权出资、外商投资企业境内再投资，应符合相关规定要求。

第十九条　香港特别行政区、澳门特别行政区、台湾地区投资者在自贸试验区投资《自由贸易试验区外商投资准入特别管理措施（负面清单）》以外领域的，参照本办法办理。

第二十条　本办法自发布之日起30日后实施。

商务部关于改进外资审核管理工作的通知

商资函〔2014〕314号

各省、自治区、直辖市、计划单列市及新疆生产建设兵团商务主管部门：

为贯彻落实《国务院关于印发注册资本登记制度改革方案的通知》（国发〔2014〕7号，以下简称《通知》）和《国务院关于废止和修改部分行政法规的决定》（国务院令第648号，以下简称《决定》），商务部就部分外商投资管理工作提出改进措施，现通知如下：

一、关于外资审核

（一）取消对外商投资（含台、港、澳投资）的公司（以下简称公司）首次出资比例、货币出资比例和出资期限的限制或规定。

认缴出资额、出资方式、出资期限由公司投资者（股东、发起人）自主约定，并在合营（合作）合同、公司章程中载明。各级商务主管部门应在批复中对上述内容予以明确。

（二）除法律、行政法规以及国务院决定对特定行业注册资本最低限额另有规定外，取消公司最低注册资本的限制。

（三）《通知》所列《暂不实行注册资本认缴登记制的行业》的注册资本出资事项，在有关法律、行政法规以及国务院决定未修改前，暂按现行规定执行。除上述暂不实行注册资本认缴登记制的行业外，不再审核公司注册资本的缴付情况。

（四）2014年3月1日前批准的外商投资事项，投资者应继续按原合同、章程的约定履行出资义务；如需变更，投资者可向商务主管部门提出申请，各级商务主管部门应根据本通知的有关要求进行审核。

（五）公司注册资本和投资总额的比例仍需符合《关于中外合资经营企业注册资本与投资总额比例的暂行规定》及其他现行有效规定。《国家鼓励发展的内外资项目确认书》和《外商投资企业进口更新设备、技术和配件证明》的办理工作仍按《商务部关于办理外商投资企业〈国家鼓励发展的内外资项目确认书〉有关问题的通知》（商资发〔2006〕201号）执行。

（六）《决定》废止了《中外合资经营企业合营各方出资的若干规定》及《〈中外合资经营企业合营各方出资的若干规定〉的补充规定》，修订了《中外合资经营企业法实施条例》、《中外合作经营企业法实施条例》和《外资企业法实施细则》关于注册资本出资的内容，各级商务主管部门应认真遵照执行。

二、关于外资统计

（七）根据《外商投资统计制度》，仍以实收资本为基础开展外资统计工作。商务部将在全口径外资管理信息系统“审批发证”项下的“投资各方及出资”模块中增加投资者出资进度及期限的内容。各级商务主管部门在发放批准证书时应在系统中录入相关内容，以此作为了解掌握投资者出资情况及汇总实际使用外资数据的基础。

（八）实际出资后，公司应当按照《公司法》、《中外合资经营企业法实施条例》、《中外合作经营企业法实施细则》等法律法规的要求向投资者签发出资证明书。出资证明书应载明：公司名称；成立日期；注册资本；投资者（股东）名称或姓名、出资方式、缴纳出资金额或提供合作条件的内容；缴纳出资日期；出资证明书的编号和核发日期。

（九）公司向投资者签发出资证明书后，应于30日内将加盖公章的出资证明书副本抄报所在地商务主管部门，并提供与出资内容相关的证明材料。

出资证明材料主要包括（但不限于）以下形式：

1. 投资者以现汇或跨境人民币出资的，企业需提交银行进账单（或具有同等证明效力的文件）及报文；

2. 以实物出资的，需提交实物移交与验收证明、作价依据、权属证明等；

3. 以无形资产出资的，需视情况提交专利证书、专利登记簿、商标注册证等，与无形资产出资有关的转让合同，评估报告、投资各方对资产价值的确认文件等；

4. 以境内人民币投资的，需提交利润来源企业的批准证书、产生利润年度财务报表、有关利润分配的董事会决议；或清算所得来源企业清算报告；或股权转让所得企业的批准证书、与股权转让相关的董事会决议。

各级商务主管部门按出资证明书载明的出资方式、出资金额及币种（或提供合作条件的内容）、出资时间等进行实际投资统计。

各级商务主管部门应认真贯彻落实各项改革措施，进一步改进外资审核管理工作，同时加强监管和协调，督促公司按照相关法律、法规要求，真实、准确、完整、及时地提供统计信息，对提供不真实或者不完整的，要会同相关职能部门予以纠正和处理。

本通知执行过程中如有问题，请及时与商务部（外资司）联系。

商务部

2014年6月17日

商务部关于做好取消鼓励类外商投资企业项目确认审批后续工作的通知

商资函〔2015〕160号

各省、自治区、直辖市、计划单列市及新疆生产建设兵团商务主管部门：

2014年7月22日，国务院印发《国务院关于取消和调整一批行政审批项目等事项的决定》（国发〔2014〕27号），取消“鼓励类外商投资企业项目确认审批”事项。为贯彻落实国务院简政放权的有关要求，继续有效实施《国务院关于调整进口设备税收政策的通知》（国发〔1997〕37号）进口设备税收政策，现就有关工作通知如下：

一、对外商投资鼓励类项目，商务主管部门不再出具《国家鼓励发展的内外资项目确认书》（以下简称《确认书》），不再审核外商投资企业（以下简称企业）免税进口设备清单。

自2015年5月1日起，商务主管部门在按有关规定和权限办理企业设立（增资）事项时，对符合《外商投资产业指导目录》鼓励类产业条目和《中西部地区外商投资优势产业目录》条目的外商投资，应当在企业设立（增资）的批复中明确与外商投资鼓励类项目有关的信息（以下称外商投资鼓励类项目信息），包括：适用产业政策条目、项目性质、项目内容、项目投资总额。企业投资经营活动涉及多项鼓励类产业政策条目的，应当按照相关条目分别明确上述信息。

二、商务主管部门应当于发放企业批准证书之前，将本文第一条规定的信息录入全口径外商投资管理信息系统（以下简称系统）。

省级以下商务主管部门将上述信息录入系统后，应将其与企业批准证书信息一并通过系统上传至省级商务主管部门。省级商务主管部门应当进行比对，并在3个工作日内通过系统反馈比对结果。省级以下商务主管部门收到反馈结果后，方可出具批复文件和企业批准证书。

三、商务主管部门在2014年7月22日前批复的企业设立（增资）但未出具《确认书》，以及2014年7月22日至2015年4月30日期间批复的企业设立（增资）事项，对于其中符合《外商投资产业指导目录》鼓励类产业条目和《中西部地区外商投资优势产业目录》条目的，应当填写《外商投资鼓励类项目信息汇总表》（以下简称《汇总表》，格式见附表）。

省级以下商务主管部门应于2015年6月1日前将《汇总表》报所属省级商务主管部门比对汇总，省级商务主管部门应于2015年7月1日前，将所辖范围内比对汇总完毕的《汇总表》发送相关直属海关，抄送商务部（外资司）。

四、本通知第一条规定的外商投资鼓励类项目信息发生变化的，商务主管部门应当在批准变更后及时将变化后的信息录入系统，由省级商务主管部门比对后向相关直属海关发送外商投资鼓励类项目变更后信息。

五、如外商投资企业设立（增资）适用备案程序，由实施备案的部门参照上述规定执行，并在出具的备案证明备注栏中注明外商投资鼓励类项目信息。

六、本通知自发布之日起执行。对于执行中遇到的问题，请省级商务主管部门与直属海关加强沟通、协调，必要时向商务部（外资司）、海关总署（关税司）反映。

商务部

2015年4月13日

省发展改革委关于进一步简化和规范境外投资项目管理的通知

苏发改规发〔2013〕1号

各省辖市、县（市）发展改革委（局）：

根据《境外投资项目核准暂行管理办法》（国家发展改革委第21号令）、《国家发展改革委关于完善境外投资项目管理有关问题的通知》（发改外资〔2009〕1479号）、《国家发展改革委关于做好境外投资项目下放核准权限工作的通知》（发改外资〔2011〕235号）和《国家发展改革委关于进一步简化地方企业境外投资项目管理程序试点工作的通知》（发改外资〔2012〕3589号）有关规定，为进一步提高境外投资项目管理便利化、规范化水平，现将有关事项通知如下：

一、委托省辖市发展改革委核准小型境外投资项目。为鼓励和支持中小企业和民营企业开展境外投资，省发展改革委委托各省辖市发展改革委核准辖区（含所辖县、市、区，下同）内中方投资额3 000万美元以下的资源开发类、中方投资额1 000万美元以下的非资源开发类境外投资项目（以下称“小型境外投资项目”）。各省辖市发展改革委应结合本地区实际，制定境外投资项目核准管理办法，并可直接受理在辖区内注册企业的小型境外投资项目申报文件。此项委托核准权限不得下放和再委托。

二、简化小型境外投资项目申报和核准内容。企业向注册所在地省辖市发展改革委申请小型境外投资项目核准时，只需提交《小型境外投资项目申请报告表》（见附件1，电子文档请登录江苏省发展改革委门户网站“在线下载”栏目下载，网址：www.jsdpc.gov.cn；或登录江苏省发展改革委行政权力网上公开透明运行信息系统“通知公告”栏目下载，网址：sb.jsdpc.gov.cn/xksb）。各省辖市发展改革委对符合核准条件的小型境外投资项目出具《小型境外投资项目核准表》（见附件2，下载地址同上），并抄送有关县（市、区）发展改革委（局）。

三、建立小型境外投资项目登记制度。为确保委托工作效果和甄别特殊项目，各省辖市发展改革委在向企业下发《小型境外投资项目核准表》前，需报省发展改革委登记。如无异议，省发展改革委在收到省辖市发展改革委申请登记函及《小型境外投资项目核准表》、《小型境外投资项目申请报告表》（各1份）的5个工作日内予以登记，并出具《小型境外投资项目核准登记单》（样式见附件3）。省发展改革委启用“江苏省发展和改革委员会境外投资项目核准登记章”（样式见附件4）。企业凭省辖市发展改革委出具的《小型境外投资项目核准表》和省发展改革委出具的《小型境外投资项目核准登记单》，依法办理商务、外汇、海关、出入境、税收、金融保险等相关手续。

四、减少境外投资项目申报环节。为提高工作效率，由国家发展改革委核准的境外投资项目，我省企业可将申报材料直报我委，由我委初审后报国家发展改革委核准。由国家发展改革委确认的境外并购类和竞标类项目信息报告，我省企业可将项目信息报告直报我委，由我委初审后报国家发展改革委办理。企业在向我委提交上述项目纸质请示文件及项目申请（或信息）报告等申报材料的同时，应通过江苏省发展改革委行政权力网上公开透明运行信息系统网上申报系统（网址：sb. jsdpc. gov. cn/fgwapply）进行注册和申报，注册时“申报用户类型”选择“开放申报用户”、“权力名称”选择“限额以上境外投资项目的初步审查”。省发展改革委将国家发展改革委项目核准文件和项目信息报告确认函及时抄送至有关省辖市、县（市）发展改革委（局）。

除按规定应上报国家发展改革委进行确认的境外收购和竞标项目信息报告，我委不再进行其他境外收购或竞标项目信息报告确认，但企业申报项目核准时，应提交有关书面的说明或承诺材料，澄清境内企业参与竞争情况。已有境外投资项目经国家发展改革委核准的我省企业，可按原规定直接向国家发展改革委报送项目信息报告。

五、关于项目申请报告的编制。对于我省企业实施的中方投资额 3 000 万美元及以上的资源开发类、中方投资额 1 000 万美元及以上的非资源开发类境外投资项目，为减轻企业负担和体现企业自主决策的原则，对于企业向发展改革部门提交的境外投资项目申请报告，既可由企业按照《境外投资项目申请报告示范大纲》要求自行编制，也可委托咨询机构编制。

六、对于前往未建交、受国际制裁国家，或前往发生战争、动乱等特殊敏感国家和地区的投资项目，以及涉及基础电信运营、跨界水资源开发利用、大规模土地开发、干线电网、新闻传媒等特殊敏感行业的境外投资项目，仍按现有管理规定执行。

七、坚持政企分开原则，突出项目审核重点。各省辖市、县（市）发展改革委（局）在审核境外投资项目时，应按照《江苏省境外投资项目核准暂行管理办法》（苏发改规发〔2011〕6 号）第二十四条的规定，主要对境外投资项目进行外部要素审查。境外投资项目的市场前景、经济效益、资源来源和产品技术方案等由企业进行自主决策、自担责任和风险。同时，发展改革部门应针对境外投资项目具体可能遇到的政治、经济、法律风险进行风险提示。

八、加强境外投资项目统计管理。各省辖市发展改革委应对本地区境外投资项目核准情况进行统计分析，对已核准项目建设和运营情况进行跟踪调查和服务，每季度首月 10 日前将上一季度综合情况及境外投资项目汇总表（见附件 5，下载地址同附件 1）以书面形式上报我委（外资处），电子版发至外资处邮箱（wjc@jsdpc. gov. cn）。

各省辖市、县（市）发展改革委（局）要按照服务发展、服务基层、服务企业的要求，结合本地区实际，加强组织领导，健全协调机制，形成工作合力，在提高境外投资便利化的同时，强化对境外投资的引导和综合服务，切实防范和化解境外投资风险，促进本地区境外投资健康发展。委托核准过程中发生重要情况要及时报告我委。

本通知自 2013 年 3 月 11 日起执行。此前下发的《江苏省境外投资项目核准暂行管理办法》（苏发改规发〔2011〕6 号）、《省发展改革委关于境外投资项目核准管理有关事项的通知》（苏发改规发〔2011〕9 号）等有关境外投资项目管理的规定，凡与本通知有抵触的，均按本通知执行。

特此通知。

江苏省发展改革委

2013 年 1 月 29 日

商务部关于促进电子商务应用的实施意见

商电函〔2013〕911号

各省、自治区、直辖市、计划单列市及新疆生产建设兵团商务主管部门：

为进一步促进各地电子商务应用，推动我国电子商务均衡发展，针对当前电子商务发展面临的突出问题，结合电子商务应用促进工作的实际需求，根据《关于促进信息消费扩大内需的若干意见》（国发〔2013〕32号）和《商务部“十二五”电子商务发展指导意见》（商电发〔2011〕375号）的有关要求，提出以下意见：

一、工作目标和原则

（一）工作目标。

到2015年，使电子商务成为重要的社会商品和服务流通方式，电子商务交易额超过18万亿元，应用电子商务完成进出口贸易额力争达到我国当年进出口贸易总额的10%以上，网络零售额相当于社会消费品零售总额的10%以上，我国规模以上企业应用电子商务比例达80%以上；电子商务基础法规和标准体系进一步完善，应用促进的政策环境基本形成，协同、高效的电子商务管理与服务体制基本建立；电子商务支撑服务环境满足电子商务快速发展需求，电子商务服务业实现规模化、产业化、规范化发展。

（二）工作原则。

1. 市场主导、政府推动。坚持以市场为导向，以企业为主体，运用市场机制优化资源配置，制订本地区电子商务发展政策，综合运用政策、服务、资金等手段完善电子商务应用发展环境。

2. 重点扶持、平衡促进。全面拓展电子商务应用，重点发展零售、跨境贸易、农产品和生活服务领域电子商务，重点扶持中西部地区应用电子商务，促进我国电子商务在区域和行业领域的均衡发展。

3. 典型示范、引导发展。以典型城市、基地、企业为主体建立电子商务试点示范体系，发挥示范带动作用，引导行业发展方向。

二、重点任务

（一）引导网络零售健康快速发展。

引导网络零售企业优化供应链管理、提升客户消费体验，支持网络零售服务平台进一步拓展覆盖范围、创新服务模式；支持百货商场、连锁企业、专业市场等传统流通企业依托线下资源优势开展电子商务，实现线上线下资源互补和应用协同；组织网络零售企业及传统流通企业开展以促进网络消费为目的的各类网络购物推介活动。

（二）加强农村和农产品电子商务应用体系建设。

1. 结合农村和农产品现代流通体系建设，在农村地区和农产品流通领域推广电子商务应用；加强农村地区电子商务普及培训；引导社会性资金和电子商务平台企业加大在农产品电子商务中的投入；支持农产品电子商务平台建设。

2. 深化与全国党员远程教育系统合作，深入开展农村商务信息服务。完善商务部新农村商网功能，建设“全国农产品商务信息公共服务平台”，实现农产品购销常态化对接。探索农产品网上交易，培育农产品电子商务龙头企业。

3. 融合涉农电子商务企业、农产品批发市场等线下资源，拓展农产品网上销售渠道。鼓励传统农产品批发市场开展包括电子商务在内的多形式电子交易；探索和鼓励发展农产品网络拍卖；鼓励电子商务企业与传统农产品批发、零售企业对接，引导电子商务平台及时发布农产品信息，促进产销衔接；推动涉农电子商务企业开展农产品品牌化、标准化经营。

（三）支持城市社区电子商务应用体系建设。

支持建设城市家政服务网络公共服务平台，整合各类家政服务资源，面向社区居民提供供需对接服务；鼓励和支持服务百姓日常生活的电子商务平台建设，功能涵盖居家生活所需的各类服务，如购物、餐饮、家政、维修、中介、配送等；鼓励大型餐饮企业、住宿企业和第三方服务机构建立网上订餐、订房服务系统，完善餐饮及住宿行业服务应用体系。

（四）推动跨境电子商务创新应用。

1. 各地要积极推进跨境电子商务创新发展，努力提升跨境电子商务对外贸易规模和水平。对生产企业和外贸企业，特别是中小企业利用跨境电子商务开展对外贸易提供必要的政策和资金支持。鼓励多种模式跨境电子商务发展，配合国家有关部门尽快落实《国务院办公厅转发商务部等部门关于实施支持跨境电子商务零售出口有关政策的意见》（国办发〔2013〕89号），探索发展跨境电子商务企业对企业（B2B）进出口和个人从境外企业零售进口（B2C）等模式。加快跨境电子商务物流、支付、监管、诚信等配套体系建设。

2. 鼓励电子商务企业“走出去”。支持境内电子商务服务企业（包括第三方电子商务平台，融资担保、物流配送等各类服务企业）“走出去”，在境外设立服务机构，完善仓储物流、客户服务体系建设，与境外电子商务服务企业实现战略合作等；支持境内电子商务企业建立海外营销渠道，压缩渠道成本，创立自有品牌。

3. 支持区域跨境（边贸）电子商务发展。支持边境地区选取重点贸易领域建立面向周边国家的电子商务贸易服务平台；引导和支持电子商务平台企业在边境地区设立专业平台，服务边境贸易。

（五）加强中西部地区电子商务应用。

中西部地区可因地制宜，通过加强与电子商务平台合作，整合政府公共服务和市场服务资源，创新电子商务应用与公共服务模式，引导企业电子商务应用。加强电子商务企业和人才引进，加强电子商务宣传，开展电子商务人才培养；重点结合本地区特色产业发展需求，发展行业领域电子商务应用；吸引和支持优秀电子商务企业到中西部地区设立区域运营中心、物流基地、客服中心等分支机构；与电子商务平台企业对接销售中西部特色商品。

（六）鼓励中小企业电子商务应用。

引导中小企业利用信息技术提高管理、营销和服务水平；鼓励中小企业利用电子商务平台开展网络营销，开拓境内外市场；鼓励中小企业在电子商务平台上开展联合采购，降低流通成本；支持第三方电子商务平台发展，带动中小企业电子商务应用；支持电子商务领域金融服务创新，拓宽中小企业融资渠道；扶持面向中小企业的公共服务平台和服务机构，加强对小企业应用电子商务的技术支持和人才培训服务。

（七）鼓励特色领域和大宗商品现货市场电子交易。

鼓励通过电子商务手段开展再生资源回收、旧货流通、拍卖交易、边境贸易等领域电子商务应用。鼓励大宗商品现货市场电子交易经营主体进一步完善相关信息系统，研究制订商品价格指数、电子合同及电子仓单标准、供应链协同标准、运营模式规范，增强市场价格指导能力、供应链协同能力和现货交易服务能力，促进我国大宗商品现货市场电子交易的规范化发展。

（八）加强电子商务物流配送基础设施建设。

各地要按照国家加快流通产业发展的总体要求，规划本地区电子商务物流，推进城市物流配送仓储用地、配送车辆管理等方面的政策出台，推动构建与电子商务发展相适应的物流配送体系。开展电子商务城市共同配送服务试点，逐步建立完善适应电子商务发展需求的城市物流配送体系。

（九）扶持电子商务支撑及衍生服务发展。

鼓励电子支付、仓储物流、信用服务、安全认证等电子商务支撑服务企业开展技术和服务模式创新，建立和完善电子商务服务产业链条；发挥服务外包对电子商务的促进作用，发展业务流程外包服务和信息技术外包服务，如设计服务、财务服务、运营服务、销售服务、营销服务、咨询服务、网络建站和信息系统服务等。

（十）促进电子商务示范工作深入开展。

国家电子商务示范城市要深入推进创建工作，落实各项工作任务，结合商务领域应用需求，大力推进项目试点，开展政策先行先试。国家电子商务示范基地要发挥电子商务产业集聚优势，创新公共服务模式，建设和完善面向电子商务企业的公共服务平台，搭建完整的电子商务产业链条，提高区域经济核心竞争力，要按照中央财政资金管理的相关规定，做好财政支持项目的组织实施。培育一批网络购物平台、行业电子商务平台和电子商务应用骨干企业，发挥其在模式创新、资源整合、带动产业链等方面的引导作用，结合电子商务统计、监测、信用体系建设推进电子商务示范企业建设。各地应按照国家电子商务示范城市、示范基地、示范企业的有关要求，积极开展本地电子商务示范体系的建设。

三、保障措施

（一）建立健全协调保障机制。

各地要高度重视电子商务工作，提高思想认识，落实电子商务工作职能，把电子商务作为商务工作的重要抓手；建立完善本地区跨部门电子商务工作协作机制，发挥商务主管部门对电子商务发展的协调指导作用，主动与相关部门沟通、协调；加强与商务部的联系，建立中央与地方的工作互动机制。

（二）完善电子商务政策、法规体系建设。

各地要加快完善地方电子商务政策体系，结合本地区实际，针对电子商务面临的突出问题，从促进电子商务产业发展的角度，先行先试出台本地区电子商务法规政策，配合国家有关部门促进电子商务立法工作。

（三）落实政策配套措施。

各地要结合落实国家流通产业的相关政策，充分运用中央财政资金，加大对电子商务发展的支持力度。

各地可根据本地区电子商务发展的具体情况，安排专项资金用于推动电子商务发展，选择重点领域进行突破。

各地应加快建立促进电子商务发展的多元化、多渠道投融资体制，充分发挥企业的主体作用，吸引更多民间资本进入电子商务领域。支持金融机构和社会资本投资电子商务项目。

（四）加强电子商务统计监测及信用体系建设。

各地要根据国家关于电子商务统计报表制度，依托商务部电子商务信息管理分析系统，组织本地区电子商务企业及时填报数据，做好统计工作；参照国家统一标准推动建立本地区电子商务统计报表制度，开展地方电子商务统计及重点企业监测；利用电子商务交易平台信用数据和社会信用数据，建设地方电子商务信用信息基础数据库，建立数据共享和应用机制，积极培育面向电子商务的第三方信用服务业。

（五）组织开展电子商务研究和人才培训。

各地要以国家电子商务人才继续教育基地为依托，推动建立地方电子商务继续教育分基地，组织开展电子商务紧缺人才、高端人才和专业技能人才的培养。鼓励行业组织、专业培训机构和企业，开展电子商务人才培训及岗位能力培训。建立电子商务专家咨询机制，发挥电子商务专家的指导与咨询作用。有条件的地方可设立电子商务研究机构，整合产学研资源，开展电子商务发展的现状、问题、趋势专题研究，提出促进与规范电子商务的措施建议。

（六）培育行业组织加强行业自律。

各地应加强对电子商务行业组织的培育，充分发挥各级电子商务协会、学会、产业联盟等中介组织作用，配合政府部门落实电子商务政策和规划。鼓励中介组织制订行业规章、行业标准，加强行业自律。

（七）加强领导抓好落实。

各地要结合本地区实际，因地制宜，制订具体实施办法、工作行动计划，细化工作目标，确保各项任务落实到位。

各地要建立和完善重点工作联系机制和考核机制，加强监督检查，及时解决工作中的各类问题，并向商务部报告相关情况；做好跟踪、总结、交流和宣传工作，保证各项工作取得实效。

商务部

2013 年 10 月 31 日

商务部令2014年第7号《网络零售第三方平台交易规则制定程序规定(试行)》

《网络零售第三方平台交易规则制定程序规定（试行）》已经2014年12月1日商务部第32次部务会议审议通过，现予发布，自2015年4月1日起施行。

部　　长　高虎城

2014年12月24日

网络零售第三方平台交易规则制定程序规定（试行）

第一条　为了促进网络零售的健康发展，保护依托第三方平台网络零售活动中各主体的合法权益，维护公共利益，加强公共信息服务，根据有关法律法规，制定本规定。

第二条　网络零售第三方平台经营者制定、修改、实施交易规则应当遵守本规定。

第三条　本规定所称交易规则，是指网络零售第三方平台经营者制定、修改、实施的适用于使用平台服务的不特定主体、涉及社会公共利益的公开规则。

本规定所称网络零售第三方平台经营者，是指为其他经营者进行网络零售提供虚拟经营场所及相关服务，且在中华人民共和国境内经营的法人及其他组织。

本规定所称网络零售，是指以互联网为媒介向消费者销售商品或提供经营性服务的行为。

第四条　网络零售第三方平台交易规则的制定、修改、实施应当遵循公开、公平、公正的原则，遵守法律、行政法规，尊重社会公德，不得扰乱社会经济秩序，损害社会公共利益。

第五条　商务部负责建设网络零售第三方平台交易规则备案系统，省、自治区、直辖市商务主管部门（以下称省级商务主管部门）负责网络零售第三方平台交易规则备案等日常管理。

第六条　网络零售第三方平台经营者制定、修改、实施的下列交易规则应按照本规定公示并备案：

（一）基本规则，指网络零售经营者和消费者在第三方平台注册的规则及关于交易成立、有效性和履行的基础性规则。

（二）责任及风险分担规则，指网络零售第三方平台经营者对网络零售经营者和消费者承担民事责任或者免除责任的规则及风险分担的规则。

（三）知识产权保护规则，指保护知识产权以及防止假冒伪劣商品的规则。

（四）信用评价规则，指网络零售第三方平台经营者为交易双方提供信用评价服务，以及收集、记录、披露交易双方信用情况的规则。

（五）消费者权益保护规则，指保护消费者知情权、合理退货权、获得赔偿权等合法权益，保护消费者个人信息及交易记录的规则。

（六）信息披露规则，指网络零售第三方平台经营者对网络零售经营者进行实名登记、审核其法定营业资格的规则。

（七）防范和制止违法信息规则，指网络零售第三方平台经营者防范和制止在其平台上发布违反国家法律法规规定的商品和服务信息、网络广告等规则。

（八）交易纠纷解决规则，指网络零售第三方平台经营者解决与网络零售经营者、消费者之间争议的机制及规则。

（九）交易规则适用的规定，指交易规则适用对象、范围和期限的规定。

（十）交易规则的修改规定，指交易规则变更、修改的程序和方式的规定。

（十一）其他必要的交易规则或与规则相关的措施。

第七条　网络零售第三方平台经营者制定或修改的交易规则，应当在网站主页面醒目位置公开征求意见，并应采取合理措施确保交易规则的利益相关方及时、充分知晓并表达意见，通过合理方式公开收到的意见及答复处理意见，征求意见的时间不得少于七日。

第八条　符合下列情形之一的交易规则，可以不公开征求意见：

（一）为符合法律法规要求修改的交易规则；

（二）根据省级人民政府有关部门要求，为保护消费者权益，需紧急采取措施的交易规则。

第九条　网络零售第三方平台经营者应在交易规则实施前七日在网站醒目位置予以公开，涉及商业秘密的除外。

第十条　网络零售第三方平台经营者制定、修改、实施的交易规则对网络零售经营者和消费者有重大影响的，应制定合理过渡措施。

第十一条　网络零售第三方平台经营者应当主动采取合理的方式保障利益相关方全面、方便地了解所实施的交易规则的内容，并提请其注意有关免除或限制网络零售第三方平台经营者或者利益相关方责任的内容。

网络零售第三方平台经营者应当按照利益相关方的要求，在收到申请之日起七日内以合理方式对交易规则作出说明。

第十二条　网络零售第三方平台经营者应在交易规则实施七日内自行登录网络零售第三方平台交易规则备案系统，提交本规定所列交易规则、征求的公众意见及意见答复处理情况。

第十三条　网络零售第三方平台经营者对其交易规则进行修改时，应按本规定第十二条的要求将修改部分重新备案。

第十四条　商务主管部门通过网络零售第三方平台交易规则备案系统免费提供已备案交易规则的公开查询服务。

第十五条　任何单位和个人可通过网络零售第三方平台交易规则备案系统向网络零售第三方平台经营者所在地省级商务主管部门举报违反本规定的交易规则。

省级商务主管部门确定举报内容属于本部门职责的应依法及时处理，不属于本部门职责的应及时移送相关部门。

第十六条　国家鼓励行业组织开展行业规范自律，对已备案的交易规则提出意见，建立与网络零售第三方平台经营者的互动机制，推进第三方平台交易规则的标准化与规范化。

第十七条　网络零售第三方平台经营者有下列情形之一的，根据举报，所在地省级商务主管部门可以向其提出行政指导建议书：

（一）未按本规定第十一条提醒利益相关方注意有关免除或者限制责任内容的；

（二）未按本规定备案交易规则的；

（三）备案信息不完整、不真实的。

第十八条　网络零售第三方平台经营者未按本规定制定、修改、实施交易规则的，由所在地省级商务主管部门依据职权责令限期改正，拒不改正的，处以警告，并向社会公布。

第十九条　网络零售第三方平台经营者制定、修改、实施交易规则损害社会公共利益，构成犯罪的，依法追究刑事责任。

第二十条　网络零售第三方平台经营者违反本规定第十二条、第十三条，未备案或提交虚假备案信息的，由所在地省级商务主管部门依据职权责令限期改正，拒不改正的，处以警告，并向社会公布。

第二十一　商务主管部门及其工作人员违反本规定，拒不履行职责，依法给予处分；构成犯罪的，依法追究刑事责任。

第二十二条　本规定施行之日前已经实施的交易规则，网络零售第三方平台经营者应当在本规定施行之日起六十日内进行备案。

第二十三条　本规定自2015年4月1日起施行。

省政府办公厅关于加快电子商务发展的意见

苏政办发〔2014〕60号

各市、县（市、区）人民政府，省各委办厅局，省各直属单位：

电子商务是战略性新兴产业与现代服务业的重要组成部分，是我省发展平台经济的重要途径。根据《国务院关于深化流通体制改革加快流通产业发展的意见》（国发〔2012〕39号）以及促进电子商务发展的有关文件精神，现就加快发展我省电子商务提出以下意见。

一、总体要求

（一）总体思路。深入贯彻党的十八大和十八届三中全会精神，充分发挥市场配置资源的决定性作用，以打造电子商务强省、大力发展平台经济为目标，以提升我省产业竞争力、转变流通发展方式为主线，以政策扶持和环境营造为支撑，以大企业大平台引领、商业模式与业态创新、电子商务服务业发展、农村电子商务推广应用为路径，支持新型电子商务企业跨越式发展，鼓励传统企业加快转型升级，为我省经济又好又快发展作出新的贡献。

（二）发展目标。到2017年，电子商务对全省经济增长的贡献度明显提高，全省电子商务发展水平在全国处于前列。具体目标是：网络零售额占社会消费品零售总额的比重每年提高1个百分点。全省电子商务交易额达到3万亿元，网络零售额达到4 000亿元，相当于社会消费品零售总额的12%。应用电子商务完成进出口贸易额力争达到当年进出口贸易总额的12%。规模以上企业应用电子商务比例达80%以上。形成一批在全国具有较高知名度和影响力的电子商务平台和龙头企业。

二、大力发展电子商务平台

（三）积极发展电子商务平台经济。依托电子信息产业基础，大力发展以内外交易和服务经济为目的的互联网平台。支持有条件的企业向平台化转型，加快电子商务支付类、应用及平台建设类、营销服务类、物流服务类等平台型、功能型企业发展，着力培育一批信誉好、实力强的平台龙头企业。支持有条件的地区面向重点行业领域，发展专业特色平台。支持电子商务平台不断丰富商品和服务种类，推动产业链延伸，逐步形成不同类型平台企业配套发展、协同联动、服务共赢的“平台集聚经济”。优化配套环境，推动信息技术、信用、物流、检测、认证等服务体系发展，促进贸易、服务、金融和物流效率不断提升，使平台经济成为全省实施转型升级战略的重要推动力。（责任单位：省发展改革委、省商务厅、省经济和信息化委）

（四）重点建设综合类平台。结合我省产业结构特点，培育一批集交易支付、商品体验、在线物流、售后服务等于一体的商品销售服务类综合平台，以餐饮、住宿、家政、旅游、家电维修等生活服务为主的消费服务类综合平台，以及提供融资、通关、结汇、退税、物流、保险等一站式服务的跨境服务类综合平台。推动各类综合性平台提升服务功能和水平，不断丰富实体产品、内容产品和服务产品，扩大经营规模，提高平台实力，增强对线下企业的吸引力和辐射力。（责任单位：省商务厅、省经济和信息化委、省邮政管理局、省旅游局、省工商局、省国税局、国家外汇管理局江苏省分局、南京海关、江苏检验检疫局）

（五）鼓励发展专业性平台。推动建材、纺织、家具、农产品、会展等垂直类电子商务平台建设，带动相关产业发展。支持二手车、二手设备、再生资源等专业交易平台建设，满足不同类型的消费需求。发展以撮合货源和运力配对为主的第四方物流平台，提高物流效率，降低物流成本。培育钢铁、化工、船舶、医药、纸浆、有色金属、纺织面料、工程机械等大宗产品电子商务交易平台。通过发展专业化平台，增强实体产业发展活力和市场竞争力。（责任单位：省经济和信息化委、省商务厅、省发展改革委、省农委、省金融办）

（六）着力培育特色化平台。探索建设以商业中心区为主体的网上商圈，促进圈内企业线上与线下一体化经营。支持发展以本地生活为主的票务订购、网上订餐、房产交易、文后旅游、生鲜农产品销售等区域性服务平台，提高居民生活便利化程度。支持有条件的地区自建平台或入驻第三方平台，推介特色资源，销售名优产品。积极推动各类服务性平台特色发展、差异发展。（责任单位：省商务厅、省经济和信息化委、省住房城乡建设厅、省文化厅、省旅游局、省农委、省工商局）

三、推动电子商务应用和集约发展

（七）深入开展示范工程建设。积极创建国家电子商务示范城市、示范基地和示范企业，认真开展促进信息消费示范平台和省级电子商务示范工程建设。鼓励示范城市开展政策先行先试，在营造发展环境、加强制度建设、完善服务体系等方面发挥示范作用。推动示范基地发挥产业集聚优势，在中小企业孵化、服务模式创新、公共平台建设、产业链条搭建等方面发挥带动作用。支持示范企业建设一批骨干性平台，在创新经济模式、整合市场资源、带动关联企业发展等方面发挥引领作用。（责任单位：省发展改革委、省商务厅、省经济和信息化委、省工商局）

（八）积极培育电子商务经营主体。鼓励建设电子商务公共服务平台，销售当地土特产品和名优产品，并为中小微企业开展电子商务提高服务。支持个体工商户、有一定专业技能的群体借助电子商务自主创业，不断发展壮大网商队伍。支持有条件的电子商务企业通过兼并重组、战略合作等方式扩大规模，成为辐射范围广、带动作用大的标杆企业。推动中小企业电子商务应用，积极支持成长性好、发展潜力大的中小电子商务平台加快发展，培育一批我省电子商务品牌企业。（责任单位：省商务厅、省经济和信息化委、省工商局、省人力资源社会保障厅）

（九）努力推动企业转型升级。推动生产企业利用电子商务强化供应链管理，整合上下游资源，融合业务流程，提高专业化生产制造能力，发展网络定制产品。支持有条件的大型商贸企业自建电子商务平台，实行线上线下一体化经营，实现线下看样、体验、物流与线上询价、交易、支付的优势互补。鼓励商贸企业依托电子商务平台开展电子商务，依托线下资源开展物流配送。鼓励有条件的大型交易市场发展电子商务，通过集聚商户资源、商品资源、客户资源和流量资源，培育线上竞争优势。以省内电子商务企业为主体，组织平台、商城、网店与线下企业全面对接，开辟江苏地域频道、苏货销售专区，扩大苏货网上销售规模。推进电子商务在市政、交通、医疗、教育、文化、旅游等领域的广泛应用。（责任单位：省经济和信息息化委、省商务厅、省发展改革委、省住房城乡建设厅、省卫生计生委、省教育厅、省文化厅、省旅游局）

（十）扶持农村电子商务加快发展。统筹建设农村综合信息服务平台，开展农民用网培训，推动电子商务向农村延伸。支持农业经营主体应用电子商务，采购农业生产资料，销售农特产品，提高生产经营与市场需求的对接度。扶持有条件的农业企业建立网络营销平台，开展农产品同城配送业务。扩大全国农村商务信息服务试点范围，积极开展农产品网上购销对接。推动电子商务企业与“万村千乡”市场工程合作，对全省农家店进行信息化提升，在中心镇和行政村建立网购商品自提点。依托大学生村官、回乡创业青年建立服务点，开展网上代购代销服务，支持快递企业扩大农产品代购代销业务，促进农村地区电子商务发展。（责任单位：省农委、省商务厅、省人力资源社会保障厅、省经济和信息化委、省邮政管理局、省工商局）

（十一）支持电子商务产业集聚发展。发挥基础设施的规模效益，打造电子商务平台经济集聚区载体，带动功能性企业的引入和上下游产业链的延伸。鼓励不同地区差异化发展，建设以仓储分拨、物流配送、快递服务为主导的电子商务物流园区，以平台运营、软件开发、营销推广等为主导的电子商务服务园区，以技术孵化、人才培训、方案设计为主导的电子商务特色园区，形成覆盖电子商务各环节，承担平台运营、物流配送、融资支持、各类服务等多功能、多业态的电子商务园区。引进国内外知名电子商务企业设立总部或区域性总部、功能性总部，享受相应的政策和奖励。（责任单位：省商务厅、省住房城乡建设厅、省经济和信息化委、省邮政管理局）

四、推进电子商务创新发展

（十二）鼓励电子商务模式创新。推动关键技术与电子商务融合发展，引导电子商务企业积极应用云计算、大数据、移动互联网等新一代信息技术，加强数据分析和价值挖掘，推进电子商务经营模式创新。加快普及无线网络，以物联网、基于位置的服务（LBS）、实时通信等技术为核心，实现服务流程智能化、精准化和实时化，推动电子商务服务模式创新。推进电子商务领域信息技术科研成果和商业模式创新结合，加快科技成果转化，培育电子商务创新企业与创业创新基地。（责任单位：省经济和信息化委、省科技厅、省邮政管理局、省通信管理局、省商务厅）

（十三）大力发展移动电子商务。紧跟移动通信技术发展和智能终端普及的趋势，鼓励生产制造企业、信息服务企业、电子商务企业、物流服务企业和电信运营商、接入服务供应商等加强合作，推动电子商务由 PC 端向移动端延伸发展。支持移动电子商务企业创新业务模式，运用互联网的即时通信工具、社交工具和移动应用程序，提供个性化、实时化、社交化、精准化的商品销售和服务推送，不断拓展移动电子商务在生活服务和公共服务领域的应用。（责任单位：省经济和信息化委、省通信管理局、省科技厅、省商务厅）

（十四）规范发展互联网金融C：鼓励省内优秀电子商务企业积极争取第三方支付牌照，加快建设安全、兼容、快捷的第三方支付平台。支持省内有条件的电子商务企业和金融机构发展互联网金融业务，加强个人理财、小微企业融资、保险等领域的产品创新。鼓励商业银行与电子商务企业合作，构建移动支付、在线支付、跨境支付等多元化电子支付体系，打造集网络销售、在线支付、融资服务于一体的综合平台。支持行业龙头企业设立服务于实体经济的交易场所，依托互联网规范开展标准化合约交易。（责任单位：省金融办、省发展改革委、人民银行南京分行）

（十五）加快发展跨境电子商务。积极争取开展跨境电子商务进出口试点，探索政策突破和业务模式创新，支持有条件的城市先行先试。鼓励跨境电子商务平台开发多语种系统、支付结算系统等，加大境外电子商务市场拓展力度，提升外贸业务一站式服务水平。加强国际国内电子商务交流融合，支持电子商务企业“走出去”或与境外电子商务服务企业开展战略合作，建立海外营销渠道，完善仓储物流，加强快递服务支撑，创立自有品牌。（责任单位：省商务厅、省发展改革委、省经济和信息化委、省工商局、省国税局、国家外汇管理局江苏省分局、南京海关、江苏检验检疫局、省邮政管理局）

五、完善电子商务服务和支撑体系

（十六）构建适应电子商务发展的物流体系。结合电子商务发展需要，吸引知名仓储、物流、快递企业落户我省，科学布局、合理建设区域性总部或转运分拨中心。建设货物集中配送综合服务平台，应用物联网、智能快件箱等技术手段，提高物流的信息化水平。积极发展共同配送，鼓励有条件的电子商务企业自建或与物流企业、快递企业合作，构建城际、城乡一体的综合配送体系。推动出台城市配送仓储用地、配送车辆管理等政策，在社区、高校等区域推广建设快递投送点，加快构建城市“最后一公里”的终端配送网络。统一电子商务与快递企业信息交换标准，加强电子商务与物流快递信息对接。（责任单位：省经济和信息化委、省商务厅、省发展改革委、省公安厅、省交通运输厅、省教育厅、省邮政管理局）

（十七）推动电子商务服务业发展。培育和引进一批知名电子商务服务企业，为电子商务企业提供软件开发、业务培训、专业咨询、数据分析、会展推介、平台代运营等专业服务。鼓励电子商务业务流程和信息技术外包服务。加强电子商务交易、技术、中介等服务平台建设。不断完善电子商务服务业的产业链条，注重技术和服务模式创新，加强高附加值的电子商务延伸服务和衍生产品的开发与应用。开展省级电子商务服务示范企业认定。（责任单位：省商务厅、省发展改革委、省经济和信息化委、省科技厅、省人力资源社会保障厅、人民银行南京分行）

（十八）加快建设电子商务基础设施。推进宽带网络升级改造和光纤入户，提升骨干网传输和交换能力，提高城乡普及水平和接入能力。加快第四代移动通信技术（4G）网络建设和商用步伐，统筹互联网数据中心（IDC）、公共信息服务中心等云计算基础设施布局。发展大数据分析处理技术，支持重点企业为电子商务企业提供大数据服务，挖掘行业数据价值。全面推进“三网融合”，加速推进电信基础设施共建共享，为电子商务提供高性能、低成本的基础设施服务。（责任单位：省经济和信息化委、省发展改革委、省科技厅、省通信管理局）

六、切实加强政策支持

（十九）加大财政支持力度。调整优化省级工业和信息产业转型升级引导资金、商务发展专项资金、现代服务业专项资金的支出结构，加大对电子商务的扶持力度，重点支持平台经济发展、构建苏货网络销售体系、发展大型电子商务企业和重点平台、建设电子商务特色产业园、打造中小企业公共服务平台、推动企业转型升级、开展人才培训、推进农村电子商务、鼓励电子商务创新、创建电子商务示范工程和试点项目实施等。同时，加大电子商务宣传推广力度，对相关展会、活动等给予支持。省有关部门统筹安排专项资金，协同支持电子商务发展。鼓励各级政府安排资金，出台奖励措施，扶持电子商务发展。（责任单位：省财政厅、省商务厅、省经济和信息化委、省发展改革委）

（二十）加大税收支持力度。鼓励电子商务及相关服务企业参加各类资格条件、企业类别认定，符合条件的同等享受相关税收优惠政策。对电子商务企业发生的符合规定的研发费用，未形成无形资产计入当期损益的，在按规定据实扣除的基础上，按研发费用的50%加计扣除；形成无形资产的，按照无形资产成本的150%摊销。对缴纳房产税、城镇土地使用税确有困难的电子商务企业，经有关部门批准后，可按规定减免相关税收。（责任单位：省财政厅、省国税局、省地税局）

（二十一）加大用地支持力度。按照土地利用总体规划和建设项目用地标准，在土地利用年度计划和土地供应计划中统筹安排电子商务产业用地。鼓励利用旧厂房、闲置仓库等建设符合规划的电子商务产业。鼓励各地以租赁方式供应电子商务产业用地。按照节约集约用地的要求，统筹电子商务产业园用地空间布局，优先保障国内外龙头企业落户和重大项目实施用地。（责任单位：省国土资源厅、省住房城乡建设厅）

（二十二）加大金融支持力度。推动省重点电子商务企业直接融资，鼓励电子商务企业以各种方式引入风险投资、战略投资，发行中小微企业债券，加快企业发展。鼓励电子商务企业通过境内外证券市场上市或到新三板及区域性股权市场交易挂牌。鼓励金融机构积极探索无形资产和动产质押融资方式，扩大电子商务企业贷款抵质押品范围。充分运用现有政策支持大学生电子商务创业，对创业启动资金提供优惠贷款，对符合条件的创业项目给予贷款贴息。（责任单位：省金融办、省财政厅、省教育厅、省人力资源社会保障厅、人民银行南京分行、省商务厅）

（二十三）加大人才政策的支持力度。支持电子商务企业引进国内外高端人才，产生的有关费用可按规定在所得税前列支。对符合条件的电子商务人才和团队，优先纳入各类人才计划项目，享受国家和省市规定的优惠政策。在高端人才的住房、交通、生活配套设施、家庭成员就业、子女入学等方面，享受现有优惠政策。加快发展新型服务业态，畅通业内交流和沟通渠道，积极营造电子商务产业和文化氛围，满足电子商务人才的物质和精神需求。鼓励省内高校设立电子商务专业学科，并与电子商务企业建立产学研用合作机制。依托省内电子商务知名研究机构、专业培训机构、大型电子商务企业和其他社会力量，认定一批电子商务培训和实践基地，开展形式多样的高级人才、运营人才、技能人才培训活动。（责任单位：省商务厅、省人力资源社会保障厅、省教育厅、省文化厅、省国税局、省地税局）

七、进一步优化电子商务发展环境

（二十四）加强时电子商务发展的组织领导。充分发挥省电子商务工作领导小组的组织协调作用，统筹全省电子商务发展，制定全省电子商务发展规划，研究部署重点工作，审议决定重大事项，协调解决重要问题。省商务厅承担领导小组办公室职能，具体负责协调推进工作。各相关部门要结合自身职能，各司其职，分工合作，形成工作合力。各市、县（市、区）人民政府要明确牵头部门，健全管理机构，加强人员配备，强化部门协调，共同推进我省电子商务发展。（责任单位：省电子商务工作领导小组各成员单位）

（二十五）建立电子商务统计评价机制。建立全省电子商务统计报表制度，健全统计指标体系和发展评价体系。对各地、各部门工作推进、政策配套及落实情况进行督查，推动制定切实可行的支持政策，打通产业发展的关键支撑环节，建立相应的工作体系，加大工作推进力度。对各地企业电子商务应用率、电子商务交易额、电子商务平台建设、电子商务服务业发展等作出客观科学的评价，促进全省电子商务协调发展。（责任单位：省电子商务工作领导小组各成员单位）

（二十六）营造良好的市场秩序。推进电子商务地方性立法。研究制定电子商务地方标准，积极开展标准化试点和应用。完善安全认证体系，强化电子商务数据安全保障，推动数字证书互认兼容。建立健全电子商务平台经营产品质量安全监督体系，加大对在线交易产品的监管力度，提升消费安全感和满意度。推进电子商务信用体系建设，并实现社会化对接和共享，构建可信交易环境。积极推广使用电子签名、电子营业执照和电子发票，维护电子商务交易秩序。推动成立电子商务协会、电子商务专家咨询委员会等行业中介组织。培育发展具有社会公信力的电子商务认证、信用、安全等中介服务机构，建立商品质量信息追溯系统，完善电子商务纠纷处理、争议调解、法律咨询等综合服务体系。（责任单位：省商务厅、省经济和信息化委、省法制办、省国税局、省地税局、省工商局、省质监局）

各地、各有关部门根据本意见要求，进一步深化对发展电子商务重要意义的认识，切实加强组织领导和协调配合，明确分工，狠抓落实，推动电子商务快速健康发展，为稳增长、调结构、促改革、惠民生作出积极贡献。

江苏省人民政府办公厅

2014 年 7 月 21 日

数据篇

Data Articles

- 2013 年江苏地区生产总值基本情况
- 2013 年江苏社会消费品零售总额
- 2013 年江苏批发和零售业、住宿和餐饮业连锁总店经营情况
- 2013 年江苏亿元以上商品交易市场基本情况
- 2013 年江苏各地区出口总值
- 2013 年江苏机电产品、高新技术产品出口总值的区域对比
- 2013 年江苏加工贸易出口额的区域对比
- 2013 年年底江苏外商投资行业分布情况
- 2013 年江苏外商投资主要来源地
- 2011—2013 年江苏对外直接投资行业分布情况
- 2012—2013 年江苏对外直接投资各大洲分布情况
- 2011—2013 年江苏各地对外直接投资情况

2013 年江苏地区生产总值基本情况

地区	地区生产总值（亿元）	第一产业增加值（亿元）	第二产业增加值（亿元）	全部工业增加值（亿元）	第三产业增加值（亿元）	人均地区生产总值（元）
南　京	8 011.78	204.64	3 450.58	2 997.63	4 356.56	98 011
无　锡	8 070.18	148.54	4 207.42	3 893.56	3 714.22	124 640
徐　州	4 435.82	432.38	2 118.32	1 793.48	1 885.12	51 714
常　州	4 360.93	138.12	2 250.80	2 036.27	1 972.01	92 995
苏　州	13 015.70	214.49	6 849.59	6 370.37	5 951.62	123 209
南　通	5 038.89	345.41	2 623.50	2 168.16	2 069.98	69 049
连云港	1 785.42	259.17	807.42	642.67	718.83	40 416
淮　安	2 155.86	272.58	983.15	819.60	900.13	44 774
盐　城	3 475.50	489.18	1 635.98	1 405.02	1 350.34	48 150
扬　州	3 252.01	224.45	1 693.70	1 468.79	1 333.86	72 775
镇　江	2 927.28	129.00	1 549.40	1 431.04	1 248.88	92 633
泰　州	3 006.91	205.90	1 574.06	1 362.30	1 226.95	64 917
宿　迁	1 706.28	235.00	815.61	679.18	655.67	35 484
苏　南	36 385.87	834.79	18 307.79	16 728.87	17 243.29	110 051
苏　中	11 297.81	775.76	5 891.26	4 999.25	4 630.79	68 897
苏　北	13 558.88	1 688.31	6 360.48	5 339.95	5 510.09	45 444

2013年江苏社会消费品零售总额

（单位：亿元）

地区	社会消费品零售总额	批发和零售业	住宿业	餐饮业	其他行业
苏　南	12 433.71	11 168.63	136.77	1 031.18	97.12
苏　中	3 884.38	3 496.32	29.33	338.07	20.66
苏　北	4 478.51	3 996.73	48.08	411.40	22.30
南京市	3 531.73	3 203.34	45.88	254.95	27.56
无锡市	2 759.98	2 535.82	22.39	182.71	19.07
徐州市	1 495.91	1 313.59	11.83	148.19	22.30
常州市	1 607.63	1 459.16	13.83	124.02	10.62
苏州市	3 662.24	3 197.24	48.08	382.28	34.64
南通市	1 940.41	1 775.26	6.79	145.04	13.32
连云港市	655.57	600.91	7.84	46.83	0.00
淮安市	721.22	648.36	6.72	66.14	0.00
盐城市	1 163.38	1 048.44	11.22	103.72	0.00
扬州市	1 106.88	999.10	11.78	88.63	7.37
镇江市	872.13	773.07	6.60	87.23	5.24
泰州市	837.09	721.96	10.76	104.40	−0.03
宿迁市	442.43	385.44	10.47	46.52	0.00

2013年江苏批发和零售业、住宿和餐饮业连锁总店经营情况

项目	连锁总店数（家）	连锁门店数（家）	商品销售总额（或营业总收入）（亿元）	商品零售额（亿元）	营业面积（万平方米）	从业人员（万人）
批发和零售业	**177**	**18 461**	**4 741.82**	**2 738.86**	**1 953.75**	**38.69**
按零售业态分						
百货商店	7	1 259	233.13	174.48	90.16	2.48
超级市场	44	4 425	989.35	823.55	570.37	13.76
专业店	95	11 492	3 484.02	1 707.66	1 271.44	21.71
专卖店	17	945	21.76	19.64	9.15	0.47
便利店	12	337	11.22	11.20	4.08	0.24
家居建材店	2	3	2.34	2.34	8.54	0.03
其他			0.00	0.00	0.00	0.00
住宿和餐饮业	**23**	**1 436**	**90.05**	**89.13**	**47.63**	**6.55**
住宿业	2	8	0.47	0.01	0.04	0.02
餐饮业	21	1 428	89.58	89.12	47.59	6.53
按行业分						
正餐	6	83	2.53	2.44	3.74	0.13
快餐	11	1 270	83.80	83.42	40.85	6.18
其他	4	75	3.26	3.26	3.00	0.22
总计	**200**	**19 897**	**4 831.87**	**2 827.99**	**2 001.37**	**45.23**

2013 年江苏亿元以上商品交易市场基本情况

项目	市场个数（个）	年末摊位数（个）	年末已出租摊位（个）	商品成交额（亿元）	营业面积（万平方米）	交易业主从业人员（万人）
按经营环境分						
露天式	64	25 180	21 737	1 349.57	275.63	17.23
封闭式	401	314 500	285 694	10 571.19	2 483.18	75.95
其他	82	54 146	44 486	4 675.06	535.89	11.89
按经营方式分						
以批发为主	283	255 208	222 786	14 532.82	2 400.23	78.66
以零售为主	264	138 618	129 131	2 063.00	894.47	26.41
按省辖市分						
南京市	46	38 223	36 630	911.42	294.49	6.65
无锡市	59	44 395	39 465	3 836.12	509.64	10.73
徐州市	29	39 123	35 779	870.20	228.77	10.07
常州市	61	42 466	38 350	1 947.50	516.16	12.18
苏州市	87	81 764	72 669	5 504.46	592.56	26.05
南通市	82	47 381	42 615	1 486.27	305.41	7.40
连云港市	25	15 209	13 938	200.19	92.96	3.16
淮安市	20	12 543	9 844	124.64	88.78	2.78
盐城市	29	12 150	10 656	92.10	81.83	2.68
扬州市	60	21 280	20 056	705.75	165.14	15.48
镇江市	17	7 197	6 907	458.58	136.54	1.26
泰州市	26	20 774	17 915	269.41	188.95	3.35
宿迁市	6	11 321	7 093	189.19	93.47	3.28
总计	**547**	**393 826**	**351 917**	**16 595.82**	**3 294.69**	**105.07**

2013年江苏各地区出口总值

	出口总值			进口总值			进出口总值	
	累计出口（亿美元）	同比（%）	占全省（%）	累计进口（亿美元）	同比（%）	占全省（%）	累计进出口（亿美元）	外贸依存度
全省	3 288.6	0.1	100.0	2 219.9	1.2	100.0	5 508.44	57.7
南京	322.7	1.1	9.8	234.9	0.7	10.6	557.57	43.1
无锡	411.5	−0.4	12.5	292.2	−0.8	13.2	703.71	54.0
常州	203.7	2.1	6.2	88.4	−2.5	4.0	292.15	41.5
苏州	1 757.1	0.6	53.4	1 336.4	2.0	60.2	3 093.48	147.2
镇江	62.2	−19.6	1.9	37.3	1.4	1.7	99.50	21.1
南通	212.8	13.3	6.5	85.4	13.6	3.8	298.14	36.6
扬州	75.5	−7.6	2.3	19.6	−2.2	0.9	95.07	18.1
泰州	62.9	−9.4	1.9	41.5	21.3	1.9	104.41	21.5
徐州	49.0	−22.1	1.5	13.9	−31.7	0.6	62.89	8.8
连云港	37.8	5.1	1.2	28.6	−35.1	1.3	66.41	23.0
淮安	27.8	−17.3	0.9	8.8	0.7	0.4	36.61	10.5
盐城	37.8	9.1	1.2	27.5	20.1	1.2	65.28	11.6
宿迁	27.8	20.0	0.9	5.4	14.0	0.2	33.22	12.1
苏南	2 757.2	0.1	83.8	1 989.2	1.2	89.6	4 746.41	80.8
苏中	351.2	3.6	10.7	146.4	13.2	6.6	497.62	76.3
苏北	180.2	−5.3	5.5	84.2	−16.5	3.8	264.42	66.0

2013年江苏机电产品、高新技术产品出口总值的区域对比

	机电产品			高新技术产品		
	累计出口（亿美元）	同比（%）	占全省（%）	累计出口（亿美元）	同比（%）	占全省（%）
全　省	2 144.0	−1.5	100.0	1 274.2	−2.7	100.0
南　京	158.4	−6.4	7.4	62.4	−21.5	4.9
无　锡	247.3	−4.2	11.5	134.7	−7.5	10.6
常　州	106.1	−3.5	5.0	27.3	−34.1	2.2
苏　州	1 388.8	0.5	64.8	992.5	−0.1	77.9
镇　江	25.0	−17.1	1.2	5.4	7.8	0.4
南　通	87.1	10.8	4.1	24.0	9.8	1.9
扬　州	40.7	−0.9	1.9	9.6	24.7	0.8
泰　州	32.1	−20.7	1.5	5.9	21.6	0.5
徐　州	22.2	−24.3	1.0	2.9	21.9	0.2
连云港	7.2	−15.2	0.3	2.4	35.3	0.2
淮　安	8.3	−21.8	0.4	0.9	1.5	0.1
盐　城	13.1	3.1	0.6	4.7	21.1	0.4
宿　迁	7.7	35.9	0.4	1.4	83.5	0.1
苏　南	1 925.7	−1.2	89.8	1 222.3	−3.4	95.9
苏　中	159.9	−0.2	7.5	39.5	14.8	3.1
苏　北	58.4	−12.5	2.7	12.3	27.2	1.0

2013年江苏加工贸易出口额的区域对比

	加工贸易出口额（亿美元）	同比（%）	占全省（%）
全　省	1 500.6	−6.3	100.0
南　京	99.8	−16.1	6.7
无　锡	183.6	−8.7	12.2
常　州	57.0	19.2	3.8
苏　州	990.1	−6.6	66.0
镇　江	16.7	−2.7	1.1
南　通	73.0	7.6	4.9
扬　州	23.2	2.8	1.5
泰　州	26.2	−22.3	1.8
徐　州	5.4	−36.9	0.4
连云港	6.8	−2.2	0.5
淮　安	8.2	8.1	0.6
盐　城	7.7	10.8	0.5
宿　迁	2.6	16.2	0.2
苏　南	1 347.3	−6.8	89.8
苏　中	122.4	−1.4	8.2
苏　北	30.9	−4.9	2.1

2013 年年底江苏外商投资行业分布情况

行业	企业数（家）	比重（%）	投资总额（亿美元）	比重（%）	注册资本（亿美元）	比重（%）
农、林、牧、渔业	809	1.60	74.23	1.11	52.89	1.49
采矿业	21	0.04	13.78	0.21	6.60	0.19
制造业	29 703	58.80	4 527.45	67.94	2 259.18	63.77
电力、燃气及水的生产和供应业	487	0.96	157.32	2.36	59.10	1.67
建筑业	584	1.16	102.42	1.54	66.44	1.88
交通运输、仓储和邮政业	6 458	12.78	256.52	3.85	142.78	4.03
信息传输、计算机服务和软件业	845	1.67	149.94	2.25	70.16	1.98
批发和零售业	1 975	3.91	35.21	0.53	21.81	0.62
住宿和餐饮业	1 980	3.92	40.04	0.60	23.69	0.67
金融业	714	1.41	25.19	0.38	21.51	0.61
房地产业	1 742	3.45	635.94	9.54	429.21	12.12
租赁和商务服务业	2 120	4.20	187.64	2.82	140.90	3.98
科学研究、技术服务和地质勘查业	2 359	4.67	375.89	5.64	197.68	5.58
水利、环境和公共设施管理业	108	0.21	34.86	0.52	23.41	0.66
居民服务和其他服务业	382	0.76	22.04	0.33	12.15	0.34
教育	25	0.05	0.66	0.01	0.48	0.01
卫生、社会保障和社会福利业	24	0.05	10.30	0.15	5.16	0.15
文化、体育和娱乐业	168	0.33	14.16	0.21	9.58	0.27
其他	10	0.02	0.18	0.00	0.08	0.00
总计	50 514	100.00	6 663.76	100.00	3 542.82	100.00

2013年江苏外商投资主要来源地

国家（地区）	项目（个）	比重（%）	合同外资（亿美元）	比重（%）	实际投资（亿美元）	比重（%）
亚洲	2 537	73.47	384.04	81.25	255.00	76.67
中国香港	1 497	43.35	294.62	62.33	185.30	55.71
中国澳门	13	0.38	0.57	0.12	0.81	0.24
中国台湾	437	12.66	30.78	6.51	8.78	2.64
印度尼西亚	4	0.12	0.74	0.16	0.31	0.09
日本	166	4.81	17.41	3.68	24.75	7.44
马来西亚	26	0.75	2.11	0.45	1.45	0.44
菲律宾	11	0.32	1.80	0.38	0.28	0.08
新加坡	116	3.36	16.85	3.56	23.92	7.19
韩国	191	5.53	14.34	3.03	7.22	2.17
泰国	4	0.12	0.57	0.12	0.05	0.02
非洲	52	1.51	3.94	0.83	3.73	1.12
欧洲	284	8.22	23.18	4.90	18.01	5.42
比利时	2	0.06	0.03	0.01	0.03	0.01
丹麦	10	0.29	2.26	0.48	0.40	0.12
英国	30	0.87	1.70	0.36	1.68	0.51
德国	85	2.46	6.03	1.28	5.82	1.75
法国	22	0.64	4.40	0.93	2.31	0.70
爱尔兰	3	0.09	0.16	0.03	0.11	0.03
意大利	50	1.45	1.92	0.41	1.00	0.30
卢森堡	7	0.20	0.98	0.21	0.89	0.27
荷兰	12	0.35	1.15	0.24	2.86	0.86
希腊	2	0.06	0.02	0.00	0.00	0.00
葡萄牙	1	0.03	0.10	0.02	0.02	0.01
西班牙	7	0.20	0.16	0.03	0.72	0.22
芬兰	3	0.09	0.40	0.08	0.17	0.05
瑞士	7	0.20	1.26	0.27	0.86	0.26
北美洲	335	9.70	20.21	4.28	11.42	3.43
加拿大	72	2.09	4.46	0.94	2.74	0.82
美国	257	7.44	13.74	2.91	7.83	2.35
大洋洲	151	4.37	10.72	2.27	7.74	2.33
澳大利亚	50	1.45	3.01	0.64	1.59	0.48
南美洲	88	2.55	14.30	3.03	22.31	6.71
合计	3 453	100.00	472.68	100.00	332.59	100.00

2011—2013 年江苏对外直接投资行业分布情况

	对外直接投资额（万美元）			年增长率
	2011	2012	2013	
第一产业	**4 772**	**23 286**	**26 338**	**13.11%**
农、林、牧、渔业	4 772	23 286	26 338	13.11%
第二产业	**151 149**	**150 561**	**229 016**	**52.11%**
采矿业	32 961	33 260	31 576	−5.06%
制造业	63 865	72 820	127 190	74.66%
电力、燃气及水的生产和供应业	35 868	40 314	65 428	62.30%
建筑业	18 455	4 167	4 822	15.72%
第三产业	**204 234**	**330 701**	**358 918**	**8.53%**
交通运输、仓储和邮政业	6 010	9 805	3 869	−60.54%
信息传输、计算机服务和软件业	17 588	7 597	4 040	−46.82%
批发和零售业	86 699	89 584	98 450	9.90%
住宿和餐饮业	11 500	3 100	3 395	9.52%
金融业		2 080		−100.00%
房地产业	28 176	41 140	49 904	21.30%
租赁和商务服务业	44 576	15 8432	171 393	8.18%
科学研究、技术服务和地质勘查业	6 202	12 682	19 450	53.37%
水利、环境和公共设施管理业				
居民服务和其他服务业	400	6 201	4 850	−21.79%
教育	70			
卫生、社会保障和社会福利业				
文化、体育和娱乐业	3 013	80	3 568	4 360.00%
公共管理和社会组织				
总计	360 154	504 547	614 272	21.75%

2012—2013年江苏对外直接投资各大洲分布情况

地区	2012		2013		同比增长（%）
	协议金额（万美元）	占比（%）	协议金额（万美元）	占比（%）	
亚洲	268 443	53.20	307 995	50.14	14.73
非洲	36 689	7.27	52 266	8.51	42.46
欧洲	51 940	10.29	117 642	19.15	126.50
拉丁美洲	43 162	8.55	46 895	7.63	8.65
北美洲	60 229	11.94	57 556	9.37	−4.44
大洋洲	44 084	8.74	31 917	5.20	−27.60
合计	504 547	100	614 272	100	21.75

2011—2013年江苏各地对外直接投资情况

地区	2011		2012		2013	
	流量（万美元）	占比（%）	流量（万美元）	占比（%）	流量（万美元）	占比（%）
全省	350 231	100	504 547	100	614 272	100.00
苏南	240 886	68.78	336 480	66.69	436 849	71.12
苏中	63 707	18.19	94 161	18.66	108 156	17.61
苏北	45 638	13.03	73 906	14.65	69 267	11.28
南京市	58 827	16.80	91 775	18.19	100 663	16.39
无锡市	64 776	18.50	92 036	18.24	120 157	19.56
徐州市	12 095	3.45	60 860	12.06	20 299	3.30
常州市	44 457	12.69	25 107	4.98	42 838	6.97
苏州市	70 048	20.00	122 163	24.21	161 851	26.35
南通市	45 110	12.88	79 882	15.83	80 135	13.05
连云港市	29 458	8.41	1 520	0.30	20 463	3.33
淮安市	600	0.28	602	0.17	385	0.06
盐城市	671	0.31	2 694	0.77	27 396	4.46
扬州市	3 024	1.41	6 179	1.76	15 432	2.51
镇江市	19 828	9.22	2 778	0.79	11 339	1.85
泰州市	3 955	1.84	12 419	3.55	12 590	2.05
宿迁市	553	0.26	788	0.22	725	0.12

图书在版编目（CIP）数据

江苏商务发展报告. 2014/张为付主编. —北京：中国人民大学出版社，2015.10
ISBN 978-7-300-21998-1

Ⅰ.①江… Ⅱ.①张… Ⅲ.①商业经济-经济发展-研究报告-江苏省-2014 Ⅳ.①F727.53

中国版本图书馆CIP数据核字（2015）第239539号

江苏高校现代服务业协同创新中心研究报告
江苏商务发展报告（2014）
主编　张为付
Jiangsu Shangwu Fazhan Baogao（2014）

出版发行	中国人民大学出版社		
社　　址	北京中关村大街31号	**邮政编码**	100080
电　　话	010－62511242（总编室）		010－62511770（质管部）
	010－82501766（邮购部）		010－62514148（门市部）
	010－62515195（发行公司）		010－62515275（盗版举报）
网　　址	http://www.crup.com.cn http://www.ttrnet.com(人大教研网)		
经　　销	新华书店		
印　　刷	北京易丰印捷科技股份有限公司		
规　　格	185 mm×260 mm　16开本	**版　　次**	2015年12月第1版
印　　张	17 插页1	**印　　次**	2015年12月第1次印刷
字　　数	372 000	**定　　价**	65.00元